KIA 기아
생산직 온라인 인적성검사
통합기본서

시대에듀

2025 하반기 시대에듀 기아 KIA 생산직
온라인 인적성검사 통합기본서

Always with you

사람의 인연은 길에서 우연하게 만나거나 함께 살아가는 것만을 의미하지는 않습니다.
책을 펴내는 출판사와 그 책을 읽는 독자의 만남도 소중한 인연입니다.
시대에듀는 항상 독자의 마음을 헤아리기 위해 노력하고 있습니다. 늘 독자와 함께하겠습니다.

자격증 · 공무원 · 금융/보험 · 면허증 · 언어/외국어 · 검정고시/독학사 · 기업체/취업
이 시대의 모든 합격! 시대에듀에서 합격하세요!
www.youtube.com → 시대에듀 → 구독

머리말 PREFACE

기아는 '지속가능한 모빌리티 솔루션 프로바이더'의 비전을 바탕으로 명실상부한 세계 최고 수준의 자동차 전문기업으로 거듭나고 있으며, 국가 경제를 이끄는 주력 기업으로서 그 역할을 성실히 수행하고 있다.

기아는 생산직 채용을 실시하여 신규 일자리 창출을 통해 청년실업 해소와 장시간 근로문제 개선을 위해 노력할 뿐만 아니라 고교실습생을 정규직으로 전환하는 등 국가 경제와 사회 발전에 공헌하는 기업이자 사회적 책임을 끊임없이 실천해 가는 기업의 모범이 되고 있다.

기아는 채용절차에서 취업 준비생들이 업무에 필요한 역량을 갖추고 있는지를 평가하기 위해 서류전형 합격자에 한하여 인적성검사와 신체검사를 시행하고, 이후 면접전형을 실시하여 맞춤인재를 선발하고 있다.

이에 시대에듀에서는 기아 생산직에 입사하고자 하는 수험생들에게 좋은 길잡이가 되고자 다음과 같은 특징을 가진 도서를 출간하게 되었다.

도서의 특징

❶ 2024~2023년 기아 KIA 생산직 기출복원문제를 수록하여 최근 출제경향을 한눈에 파악할 수 있도록 하였다.

❷ 영역별 핵심이론과 적중예상문제를 수록하여 체계적인 학습이 가능하도록 하였다.

❸ 최종점검 모의고사 2회분과 도서 동형 온라인 실전연습 서비스를 제공하여 실전과 같은 연습이 가능하도록 하였다.

❹ 인성검사부터 면접까지 채용 관련 내용을 꼼꼼하게 다루어 본서 한 권으로 마지막 관문까지 무사히 통과할 수 있도록 구성하였다.

❺ 부록으로 기아 KIA 회사상식과 문제를 수록하여 회사에 대한 기본 지식을 다지고 실전에 대비할 수 있도록 하였다.

끝으로 본서를 통해 기아 KIA 생산직 입사를 준비하는 여러분 모두에게 합격의 기쁨이 있기를 진심으로 기원한다.

SDC(Sidae Data Center) 씀

기아 KIA 기업분석 INTRODUCE

◆ **브랜드 목적**

> **Movement Inspires Ideas.**
> 우리는 새로운 생각이 시작되는 공간과 시간을 만든다.

◆ **기업 비전**

> **Sustainable Mobility Solutions Provider**
> 지속가능한 모빌리티 솔루션 프로바이더

◆ **기업 전략**

Plan S

Planet
지속가능한 지구환경에 대한 기업의 책임으로써 ESG를 실행하고 기후변화에 대응한다.

People
고객 중심, 사람 중심 문화를 기반으로 최고의 고객 가치를 제공한다.

Profit
EV/PBV 사업 선도 및 시장/제조 측면에서의 사업 체질 강화를 통한 미래 수익 기반을 다진다.

합격의 공식 Formula of pass | 시대에듀 www.sdedu.co.kr

◇ **기업 문화**

고객 중심, 사람 중심 문화

사람은 우리가 하는 모든 일의 중심이다. 우리는 함께 일하며 고객과 동료에게 영감을 불어넣고, 함께 더 멀리 나아갈 수 있도록 서로에게 힘을 실어준다. 우리는 과감히 한계에 도전하며, 어제보다 더 나은 오늘을 추구한다.

사람을 생각한다.
작은 행동이 모여 큰 변화를 만드는 것을 알기에 존중과 공감을 바탕으로 동료와 고객 그리고 세상을 이끌어 나간다. 공정하고 포용적이며 지속가능한 세상을 만들기 위해 절대 타협하지 않고 책임을 다한다.

함께, 더 멀리 나아간다.
공동의 목표로 하나된 우리는 다양한 관점을 존중하며 함께 일한다. 토론을 즐기며, 서로에게 영감을 주고, 기쁨을 나누면서 함께 더 멀리 나아간다.

서로에게 힘을 실어준다.
서로에 대한 신뢰는 책임감을 갖고 약속을 지키게 하는 힘을 준다. 상호 합의된 책임 안에서 우리는 자유롭게 행동한다.

과감히 한계에 도전한다.
대담하게, 호기심을 가지고, 창의적으로 세상이 나아갈 새로운 방향을 제시한다. 현실에 안주하기보다 위험을 감수하고 실패를 통해 배울 수 있다는 생각으로 끊임없이 관습에 도전한다.

어제보다 더 나은 오늘을 추구한다.
크게 생각하고 지속적으로 개선해 나간다. 고객의 기대를 넘어 민첩하게 대응하며, 걸림돌이 되는 업무방식은 단순하게 한다.

신입사원 채용 안내 INFORMATION

◆ 모집시기
수시채용 실시

◆ 지원방법
기아 채용 포털(career.kia.com) 접속 후 지원서 작성 및 제출

◆ 지원자격
1. 고등학교 졸업 이상의 학력을 보유한 자
2. 해외여행 또는 비자 발급 요건에 결격 사유가 없는 자
3. 남성의 경우, 병역을 마쳤거나 면제된 자

◆ 채용절차

지원서 접수 — 서류전형 — 인적성검사/신체검사 — 면접전형 — 합격자 발표

◆ 유의사항
1. 각 부문에 따라 채용 프로세스가 달라질 수 있으며, 상황에 따라 유동적으로 운영될 수 있다.
2. 지원서 작성 내용이 사실과 다르거나 증빙할 수 없는 경우, 합격 취소 또는 전형상의 불이익을 받을 수 있다.

❖ 자세한 채용절차는 직무별 채용 방침에 따라 변경될 수 있으니 반드시 채용 공고를 확인하기 바랍니다.

학습플랜 STUDY PLAN

본서에 수록된 전 영역을 단기간에 끝낼 수 있도록 구성한 학습플랜이다. 한 번에 전 영역을 공부하지 않고, 한 영역을 집중적으로 공부할 수 있도록 하였다. 필기시험에 대한 기초 학습은 되어 있으나, 학습 계획 세우기에 자신이 없는 분들 혹은 미리 시험에 대비하지 못해 단시간에 많은 분량을 봐야 하는 수험생에게 추천한다.

TWO WEEKS STUDY PLAN

Start!

1일 차 ☐	2일 차 ☐	3일 차 ☐
____월 ____일	____월 ____일	____월 ____일

4일 차 ☐	5일 차 ☐	6일 차 ☐	7일 차 ☐
____월 ____일	____월 ____일	____월 ____일	____월 ____일

8일 차 ☐	9일 차 ☐	10일 차 ☐	11일 차 ☐
____월 ____일	____월 ____일	____월 ____일	____월 ____일

12일 차 ☐	13일 차 ☐	14일 차 ☐	
____월 ____일	____월 ____일	____월 ____일	**Finish**

이 책의 차례 CONTENTS

Add+ 2개년 기출복원문제
CHAPTER 01 2024년 기출복원문제   2
CHAPTER 02 2023년 기출복원문제   8

PART 1 적성검사
CHAPTER 01 언어   2
CHAPTER 02 수리   36
CHAPTER 03 추리   66
CHAPTER 04 공간지각   90
CHAPTER 05 기초영어   106

PART 2 최종점검 모의고사
제1회 최종점검 모의고사   130
제2회 최종점검 모의고사   151

PART 3 인성검사   176

PART 4 면접
CHAPTER 01 면접 유형 및 실전 대책   188
CHAPTER 02 기아 KIA 실제 면접   199

부록 회사상식   204

별책 정답 및 해설
PART 1 적성검사   2
PART 2 최종점검 모의고사   22
부록 회사상식   44

Add+

2개년 기출복원문제

CHAPTER 01 2024년 기출복원문제
CHAPTER 02 2023년 기출복원문제

※ 기출복원문제는 수험생들의 후기를 통해 시대에듀에서 복원한 문제로 실제 문제와 다소 차이가 있을 수 있으며, 본 저작물의 무단전재 및 복제를 금합니다.

01 | 2024년 기출복원문제

01 다음 명제가 모두 참일 때, 바르게 추론한 것은?

> • 커피를 좋아하는 사람은 홍차를 좋아한다.
> • 우유를 좋아하는 사람은 홍차를 좋아하지 않는다.
> • 우유를 좋아하지 않는 사람은 콜라를 좋아한다.

① 커피를 좋아하는 사람은 콜라를 좋아하지 않는다.
② 우유를 좋아하는 사람은 콜라를 좋아한다.
③ 커피를 좋아하는 사람은 콜라를 좋아한다.
④ 우유를 좋아하지 않는 사람은 홍차를 좋아한다.
⑤ 콜라를 좋아하는 사람은 커피를 좋아하지 않는다.

02 다음 중 백미러(Back Mirror)의 올바른 영어 명칭은?

① Overview Mirror
② Rearview Mirror
③ Backside Mirror
④ Outer Mirror
⑤ Exterior Mirror

정답 및 해설

01 '커피를 좋아함'을 p, '홍차를 좋아함'을 q, '우유를 좋아함'을 r, '콜라를 좋아함'을 s라고 하면 $p \to q \to \sim r \to s$가 성립한다. 따라서 $p \to s$이므로 커피를 좋아하는 사람은 콜라를 좋아한다.

02 자동차 후방을 살피기 위해 운전석에 설치된 거울의 올바른 영어 명칭은 'Rearview Mirror'이다. 백미러(Back Mirror)는 잘못된 영어식 표현이며, 한국에서는 룸미러(Room Mirror)라고 부르기도 한다.

01 ③ 02 ② 《정답》

03 다음 제시된 문자와 같은 것의 개수는?

RESPECT

SREPECT	RESPETC	RESPTEC	REPESCT	REPESCT	SREPECT	REPESCT	RESPTEC
RESPECT	RESPTEC	REPESCT	RESPTEC	REPESCT	RESPTEC	REPESCT	RESPECT
RESPETC	REPESCT	REPESCT	RESPECT	RESPTEC	REPESCT	RESPETC	REPESCT

① 3개　　　　　　　　② 4개
③ 5개　　　　　　　　④ 6개
⑤ 7개

정답 및 해설

03

SREPECT	RESPETC	RESPTEC	REPESCT	REPESCT	SREPECT	REPESCT	RESPTEC
RESPECT	RESPTEC	REPESCT	RESPTEC	REPESCT	RESPTEC	REPESCT	**RESPECT**
RESPETC	REPESCT	REPESCT	**RESPECT**	RESPTEC	REPESCT	RESPETC	REPESCT

03 ①

04 K사에 근무하는 사원 A씨는 최근 자신의 상사인 B대리 때문에 스트레스를 받고 있다. A씨가 공들여 작성한 기획서를 제출하면 B대리가 중간에서 매번 퇴짜를 놓기 때문이다. 이와 동시에 A씨는 자신에 대한 B대리의 감정이 좋지 않은 것 같아 마음이 더 불편하다. A씨가 직장 동료인 C씨에게 이러한 어려움을 토로했을 때, 다음 중 C씨가 A씨에게 해줄 수 있는 조언으로 적절하지 않은 것은?

① 무엇보다 관계 갈등의 원인을 찾는 것이 중요해.
② B대리님의 입장을 충분히 고려해볼 필요가 있어.
③ B대리님과 마음을 열고 대화해보는 것은 어때?
④ B대리님과 누가 옳고 그른지 확실히 논쟁해볼 필요가 있어.
⑤ 걱정되더라도 갈등 해결을 위해 피하지 말고 맞서야 해.

05 다음은 K회사 직원들의 대화이다. 이들 중 잘못된 대화 태도를 보이는 사람은?

> A : 상대방이 말하는 것을 나랑 연관시켜 가면서 들어보면 이해가 더 잘 되는 것 같아요.
> B : 대화가 너무 심각한 경우에는 유머를 사용해 부드럽게 대화를 이끄는 것이 좋아요.
> C : 대화 도중에 주기적으로 대화의 내용을 요약하면 상대방이 전달하려는 메시지를 이해하는 데 도움이 돼요.
> D : 상대방의 문제를 해결하는 데 직접적인 도움이 되도록 조언에 좀 더 신경 써야겠어요.
> E : 나와 의견이 다르더라도 일단 수용하는 것도 대화에 도움이 되더라고요.

① A
② B
③ C
④ D
⑤ E

정답 및 해설

04 갈등을 성공적으로 해결하기 위해서는 누가 옳고 그른지 논쟁하는 일은 피하는 것이 좋으며, 상대방의 양 측면을 모두 이해하고 배려하는 것이 중요하다.

05 대화에서 유머를 적절히 사용하는 것은 분위기를 부드럽게 하는 등 도움이 될 수 있다. 그러나 심각한 내용이 오가고 있는데 유머를 사용하면 말하는 사람 입장에서는 자신의 말이 무시당했다고 생각하기 쉽다. 심각한 분위기가 싫어서, 내용이 이해가 안 돼서 이렇게 하는 경우가 있는데, 이것은 얼렁뚱땅 대화를 피하는 잘못된 대화 태도이다.

04 ④ 05 ②

06 다음 명제가 모두 참일 때, 빈칸에 들어갈 명제로 가장 적절한 것은?

> • 마라톤을 좋아하는 사람은 체력이 좋고, 인내심도 있다.
> • 몸무게가 무거운 사람은 체력이 좋고, 명랑한 사람은 마라톤을 좋아한다.
> • 그러므로 _____

① 체력이 좋은 사람은 인내심이 없다.
② 명랑한 사람은 인내심이 있다.
③ 마라톤을 좋아하는 사람은 몸무게가 가볍다.
④ 몸무게가 무겁지 않은 사람은 체력이 좋지 않다.
⑤ 명랑한 사람은 몸무게가 무겁다.

07 어른 3명과 아이 3명이 함께 식당에 갔다. 자리가 6개인 원탁에 앉는다고 할 때, 앉을 수 있는 경우의 수는?(단, 아이들은 어른들 사이에 앉힌다)

① 8가지   ② 12가지
③ 16가지   ④ 20가지
⑤ 24가지

정답 및 해설

06 제시된 명제를 정리하면 다음과 같다.
• 명랑한 사람 → 마라톤을 좋아함 → 체력이 좋고, 인내심이 있음
• 몸무게가 무거운 사람 → 체력이 좋음
따라서 빈칸에 들어갈 명제로 가장 적절한 것은 '명랑한 사람은 인내심이 있다.'이다.

07 먼저 어른들이 원탁에 앉는 경우의 수는 (3-1)!=2가지이다.
그리고 어른들 사이에 아이들이 앉는 경우의 수는 3!=6가지이다.
따라서 원탁에 앉을 수 있는 모든 경우의 수는 2×6=12가지이다.

06 ② 07 ②

08 어느 학생이 두 문제 A, B를 풀 때, 문제 A를 맞히지 못할 확률은 60%, 두 문제를 모두 맞힐 확률은 24%이다. 이 학생이 문제 A는 맞히고, 문제 B는 맞히지 못할 확률은?

① 36% ② 30%
③ 28% ④ 24%
⑤ 16%

09 다음 중 자동차와 관련된 단어의 한글 명칭과 영어 명칭이 바르게 연결되지 않은 것은?

① 냉각수 – Coolant ② 부동액 – Antifreeze
③ 전해액 – Electrolyte ④ 유압 – Hydropressure
⑤ 냉매 – Refrigerant

정답 및 해설

08 문제 B를 맞힐 확률을 p라 하면 다음 식이 성립한다.

$$\left(1-\frac{3}{5}\right)\times p = \frac{24}{100}$$

$$\rightarrow \frac{2}{5}p = \frac{6}{25}$$

$$\therefore p = \frac{3}{5}$$

따라서 문제 A는 맞히고 문제 B는 맞히지 못할 확률은 $\left(1-\frac{3}{5}\right)\times\left(1-\frac{3}{5}\right) = \frac{4}{25}$ 이므로 16%이다.

09 유압은 'Hydraulics' 또는 'Fluid Pressure'이다.

08 ⑤ 09 ④

10 다음 글의 내용으로 적절하지 않은 것은?

> A four-stroke engine is an internal combustion engine in which the piston completes four separate strokes while turning the crankshaft. It generates power through four distinct processes
> Intake : The piston moves downward, creating a vacuum that draws an air-fuel mixture into the cylinder.
> Compression : The air-fuel mixture is compressed by the upward movement of the piston.
> Combustion : The compressed mixture is ignited by a spark plug, causing a rapid expansion of hot gases that force the piston downward. This downward motion is converted into rotational motion by the crankshaft, producing mechanical power.
> Exhaust : The spent combustion gases are expelled from the cylinder through the exhaust valve.

① 흡기 행정 시 공기-연료 혼합물을 실린더로 끌어들인다.
② 피스톤의 상승 움직임은 공기-연료 혼합물을 압축시킨다.
③ 연소 후 남은 가스는 배기 밸브를 통해 실린더에서 배출된다.
④ 압축된 공기-연료 혼합물은 스파크 플러그에 의해 점화된다.
⑤ 연소 행정 시 피스톤의 하향 운동은 크랭크축에 의해 왕복 운동으로 변환된다.

정답 및 해설

10 연소에 대한 설명에서 피스톤의 하향 운동이 크랭크축에 의해 회전 운동(rotational motion)으로 변환된다고 하였다.

| 해석 |

> 4행정 엔진은 피스톤이 크랭크축을 돌리면서 4번의 개별 행정을 완료하는 내연기관이다. 이 엔진은 4가지 별개의 프로세스를 통해 동력을 생산한다.
> 흡기 : 피스톤이 아래쪽으로 이동하여 공기-연료 혼합물을 실린더로 끌어들이는 진공을 생성한다.
> 압축 : 공기-연료 혼합물은 피스톤의 상승 움직임에 의해 압축된다.
> 연소 : 압축된 혼합물은 스파크 플러그에 의해 점화되어 뜨거운 가스가 빠르게 팽창하여 피스톤을 아래로 향하게 한다. 이러한 하향 운동은 크랭크축에 의해 회전 운동으로 변환되어 기계적 동력을 생성한다.
> 배기 : 남은 연소 가스는 배기 밸브를 통해 실린더에서 배출된다.

10 ⑤ 〈정답

CHAPTER 02 | 2023년 기출복원문제

01 다음 중 밑줄 친 부분의 띄어쓰기가 옳은 것은?

① 어찌나 금방 품절되던지 나도 <u>열 번만에</u> 겨우 주문했어.
② 둘째 아들이 벌써 <u>아빠 만큼</u> 자랐구나.
③ 이번 일은 직접 나서는 <u>수밖</u>에 없다.
④ <u>너 뿐만</u> 아니라 우리 모두 노력해야 한다.
⑤ <u>달라는대로</u> 다 줬는데 무엇을 더 줘야 하니?

02 다음 중 자동차와 관련된 단어의 한글 명칭과 영어 명칭이 바르게 연결된 것은?

① 가속페달 – Axelerator
② 방열기 – Heat Preventer
③ 후미등 – Backlight
④ 안개등 – Headlight
⑤ 변속기 – Transmission

정답 및 해설

01 '밖에'는 '그것 말고는', '그것 이외에는', '기꺼이 받아들이는', '피할 수 없는'의 뜻을 나타내는 보조사이므로 앞말과 붙여 쓴다.

오답분석
① '만'은 '앞말이 가리키는 횟수를 끝으로'의 뜻을 나타내는 의존명사로 사용되었으므로 '열 번 만에'와 같이 앞말과 띄어 써야 한다.
② '만큼'은 앞말과 비슷한 정도나 한도임을 나타내는 격조사로 사용되었으므로 '아빠만큼'과 같이 앞말에 붙여 써야 한다.
④ '뿐'은 '그것만이고 더는 없음'을 의미하는 보조사로 사용되었으므로 '너뿐만'과 같이 앞말에 붙여 써야 한다.
⑤ '대로'는 '어떤 상태나 행동이 나타나는 족족'을 의미하는 의존명사로 사용되었으므로 '달라는 대로'와 같이 앞말과 띄어 써야 한다.

02 **오답분석**
① 가속페달 – Accelerator
② 방열기 – Radiator
③ 후미등 – Tail light, Rear lamp
④ 안개등 – Fog light

정답 01 ③ 02 ⑤

03 다음은 K기업의 2023년 하반기 신입사원 채용 현황에 대한 자료이다. 이에 대한 설명으로 옳지 않은 것은?

〈신입사원 채용 현황〉

(단위 : 명)

구분	입사지원자 수	합격자 수
남성	680	120
여성	320	80

① 남성 합격자 수는 여성 합격자 수의 1.5배이다.
② 총 입사지원자 중 합격률은 20%이다.
③ 여성 입사지원자의 합격률은 25%이다.
④ 합격자 중 남성의 비율은 70% 이상이다.
⑤ 총 입사지원자 중 여성 입사지원자의 비율은 30% 이상이다.

정답 및 해설

03 합격자 중 남성의 비율은 $\frac{120}{120+80} \times 100 = \frac{120}{200} \times 100 = 60\%$이므로 옳지 않다.

오답분석

① 남성 합격자 수는 여성 합격자 수의 $\frac{120}{80} = 1.5$배이다.

② 총 입사지원자 중 합격률은 $\frac{120+80}{680+320} \times 100 = \frac{200}{1,000} \times 100 = 20\%$이다.

③ 여성 입사지원자의 합격률은 $\frac{80}{320} \times 100 = 25\%$이다.

⑤ 총 입사지원자 중 여성 입사지원자의 비율은 $\frac{320}{680+320} \times 100 = \frac{320}{1,000} \times 100 = 32\%$이므로 30% 이상이다.

03 ④ 정답

04 다음 상황에서 K대리가 G대리에게 해줄 수 있는 조언으로 가장 적절한 것은?

> G대리 : 나 참, A과장님 왜 그러시는지 이해를 못하겠네.
> K대리 : 무슨 일이야?
> G대리 : 아니 어제 내가 회식자리에서 A과장님께 장난을 좀 쳤거든. 근데 A과장님이 내 장난을 잘 받아 주시길래 아무렇지 않게 넘어갔는데, 오늘 A과장님이 나에게 어제 일로 화를 내시는 거 있지?

① 부하직원인 우리가 참고 이해하는 것이 좋을 것 같아.
② 본인이 실수했다고 느꼈을 때 바로 사과하는 것이 중요해.
③ A과장님께 본인이 무엇을 잘못했는지 확실히 물어보는 것이 어때?
④ 직원회의 시간에 이 문제에 대해 확실히 짚고 넘어가는 것이 좋겠어.
⑤ 업무에 성과를 내서 A과장님 기분을 풀어드리는 것이 좋을 것 같아.

05 0 ~ 9까지의 숫자가 적힌 카드를 세 장 뽑아서 홀수인 세 자리의 수를 만들려고 할 때, 가능한 경우의 수는?

① 280가지
② 300가지
③ 320가지
④ 340가지
⑤ 360가지

정답 및 해설

04 회식자리에서의 농담은 자신의 생각에 달린 것이 아니라 상대방이 어떻게 받아들이는지가 중요하다. 상사가 자신의 기분이 상할 수 있는 농담을 들었을 때, 회식과 같이 화기애애한 자리를 갑자기 냉각시킬 수는 없으므로 그 자리에서만 수용해 줄 수 있는 것이다. 따라서 본인이 실수했다고 느낄 때 바로 사과하라는 조언이 가장 적절하다.

05 세 자리 수가 홀수가 되려면 끝자리 숫자가 홀수여야 한다.
홀수는 1, 3, 5, 7, 9로 5개이고, 백의 자리와 십의 자리 숫자의 경우의 수를 고려한다.
백의 자리에 올 수 있는 숫자는 0을 제외한 8가지, 십의 자리는 0을 포함한 8가지 숫자가 올 수 있다.
따라서 홀수인 세 자리 숫자는 모두 $8 \times 8 \times 5 = 320$가지가 가능하다.

04 ② 05 ③

06 다음 중 밑줄 친 부분의 맞춤법이 옳지 않은 것은?

① 너는 참 <u>개구쟁이</u> 같아.
② 남부 지방에 비가 올 <u>확률</u>이 60%나 된다더라.
③ 오늘 <u>스포츠난</u>의 기사를 읽어 보았니?
④ 지나친 음주는 <u>삼가해 주세요</u>.
⑤ <u>남녀노소</u> 즐길 수 있는 축제를 기획해 보자.

07 K사의 사내 체육대회에서 A ~ F 6명은 키가 큰 순서에 따라 2명씩 1팀, 2팀, 3팀으로 나뉘어 배치된다. 다음 〈조건〉에 따라 배치된다고 할 때, 키가 가장 큰 사람은?

> **조건**
> • A, B, C, D, E, F의 키는 서로 다르다.
> • 2팀의 B는 A보다 키가 작다.
> • D보다 키가 작은 사람은 4명이다.
> • A는 1팀에 배치되지 않는다.
> • E와 F는 한 팀에 배치된다.

① A
② B
③ C
④ D
⑤ E

정답 및 해설

06 '삼가다'가 표준어이므로 '삼가해 주세요.'는 잘못된 표기이다. 따라서 '삼가 주세요.'로 표기해야 한다.

07 세 번째 조건에 따라 D는 6명 중 두 번째로 키가 크므로 1팀에 배치되는 것을 알 수 있다. 또한 두 번째 조건에 따라 B는 2팀에 배치되므로 한 팀에 배치되어야 하는 E와 F는 아무도 배치되지 않은 3팀에 배치되는 것을 알 수 있다. 마지막으로 네 번째 조건에 따라 B보다 키가 큰 A는 2팀에 배치되므로 결국 A ~ F 6명은 다음과 같이 배치된다.

1팀	2팀	3팀
C > D	A > B	E, F

따라서 키가 가장 큰 사람은 C이다.

06 ④ 07 ③

08 다음 중 밑줄 친 부분의 표기가 옳은 것은?

① 각 분야에서 <u>내로라하는</u> 사람들이 모였다.
② <u>생각컨대</u> 그가 거짓말을 하는 것이 분명했다.
③ 철수야, 친구를 괴롭히면 <u>안 되요</u>.
④ 그를 <u>만난지</u> 한 달이 지났다.
⑤ 그녀는 일을 하는 <u>틈틈히</u> 공부를 했다.

09 다음 중 나머지 도형과 다른 것은?

①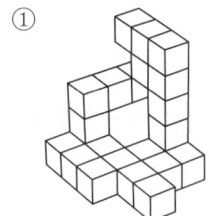
②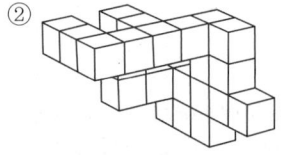
③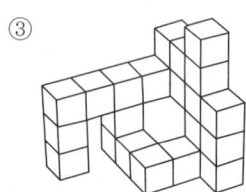
④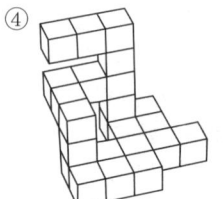
⑤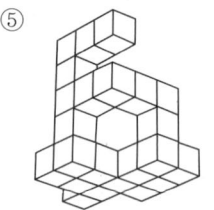

정답 및 해설

08 오답분석
② 생각컨대 → 생각건대
③ 안 되요 → 안 돼요
④ 만난지 → 만난 지
⑤ 틈틈히 → 틈틈이

09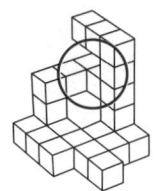

08 ① 09 ①

10 다음 명제가 참일 때, 반드시 거짓인 것은?

> - 착한 사람들 중에서 똑똑한 여자는 모두 인기가 많다.
> - 똑똑한 사람들 중에서 착한 남자는 모두 인기가 많다.
> - '인기가 많지 않지만 멋진 남자가 있다.'라는 말은 거짓이다.
> - 순이는 멋지지 않지만 똑똑한 여자이다.
> - 철수는 인기가 많지 않지만 착한 남자이다.
> - 여자든 남자든 당연히 사람이다.

① 철수는 똑똑하지 않다.
② 철수는 멋지거나 똑똑하다.
③ 똑똑하지만 멋지지 않은 사람이 있다.
④ 인기가 많지 않지만 착한 사람이 있다.
⑤ 순이가 인기가 많지 않다면, 그녀는 착하지 않다.

정답 및 해설

10 두 번째 명제에 의하면 똑똑하고 착한 남자는 인기가 많다. 그런데 다섯 번째 명제에 의하면 철수는 착하다는 조건을 충족함에도 불구하고 인기가 없다. 따라서 철수는 똑똑하지 않은 사람이 된다. 또한, 세 번째 명제에 따라 인기가 많지 않지만 멋진 남자는 '없으므로', 인기 없는 철수는 멋진 남자일 수 없다. 그러므로 '철수는 멋지거나 똑똑하다.'라는 명제는 반드시 거짓이다.

오답분석
③ 네 번째 명제에 의하면 순이는 똑똑하지만 멋지지 않은 사람이다.
⑤ 첫 번째 명제에 의하면 착하고 똑똑한 여자는 인기가 많다. 그리고 네 번째 명제에 의하면 순이는 똑똑하다. 따라서 만약 순이가 인기가 많지 않다면 순이는 '착하다'는 조건을 충족시키지 못한 것이다.

10 ②

11 길이가 680m인 터널이 있다. A기차가 30m/s의 속력으로 터널을 완전히 빠져나갈 때까지 30초가 걸렸을 때, A기차의 길이는?

① 190m
② 200m
③ 210m
④ 220m
⑤ 230m

12 K사원은 팀에서 아이디어 뱅크로 불릴 정도로 팀 업무와 직결된 아이디어를 많이 제안하는 편이다. 그러나 상사인 B팀장은 C부장에게 팀 업무를 보고하는 과정에 있어 K사원을 포함한 다른 사원들이 낸 아이디어를 자신이 낸 아이디어처럼 보고하는 경향이 있다. 이런 일이 반복되자 B팀장을 제외한 팀 내의 사원들은 불만이 쌓인 상황이다. 이런 상황에서 당신이 K사원이라면 어떻게 하겠는가?

① 다른 사원들과 따로 자리를 만들어 B팀장의 욕을 한다.
② B팀장이 보는 앞에서 C부장에게 B팀장에 대해 이야기한다.
③ 다른 사원들과 이야기한 뒤에 B팀장에게 조심스레 이야기를 꺼내본다.
④ 회식 자리를 빌려 C부장에게 B팀장에 대해 속상한 점을 고백한다.
⑤ B팀장이 스스로 불만 사항을 알아차릴 때까지 기다린다.

정답 및 해설

11 기차가 터널을 완전히 빠져나갈 때까지의 이동거리는 (기차의 길이)+(터널의 길이)이다.
A기차의 길이를 xm라고 하면 다음과 같은 식이 성립한다.
$680+x=30\times30$
→ $x=900-680$
∴ $x=220$
따라서 A기차의 길이는 220m이다.

12 B팀장에게 가지고 있는 불만이므로 본인과 직접 해결하는 것이 가장 적절하다. 비슷한 불만을 가지고 있는 사원들과 이야기를 나누고 개선해 줄 것을 바라는 사항을 정리한 후에 B팀장에게 조심스레 말하는 것이 옳다.

13 다음 중 제시된 도형과 같은 것은?(단, 도형은 회전이 가능하다)

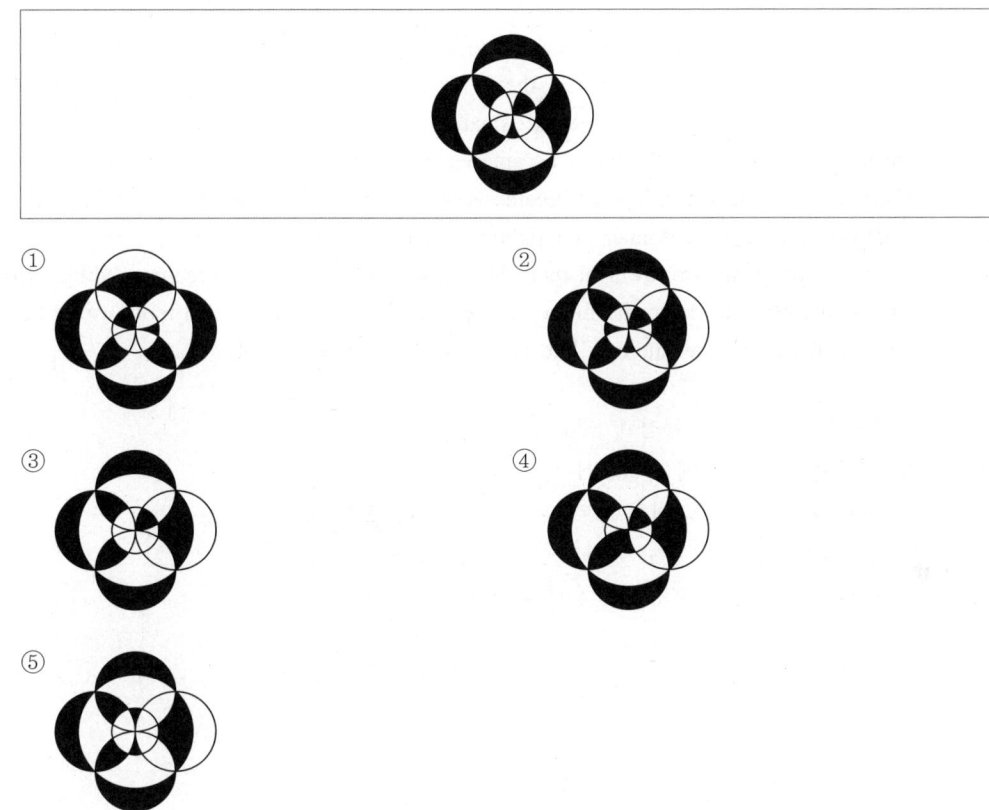

정답 및 해설

13 제시된 도형을 시계 반대 방향으로 90° 회전한 것이다.

13 ①

14 다음 글의 내용으로 적절하지 않은 것은?

> A laptop is a portable computer designed to be used on your lap. It is also called a Notebook. Laptops began to be developed in the 1970s. At first, they were heavy and slow. But as technology improved, they became smaller, lighter, and faster. In the 1980s, battery technology improved, so laptops became easier to carry around. In the 1990s, the internet became widespread, and laptops became very popular for personal use. After the year 2000, laptops became even thinner and lighter, and they could do more.
>
> Today, laptops are so powerful that you can use them for playing games, editing videos, and doing other work. In the future, laptops will be even smarter and more useful because they will use new technology like artificial intelligence and 5G.

① 개발 당시 노트북은 무겁고 느렸다.
② 노트북은 1970년대에 개발되기 시작했다.
③ 인터넷이 널리 보급되면서 노트북은 휴대하기 더 쉬워졌다.
④ 노트북은 무릎 위에 놓고 쓴다고 하여 Laptop이라고 불린다.
⑤ 앞으로 노트북은 인공지능, 5G 등 새로운 기술을 사용할 것이다.

정답 및 해설

14 노트북의 휴대성은 1980년대 배터리 기술의 향상으로 이루어졌다. 1990년대 인터넷의 보급은 노트북이 개인용 컴퓨터로 큰 인기를 끌 수 있도록 하였다.

| 해석 |

> 노트북(Laptop)은 휴대용 컴퓨터로 무릎 위에서 사용할 수 있도록 설계되었다. 이것은 노트북(Notebook)이라고도 불린다.
> 노트북은 1970년대에 개발되기 시작했다. 노트북은 처음에는 무겁고 느렸다. 하지만 기술이 발전하면서 더 작고, 가벼워지고, 더 빨라졌다. 1980년대에는 배터리 기술이 향상되어 노트북을 휴대하기가 더 쉬워졌다. 1990년대에는 인터넷이 널리 보급되었고, 노트북은 개인용으로 큰 인기를 끌었다. 2000년 이후 노트북은 더욱 얇고 가벼워졌고, 더 많은 일을 할 수 있게 되었다.
> 오늘날 노트북은 게임, 동영상 편집, 기타 작업에 사용할 수 있을 정도로 강력하다. 앞으로 노트북은 인공지능, 5G 같은 새로운 기술을 사용할 것이므로 더욱 스마트하고 유용하게 사용될 것이다.

14 ③

15 농도 4%인 소금물 300g에 소금 100g을 추가로 넣었을 때, 소금물의 농도는?

① 24% ② 26%
③ 28% ④ 30%
⑤ 32%

16 민수, 철수, 영희는 숨은 그림 찾기를 하였고 그 결과는 다음과 같다. 숨은 그림을 많이 찾은 순서대로 바르게 나열한 것은?

- 숨은 그림 찾기에서 민수가 철수보다 더 많이 찾았다.
- 숨은 그림 찾기에서 철수가 영희보다 더 적게 찾았다.
- 숨은 그림 찾기에서 민수가 영희보다 더 적게 찾았다.

① 영희 – 철수 – 민수 ② 영희 – 민수 – 철수
③ 철수 – 영희 – 민수 ④ 민수 – 철수 – 영희
⑤ 철수 – 민수 – 영희

정답 및 해설

15 농도 4%인 소금물 300g에 들어있는 소금의 양은 $300 \times \frac{4}{100} = 12g$이므로 소금 100g을 추가로 넣었을 때 소금물의 농도는 $\frac{12+100}{300+100} \times 100 = 28\%$이다.

16 민수가 철수보다, 영희가 철수보다, 영희가 민수보다 숨은 그림을 더 많이 찾았다.
따라서 영희 – 민수 – 철수 순서로 숨은 그림을 더 많이 찾았다.

15 ③ 16 ②

17 다음 글에 제시된 주의사항으로 적절하지 않은 것은?

> A car battery is a rechargeable battery used to start a vehicle. The recommended replacement cycle for a car battery is every three years. When replacing a car battery, the following safety measures must be taken.
> Before replacing a car battery, it is essential to turn off the engine. To open the hood and replace the battery, the terminals connected to the battery must be removed. To prevent a short circuit, the negative terminal should be removed first, followed by the positive terminal. Conversely, when reconnecting, the positive terminal should be connected first, followed by the negative terminal. When replacing a battery, safety equipment such as safety glasses and gloves should be worn to prevent accidents. Additionally, as hydrogen gas can be generated from the battery, any activity that could cause sparks should be avoided during the process.

① 자동차 배터리의 권장 교체 주기는 3년이다.
② 자동차 배터리를 교체할 때는 반드시 시동을 끄고 작업해야 한다.
③ 새로운 배터리의 단자를 연결할 때는 음극 단자를 먼저 연결해야 한다.
④ 작업을 할 때는 안전사고에 대비하여 보호 안경과 보호 장갑을 착용해야 한다.
⑤ 자동차 배터리에서는 수소 가스가 발생할 수 있으므로 불꽃이 튀지 않도록 해야 한다.

정답 및 해설

17 새로운 배터리의 단자를 연결할 때는 제거할 때와 반대로 양극 단자를 먼저 연결해야 한다.

| 해석 |

> 자동차 배터리는 충전이 가능한 배터리로 자동차에 시동을 걸 때 사용된다. 자동차 배터리의 권장 교체 주기는 3년이다. 자동차 배터리를 교체할 때는 다음의 안전 조치가 지켜져야 한다.
> 자동차 배터리를 교체하기 전에는 반드시 시동을 꺼야 한다. 보닛을 열고, 자동차 배터리를 교체하기 위해서는 연결된 단자가 배터리에서 제거돼야 한다. 합선이 일어나는 것을 방지하기 위해, 음극 단자가 먼저 제거돼야 하고, 다음에 양극 단자가 제거돼야 한다. 반대로 다시 연결할 때는 양극 단자를 먼저 연결하고, 음극 단자를 연결해야 한다. 자동차 배터리를 교체할 때는 안전사고를 방지하기 위해서 보호 안경이나 보호 장갑 같은 안전장비를 착용해야 한다. 또한, 배터리에서 수소 가스가 발생할 수 있으므로 작업 도중에 불꽃을 일으킬 수 있는 행동은 반드시 피해야 한다.

17 ③ 〈정답

PART 1 적성검사

CHAPTER 01 언어

CHAPTER 02 수리

CHAPTER 03 추리

CHAPTER 04 공간지각

CHAPTER 05 기초영어

CHAPTER 01 언어 핵심이론

01 ▶ 어문 규정

1. 한글 맞춤법

(1) 자모

① 한글 자모의 수는 스물넉 자로 하고, 그 순서와 이름은 다음과 같이 정한다.
ㄱ(기역) ㄴ(니은) ㄷ(디귿) ㄹ(리을) ㅁ(미음) ㅂ(비읍) ㅅ(시옷) ㅇ(이응) ㅈ(지읒) ㅊ(치읓)
ㅋ(키읔) ㅌ(티읕) ㅍ(피읖) ㅎ(히읗)
ㅏ(아) ㅑ(야) ㅓ(어) ㅕ(여) ㅗ(오) ㅛ(요) ㅜ(우) ㅠ(유) ㅡ(으) ㅣ(이)

② 두 개 이상의 자모를 어울러서 적되, 그 순서와 이름은 다음과 같이 정한다.
ㄲ(쌍기역) ㄸ(쌍디귿) ㅃ(쌍비읍) ㅆ(쌍시옷) ㅉ(쌍지읒)
ㅐ(애) ㅒ(얘) ㅔ(에) ㅖ(예) ㅘ(와) ㅙ(왜) ㅚ(외) ㅝ(워) ㅞ(웨) ㅟ(위) ㅢ(의)

③ 사전에 올릴 적의 자모 순서는 다음과 같이 정한다.
㉠ 자음
ㄱ ㄲ ㄴ ㄷ ㄸ ㄹ ㅁ ㅂ ㅃ ㅅ ㅆ ㅇ ㅈ ㅉ ㅊ ㅋ ㅌ ㅍ ㅎ
㉡ 모음
ㅏ ㅐ ㅑ ㅒ ㅓ ㅔ ㅕ ㅖ ㅗ ㅘ ㅙ ㅚ ㅛ ㅜ ㅝ ㅞ ㅟ ㅠ ㅡ ㅢ ㅣ

(2) 소리

① 된소리 : 한 단어 안에서 뚜렷한 까닭 없이 나는 된소리는 다음 음절의 첫소리를 된소리로 적는다.
예 소쩍새, 움찔, 깍두기 등

② 구개음화 : 'ㄷ, ㅌ' 받침 뒤에 종속적 관계를 가진 '-이(-)'나 '-히-'가 올 적에는, 그 'ㄷ, ㅌ'이 'ㅈ, ㅊ'으로 소리 나더라도 'ㄷ, ㅌ'으로 적는다.
예 해돋이[해도지], 굳이[구지], 맏이[마지] 등

③ 'ㄷ' 소리받침 : 'ㄷ' 소리로 나는 받침 중에서 'ㄷ'으로 적을 근거가 없는 것은 'ㅅ'으로 적는다.
예 덧저고리, 돗자리, 웃어른 등

④ 모음
㉠ '계, 례, 몌, 폐, 혜'의 'ㅖ'는 'ㅔ'로 소리 나는 경우가 있더라도 'ㅖ'로 적는다.
예 계수[계수], 사례[사례], 혜택[혜택] 등
다만, 다음 말은 본음대로 적는다.
예 게송, 게시판, 휴게실 등
㉡ '의'나 자음을 첫소리로 가지고 있는 음절의 'ㅢ'는 'ㅣ'로 소리 나는 경우가 있더라도 'ㅢ'로 적는다.
예 무늬[무니], 씌어[씨어], 본의[본이] 등

⑤ **두음법칙**
  ㉠ 한자음 '녀, 뇨, 뉴, 니'가 단어의 첫머리에 올 적에는, 두음법칙에 따라 '여, 요, 유, 이'로 적는다.
    예 여자[녀자], 연세[년세], 요소[뇨소] 등
    • 단어의 첫머리 이외의 경우에는 본음대로 적는다.
      예 남녀(男女), 당뇨(糖尿), 은닉(隱匿) 등
    • 접두사처럼 쓰이는 한자가 붙어서 된 말이나 합성어에서, 뒷말의 첫소리가 'ㄴ' 소리로 나더라도 두음법칙에 따라 적는다.
      예 신여성(新女性), 공염불(空念佛), 남존여비(男尊女卑) 등
  ㉡ 한자음 '랴, 려, 례, 료, 류, 리'가 단어의 첫머리에 올 적에는, 두음법칙에 따라 '야, 여, 예, 요, 유, 이'로 적는다.
    예 양심[량심], 역사[력사], 이발[리발] 등
    • 단어의 첫머리 이외의 경우에는 본음대로 적는다.
      예 개량(改良), 수력(水力), 급류(急流) 등
    • 모음이나 'ㄴ' 받침 뒤에 이어지는 '렬, 률'은 '열, 율'로 적는다.
      예 나열[나렬], 분열[분렬], 전율[전률] 등
    • 접두사처럼 쓰이는 한자가 붙어서 된 말이나 합성어에서, 뒷말의 첫소리가 'ㄴ' 또는 'ㄹ' 소리로 나더라도 두음법칙에 따라 적는다.
      예 역이용(逆利用), 연이율(年利率), 열역학(熱力學) 등
  ㉢ 한자음 '라, 래, 로, 뢰, 루, 르'가 단어의 첫머리에 올 적에는, 두음법칙에 따라 '나, 내, 노, 뇌, 누, 느'로 적는다.
    예 낙원[락원], 노인[로인], 뇌성[뢰성] 등
    • 단어의 첫머리 이외의 경우에는 본음대로 적는다.
      예 쾌락(快樂), 극락(極樂), 지뢰(地雷) 등
    • 접두사처럼 쓰이는 한자가 붙어서 된 단어는 뒷말을 두음법칙에 따라 적는다.
      예 상노인(上老人), 중노동(重勞動), 비논리적(非論理的) 등
⑥ **겹쳐 나는 소리** : 한 단어 안에서 같은 음절이나 비슷한 음절이 겹쳐 나는 부분은 같은 글자로 적는다.
  예 눅눅하다[눙눅하다], 꼿꼿하다[꼿곳하다], 쓸쓸하다[씁슬하다] 등

(3) 형태
① **사이시옷**
  ㉠ '순우리말+순우리말'의 형태로 합성어를 만들 때 앞말에 받침이 없을 경우
    • 뒷말의 첫소리가 된소리로 나야 한다.
      예 귓밥(귀+밥), 나뭇가지(나무+가지), 쇳조각(쇠+조각) 등
    • 뒷말의 첫소리가 'ㄴ, ㅁ'이고, 그 앞에서 'ㄴ' 소리가 덧나야 한다.
      예 아랫마을(아래+ㅅ+마을), 뒷머리(뒤+ㅅ+머리), 잇몸(이+ㅅ+몸) 등
    • 뒷말의 첫소리 모음 앞에서 'ㄴㄴ' 소리가 덧나야 한다.
      예 깻잎[깬닙], 나뭇잎[나문닙], 댓잎[댄닙] 등

ⓛ '순우리말+한자어' 혹은 '한자어+순우리말'의 형태로 합성어를 만들 때 앞말에 받침이 없을 경우
- 뒷말의 첫소리가 된소리로 나야 한다.
   예 콧병[코뼝], 샛강[새깡], 아랫방[아래빵] 등
- 뒷말의 첫소리가 'ㄴ, ㅁ'이고, 그 앞에서 'ㄴ' 소리가 덧나야 한다.
   예 훗날[훈날], 제삿날[제산날], 툇마루[퇸마루] 등
- 뒷말의 첫소리 모음 앞에서 'ㄴㄴ' 소리가 덧나야 한다.
   예 가윗일[가윈닐], 예삿일[예산닐], 훗일[훈닐] 등
ⓒ 한자어+한자어로 된 두 음절의 합성어 가운데에서는 다음 6개만 인정한다.
   예 곳간(庫間), 숫자(數字), 횟수(回數), 툇간(退間), 셋방(貰房), 찻간(車間)

② 준말
ⓐ 단어의 끝모음이 줄어지고 자음만 남은 것은 그 앞의 음절에 받침으로 적는다.
   예 엊그저께(어제그저께), 엊저녁(어제저녁), 온갖(온가지) 등
ⓑ 체언과 조사가 어울려 줄어지는 경우에는 준 대로 적는다.
   예 그건(그것은), 그걸로(그것으로), 무얼(무엇을) 등
ⓒ 모음 'ㅏ, ㅓ'로 끝난 어간에 '-아/-어, -았-/-었-'이 어울릴 적에는 준 대로 적는다.
   예 가(가아), 갔다(가았다), 폈다(펴었다) 등
ⓓ 모음 'ㅗ, ㅜ'로 끝난 어간에 '-아/-어, -았-/-었-'이 어울려 'ㅘ/ㅝ, 왔/웠'으로 될 적에는 준 대로 적는다.
   예 꽜다(꼬았다), 쐈다(쏘았다), 쒔다(쑤었다) 등
ⓔ 'ㅣ' 뒤에 '-어'가 와서 'ㅕ'로 줄 적에는 준 대로 적는다.
   예 가져(가지어), 버텨(버티어), 치여(치이어) 등
ⓕ 'ㅏ, ㅕ, ㅗ, ㅜ, ㅡ'로 끝난 어간에 '-이-'가 와서 각각 'ㅐ, ㅖ, ㅚ, ㅟ, ㅢ'로 줄 적에는 준 대로 적는다.
   예 쌔다(싸이다), 폐다(펴이다), 씌다(쓰이다) 등
ⓖ 'ㅏ, ㅗ, ㅜ, ㅡ' 뒤에 '-이어'가 어울려 줄어질 적에는 준 대로 적는다.
   예 보여(보이어), 누여(누이어), 트여(트이어) 등
ⓗ 어미 '-지' 뒤에 '않-'이 어울려 '-잖-'이 될 적과 '-하지' 뒤에 '않-'이 어울려 '찮-'이 될 적에는 준 대로 적는다.
   예 그렇잖은(그렇지 않은), 만만찮다(만만하지 않다), 변변찮다(변변하지 않다) 등
ⓘ 어간의 끝음절 '하'의 'ㅏ'가 줄고 'ㅎ'이 다음 음절의 첫소리와 어울려 거센소리로 될 적에는 거센소리로 적는다.
   예 간편케(간편하게), 연구토록(연구하도록), 흔타(흔하다) 등
- 'ㅎ'이 어간의 끝소리로 굳어진 것은 받침으로 적는다.
   예 아무렇다-아무렇고-아무렇지-아무렇든지
- 어간의 끝음절 '하'가 아주 줄 적에는 준 대로 적는다.
   예 거북지(거북하지), 생각건대(생각하건대), 넉넉지 않다(넉넉하지 않다) 등
ⓙ 다음과 같은 부사는 소리대로 적는다.
   예 결단코, 기필코, 무심코, 하여튼, 요컨대 등

③ '-쟁이', '-장이'
　㉠ 그것이 나타내는 속성을 많이 가진 사람은 '-쟁이'로 적는다.
　　예 거짓말쟁이, 욕심쟁이, 심술쟁이 등
　㉡ 그것과 관련된 기술을 가진 사람은 '-장이'로 적는다.
　　예 미장이, 대장장이, 토기장이 등

틀리기 쉬운 어휘

- 너머 : 높이나 경계로 가로막은 사물의 저쪽
  넘어 : 일정한 시간, 시기, 범위 따위에서 벗어나 지나다.
- 띄다 : 눈에 보이다.
  띠다 : 빛깔이나 성질을 가지다.
- 틀리다 : 바라거나 하려는 일이 순조롭게 되지 못하다.
  다르다 : 비교가 되는 두 대상이 서로 같지 아니하다.
- 가리키다 : 어떤 방향이나 대상을 집어서 보이거나 말하거나 알리다.
  가르치다 : 상대편에게 지식이나 기능, 이치 따위를 깨닫거나 익히게 하다.
- 금새 : 물건의 값
  금세 : 지금 바로
- 어느 : 여럿 가운데 대상이 되는 것이 무엇인지 물을 때 쓰는 말
  여느 : 그 밖의 예사로운. 또는 다른 보통의
- 늘이다 : 본디보다 더 길게 하다.
  늘리다 : 길이나 넓이, 부피 따위를 본디보다 커지게 하다.
- ~던지 : 막연한 의문이 있는 채로 그것을 뒤 절의 사실이나 판단과 관련시킬 때
  ~든지 : 나열된 동작이나 상태, 대상 중에서 어느 것이든 선택될 수 있음을 나타낼 때
- 부치다 : 일정한 수단이나 방법을 써서 상대에게로 보내다.
  붙이다 : 맞닿아 떨어지지 않게 하다.
- 삭이다 : 긴장이나 화가 풀려 마음이 가라앉다.
  삭히다 : 김치나 젓갈 따위의 음식물이 발효되어 맛이 들다.
- 일절 : 아주, 전혀, 절대로의 뜻
  일체 : 모든 것, 모든 것을 다

---

2. 표준어 규정

(1) 자음

① 다음 단어들은 거센소리를 가진 형태의 단어를 표준어로 삼는다.
　예 끄나풀, 살쾡이, 나팔꽃 등
② 다음 단어들은 거센소리로 나지 않는 형태의 단어를 표준어로 삼는다.
　예 가을갈이, 거시기, 분침 등
③ 어원에서 멀어진 형태로 굳어져서 널리 쓰이는 것은, 그것을 표준어로 삼는다.
　예 강낭콩, 사글세, 고삿 등

④ 다음 단어들은 의미를 구별함이 없이, 한 가지 형태만을 표준어로 삼는다(다만, '둘째'는 십 단위 이상의 서수사에 쓰일 때에 '두째'로 한다).
  예 돌, 둘째, 빌리다 등
⑤ 수컷을 이르는 접두사는 '수-'로 통일한다.
  예 수꿩, 수나사, 수소 등
  ㉠ 다음 단어의 접두사는 '숫-'으로 한다.
    예 숫양, 숫염소, 숫쥐
  ㉡ 다음 단어에서는 접두사 다음에서 나는 거센소리를 인정한다.
    예 수캉아지, 수퇘지, 수평아리, 수키와 등

(2) 모음

① 양성 모음이 음성 모음으로 바뀌어 굳어진 단어는 음성 모음 형태를 표준어로 삼는다.
  예 깡충깡충, 발가숭이, 오뚝이 등
  다만, 어원 의식이 강하게 작용하는 단어에서는 양성 모음 형태를 그대로 표준어로 삼는다.
  예 부조, 사돈, 삼촌 등
② 'ㅣ'역행 동화현상에 의한 발음은 원칙적으로 표준 발음으로 인정하지 아니하되, 그러한 동화가 적용된 형태를 표준어로 삼는다.
  예 풋내기, 냄비, 동댕이치다 등
③ 모음이 단순화한 형태의 단어를 표준어로 삼는다.
  예 괴팍하다, 미루나무, 으레, 케케묵다 등
④ 모음의 발음 변화를 인정하여, 발음이 바뀌어 굳어진 형태의 단어를 표준어로 삼는다.
  예 깍쟁이, 상추, 허드레 등
⑤ '위-, 윗-, 웃-'
  ㉠ '위'를 가리키는 말은 '위-'로 적는 것이 원칙이다.
    예 위층, 위쪽, 위턱 등
  ㉡ '위-'가 뒷말과 결합하면서 된소리가 되거나 'ㄴ'이 덧날 때는 '윗-'으로 적는다.
    예 윗입술, 윗목, 윗눈썹 등
  ㉢ 아래, 위의 대립이 없는 낱말은 '웃-'으로 적는다.
    예 웃돈, 웃어른, 웃옷 등
⑥ 한자 '구(句)'가 붙어서 이루어진 단어는 '귀'로 읽는 것을 인정하지 아니하고, '구'로 통일한다.
  예 구절(句節), 시구(詩句), 인용구(引用句) 등
  다음의 단어들은 '귀'로 발음되는 형태를 표준어로 삼는다.
  예 귀글, 글귀

(3) 단수 표준어

비슷한 발음의 몇 형태가 쓰일 경우, 그 의미에 아무런 차이가 없고 그중 하나가 더 널리 쓰이면 그 한 형태만을 표준어로 삼는다.
예 귀고리, 꼭두각시, 우두커니, 천장 등

(4) 복수 표준어

① 다음 단어는 앞의 것을 원칙으로 하고, 뒤의 것도 허용한다.
　예 네 – 예, 쇠고기 – 소고기 등
② 어감의 차이를 나타내는 단어 또는 발음이 비슷한 단어들이 다 같이 널리 쓰이는 경우에는, 모두를 표준어로 삼는다.
　예 거슴츠레하다 – 게슴츠레하다, 고까 – 꼬까, 고린내 – 코린내 등
③ 한 가지 의미를 나타내는 형태 몇 가지가 널리 쓰이며 표준어 규정에 맞으면, 모두를 표준어로 삼는다.
　예 넝쿨 – 덩굴, 민둥산 – 벌거숭이산, 살쾡이 – 삵, 어림잡다 – 어림치다, 옥수수 – 강냉이 등

3. 띄어쓰기

① 조사는 그 앞말에 붙여 쓴다.
　예 꽃이, 꽃마저, 옷고만 등
② 의존 명사는 띄어 쓴다.
　예 아는 것이 힘이다, 나도 할 수 있다, 먹을 만큼 먹어라 등
③ 단위를 나타내는 명사는 띄어 쓴다.
　예 한 개, 열 살, 집 한 채 등
　다만, 순서를 나타내는 경우나 숫자와 어울려 쓰이는 경우에는 붙여 쓸 수 있다.
　예 삼학년, 육층, 80원 등
④ 수를 적을 적에는 '만(萬)' 단위로 띄어 쓴다.
　예 십이억 삼천사백오십육만 칠천팔백구십팔 → 12억 3456만 7898
⑤ 두 말을 이어 주거나 열거할 적에 쓰이는 말들은 띄어 쓴다.
　예 국장 겸 과장, 열 내지 스물, 청군 대 백군 등
⑥ 단음절로 된 단어가 연이어 나타날 적에는 붙여 쓸 수 있다.
　예 그때 그곳, 좀더 큰것, 한잎 두잎 등
⑦ 보조용언은 띄어 씀을 원칙으로 하되, 경우에 따라 붙여 씀도 허용한다.
　예 불이 꺼져 간다. / 불이 꺼져간다. 비가 올 성싶다. / 비가 올성싶다. 등
⑧ 성과 이름, 성과 호 등은 붙여 쓰고, 이에 덧붙는 호칭어, 관직명 등은 띄어 쓴다.
　예 채영신 씨, 최치원 선생, 충무공 이순신 장군 등
⑨ 성명 이외의 고유명사는 단어별로 띄어 씀을 원칙으로 하되, 단위별로 띄어 쓸 수 있다.
　예 대한 중학교 / 대한중학교, 시대 에듀 / 시대에듀 등
⑩ 전문 용어는 단어별로 띄어 씀을 원칙으로 하되, 붙여 쓸 수 있다.
　예 만성 골수성 백혈병 / 만성골수성백혈병 등

4. 로마자 표기법

(1) 자음

ㄱ	ㄲ	ㅋ	ㄷ	ㄸ	ㅌ	ㅂ	ㅃ	ㅍ	ㅈ	ㅉ	ㅊ	ㅅ	ㅆ	ㅎ	ㅁ	ㄴ	ㅇ	ㄹ
g/k	kk	k	d/t	tt	t	b/p	pp	p	j	jj	ch	s	ss	h	m	n	ng	r/l

(2) 모음

ㅏ	ㅐ	ㅑ	ㅒ	ㅓ	ㅔ	ㅕ	ㅖ	ㅗ	ㅘ	ㅙ	ㅚ	ㅛ	ㅜ	ㅝ	ㅞ	ㅟ	ㅠ	ㅡ	ㅢ	ㅣ
a	ae	ya	yae	eo	e	yeo	ye	o	wa	wae	oe	yo	u	wo	we	wi	yu	eu	ui	i

(3) 표기상 유의점

① 음운변화가 일어날 때에는 변화의 결과에 따라 적는다.
　㉠ 자음 사이에서 동화작용이 일어나는 경우
　　예 신문로(Sinmunno), 왕십리(Wangsimni), 신라(Silla) 등
　㉡ 'ㄴ, ㄹ'이 덧나는 경우
　　예 학여울(Hangnyeoul), 알약(Allyak) 등
　㉢ 구개음화가 일어나는 경우
　　예 해돋이(Haedoji), 같이(Gachi), 맞히다(Machida) 등
　㉣ 'ㄱ, ㄷ, ㅂ, ㅈ'이 'ㅎ'과 합하여 거센소리로 소리 나는 경우(단, 된소리는 반영하지 않음)
　　예 좋고(Joko), 잡혀(Japyeo), 압구정(Apgujeong), 낙동강(Nakdonggang) 등
② 발음상 혼동의 우려가 있을 때에는 음절 사이에 붙임표(-)를 쓸 수 있다.
　예 중앙(Jung-ang), 반구대(Ban-gudae), 해운대(Hae-undae) 등
③ 고유명사는 첫소리를 대문자로 적는다.
　예 부산(Busan), 세종(Sejong) 등
④ 인명은 성과 이름의 순서로 쓰되 띄어 쓴다.
　예 민용하(Min Yongha), 송나리(Song Na-ri), 홍빛나(Hong Bit-na) 등
⑤ '도·시·군·구·읍·면·리·동'의 행정구역 단위와 거리를 지칭하는 '가'는 'do, si, gun, gu, eup, myeon, ri, dong, ga'로 적고, 그 앞에는 붙임표(-)를 넣는다.
　예 도봉구(Dobong-gu), 종로 2가[Jongno 2(i)-ga]
⑥ 자연지물명, 문화재명, 인공축조물명은 붙임표(-) 없이 붙여 쓴다.
　예 속리산(Songnisan), 경복궁(Gyeongbokgung), 촉석루(Chokseongnu) 등
⑦ 인명, 회사명, 단체명 등은 그동안 써온 표기를 쓸 수 있다.
⑧ 학술, 연구, 논문 등 특수 분야에서 한글 복원을 전제로 표기할 경우에는 한글 표기를 대상으로 적는다.
　예 짚(Jip), 붓꽃(Buskkoch), 조랑말(Jolangmal) 등

5. 외래어 표기법

(1) 외래어 표기법의 기본 원칙
① 외래어는 국어의 현용 24자모만으로 적는다.
② 외래어의 1음운은 원칙적으로 1기호로 적는다.
③ 외래어의 받침에는 'ㄱ, ㄴ, ㄹ, ㅁ, ㅂ, ㅅ, ㅇ'만을 적는다.
④ 파열음 표기에는 된소리를 쓰지 않는 것을 원칙으로 한다.
⑤ 이미 굳어진 외래어는 관용을 존중하되, 그 범위와 용례는 따로 정한다.

(2) 틀리기 쉬운 외래어 표기
- 액세서리(○) / 액세사리(×)
- 비스킷(○) / 비스켓(×)
- 초콜릿(○) / 초콜렛(×)
- 워크숍(○) / 워크샵(×)
- 앙케트(○) / 앙케이트(×)
- 컬렉션(○) / 콜렉션(×)
- 마니아(○) / 매니아(×)
- 바비큐(○) / 바베큐(×)
- 케이크(○) / 케익(×)
- 소시지(○) / 소세지(×)
- 팸플릿(○) / 팜플렛(×)
- 콘텐츠(○) / 컨텐츠(×)
- 앙코르(○) / 앵콜(×)
- 로열(○) / 로얄(×)

6. 높임법

(1) 주체 높임법
① 직접 높임 : '-시-(선어말 어미), -님(접미사), -께서(조사)'에 의해 실현된다.
  예 어머니, 선생님께서 오십니다.
② 간접 높임 : '-시-(선어말 어미)'를 붙여 간접적으로 높인다.
  예 할아버지는 연세가 많으시다.

(2) 상대 높임법
① 격식체 : 공식적이고 직접적이며, 딱딱하고 단정적인 느낌을 준다.
  ㉠ 해라체(아주낮춤) : '-ㄴ다, -는다, -다, -는구나, -느냐, -냐, -어라/아라, -자'
    예 빨리 자거라. 일찍 일어나야 한다.
  ㉡ 하게체(예사낮춤) : '-네, -이, -ㄹ세, -는구먼, -로구먼, -는가, -ㄴ가, -게, -세'
    예 이리 와서 앉게. 자네 혼자 왔나?
  ㉢ 하오체(예사높임) : '-(으)오, -(으)소, -는구려, -구려, -(으)ㅂ시다'
    예 어서 나오시오. 무얼 그리 꾸물거리시오?
  ㉣ 합쇼체(아주높임) : '-ㅂ니다, -ㅂ(습)니다, -ㅂ니까, -ㅂ(습)니까, -십시오, -시지요'
    예 어서 오십시오. 자주 들르겠습니다.

② 비격식체 : 부드럽고 친근하며 격식을 덜 차리는 경우에 쓰인다.
　㉠ 해체(두루낮춤) : '-어 / 아, -야, -군'
　　예 어서 빨리 가. 가방 놓고 앉아.
　㉡ 해요체(두루높임) : '-어 / 아요, -군요'
　　예 안녕히 계세요. 이따 또 오겠어요.

(3) 객체 높임법
말하는 이가 객체, 곧 문장의 목적어나 부사어를 높이는 높임법
예 드리다, 뵙다, 모시다, 여쭙다 등

(4) 공손법과 압존법
① 공손법 : 말하는 이가 자신을 낮추는 공손한 표현을 써서 결과적으로 상대방을 높이는 높임법
　예 변변치 못한 물건이지만, 정성을 생각하셔서 받아 주시옵소서.
② 압존법 : 주체를 높여야 하지만, 듣는 이가 주체보다 높은 경우에는 높임을 하지 않는 것
　예 할아버지, 아버지가 오고 있어요.

02 ▶ 어휘의 의미

1. 의미 관계

(1) 유의 관계
유의어는 두 개 이상의 어휘가 서로 소리는 다르나 의미가 비슷한 경우로, 유의 관계의 대부분은 개념적 의미의 동일성을 전제로 한다.

(2) 반의 관계
반의어는 둘 이상의 단어에서 의미가 서로 짝을 이루어 대립하는 경우로, 어휘의 의미가 서로 대립되는 단어를 말하며, 이러한 어휘들의 관계를 반의 관계라고 한다. 한 쌍의 단어가 반의어가 되려면, 두 어휘 사이에 공통적인 의미 요소가 있으면서도 동시에 하나의 의미 요소만 달라야 한다.

(3) 상하 관계
상하 관계는 단어의 의미적 계층 구조에서 한쪽이 의미상 다른 쪽을 포함하거나 다른 쪽에 포섭되는 관계를 말한다. 상하 관계를 형성하는 단어들은 상위어일수록 일반적이고 포괄적인 의미를 지니며, 하위어일수록 개별적이고 한정적인 의미를 지니므로 하위어는 상위어를 의미적으로 함의하게 된다. 즉, 상위어가 가지고 있는 의미 특성을 하위어가 자동적으로 가지게 된다.

(4) 부분 관계

부분 관계는 한 단어가 다른 단어의 부분이 되는 관계를 말하며, 전체 – 부분 관계라고도 한다. 부분 관계에서 부분을 가리키는 단어를 부분어, 전체를 가리키는 단어를 전체어라고 한다. 예를 들면, '머리, 팔, 몸통, 다리'는 '몸'의 부분어이며, 이러한 부분어들에 의해 이루어진 '몸'은 전체어이다.

2. 다의어와 동음이의어

다의어(多義語)는 뜻이 여러 개인 낱말을 뜻하고, 동음이의어(同音異義語)는 소리는 같으나 뜻이 다른 낱말을 뜻한다. 중심의미(본래의 의미)와 주변의미(변형된 의미)로 나누어지면 다의어이고, 중심의미와 주변의미로 나누어지지 않고 전혀 다른 의미를 지니면 동음이의어라 한다.

03 ▶ 알맞은 어휘

1. 나이와 관련된 어휘

충년(沖年)	10세 안팎의 어린 나이
지학(志學)	15세가 되어 학문에 뜻을 둠
약관(弱冠)	남자 나이 20세. 스무 살 전후의 여자 나이는 묘령(妙齡), 묘년(妙年), 방년(芳年), 방령(芳齡) 등이라 칭함
이립(而立)	30세, 『논어』에서 공자가 서른 살에 자립했다고 한 데서 나온 말로 인생관이 섰다는 뜻
불혹(不惑)	40세, 세상의 유혹에 빠지지 않음을 뜻함
지천명(知天命)	50세, 하늘의 뜻을 깨달음
이순(耳順)	60세, 경륜이 쌓이고 사려와 판단이 성숙하여 남의 어떤 말도 거슬리지 않음
화갑(華甲)	61세, 회갑(回甲), 환갑(還甲)
진갑(進甲)	62세, 환갑의 이듬해
고희(古稀)	70세, 두보의 시에서 유래. 마음대로 한다는 뜻의 종심(從心)이라고도 함
희수(喜壽)	77세, '喜'자의 초서체가 '七十七'을 세로로 써놓은 것과 비슷한 데서 유래
산수(傘壽)	80세, '傘'자를 풀면 '八十'이 되는 데서 유래
망구(望九)	81세, 90세를 바라봄
미수(米壽)	88세, '米'자를 풀면 '八十八'이 되는 데서 유래
졸수(卒壽)	90세, '卒'의 초서체가 '九十'이 되는 데서 유래
망백(望百)	91세, 100세를 바라봄
백수(白壽)	99세, '百'에서 '一'을 빼면 '白'
상수(上壽)	100세, 사람의 수명 중 최상의 수명
다수(茶壽)	108세, '茶'를 풀면, '十'이 두 개라서 '二十'이고, 아래 '八十八'이니 합하면 108
천수(天壽)	120세, 병 없이 늙어서 죽음을 맞이하면 하늘이 내려 준 나이를 다 살았다는 뜻

2. 단위와 관련된 어휘

길이	자	한 치의 열 배로 약 30.3cm
	마장	5리나 10리가 못 되는 거리
	발	두 팔을 양옆으로 펴서 벌렸을 때 한쪽 손끝에서 다른 쪽 손끝까지의 길이
	길	여덟 자 또는 열 자로 약 2.4m 또는 3m. 사람 키 정도의 길이
	치	한 자의 10분의 1 또는 약 3.03cm
	칸	여섯 자로, 1.81818m
	뼘	엄지손가락과 다른 손가락을 완전히 펴서 벌렸을 때에 두 끝 사이의 거리
넓이	길이	논밭 넓이의 단위. 소 한 마리가 하루에 갈 만한 넓이로, 약 2,000평 정도
	단보	땅 넓이의 단위. 1단보는 남한에서는 300평으로 991.74m², 북한에서는 30평으로 99.174m²
	마지기	논밭 넓이의 단위. 볍씨 한 말의 모 또는 씨앗을 심을 만한 넓이로, 논은 약 150~300평, 밭은 약 100평 정도
	되지기	논밭 넓이의 단위. 볍씨 한 되의 모 또는 씨앗을 심을 만한 넓이로 한 마지기의 10분의 1
	섬지기	논밭 넓이의 단위. 볍씨 한 섬의 모 또는 씨앗을 심을 만한 넓이로 한 마지기의 열 배이며 논은 약 2,000평, 밭은 약 1,000평
	간	건물의 칸살의 넓이를 잴 때 사용. 한 간은 보통 여섯 자 제곱의 넓이
부피	홉	곡식, 가루, 액체 따위의 부피를 잴 때 쓰는 단위. 한 되의 10분의 1로 약 180mL
	되	곡식, 가루, 액체 따위의 부피를 잴 때 쓰는 단위. 한 말의 10분의 1, 한 홉의 열 배로 약 1.8L
	말	곡식, 액체, 가루 따위의 부피를 잴 때 쓰는 단위. 한 되의 10배로 약 18L
	섬	곡식, 액체, 가루 따위의 부피를 잴 때 쓰는 단위. 한 말의 10배로 약 180L
	되들이	한 되를 담을 수 있는 분량
	줌	한 손에 쥘 만한 분량
	춤	가늘고 기름한 물건을 한 손으로 쥘 만한 분량
무게	냥	귀금속이나 한약재 따위의 무게를 잴 때 쓰는 단위. 귀금속의 무게를 잴 때는 한 돈의 열 배이고, 한약재의 무게를 잴 때는 한 근의 16분의 1로 37.5g
	돈	귀금속이나 한약재 따위의 무게를 잴 때 쓰는 단위. 한 냥의 10분의 1, 한 푼의 열 배로 3.75g
	푼	귀금속이나 한약재 따위의 무게를 잴 때 쓰는 단위. 한 돈의 10분의 1로, 약 0.375g
	냥쭝	한 냥쯤 되는 무게
	돈쭝	한 돈쯤 되는 무게
묶음	갓	굴비·비웃 따위 10마리, 또는 고비·고사리 따위 10모숨을 한 줄로 엮은 것
	강다리	쪼갠 장작을 묶어 세는 단위. 쪼갠 장작 100개비
	거리	오이나 가지 50개
	고리	소주를 사발에 담은 것을 묶어 세는 단위로, 한 고리는 소주 10사발
	꾸러미	꾸리어 싼 물건을 세는 단위. 달걀 10개를 묶어 세는 단위
	담불	곡식이나 나무를 높이 쌓아 놓은 무더기. 벼 100섬씩 묶어 세는 단위
	동	물건을 묶어 세는 단위. 먹 10정, 붓 10자루, 생강 10접, 피륙 50필, 백지 100권, 곶감 100접, 볏짚 100단, 조기 1,000마리, 비웃 2,000마리
	마투리	곡식의 양을 섬이나 가마로 잴 때, 한 섬이나 한 가마가 되지 못하고 남은 양
	모숨	길고 가느다란 물건의, 한 줌 안에 들어올 만한 분량
	뭇	짚, 장작, 채소 따위의 작은 묶음을 세는 단위, 볏단을 세는 단위. 생선 10마리, 미역 10장
	새	피륙의 날을 세는 단위. 한 새는 날실 여든 올
	쌈	바늘을 묶어 세는 단위. 한 쌈은 바늘 24개
	손	한 손에 잡을 만한 분량을 세는 단위. 고등어 따위의 생선 2마리
	우리	기와를 세는 단위. 한 우리는 기와 2,000장
	접	채소나 과일 따위를 묶어 세는 단위. 한 접은 100개

묶음	제	한약의 분량을 나타내는 단위. 한 제는 탕약 20첩
	죽	옷, 그릇 따위의 열 벌을 묶어 이르는 말
	축	오징어를 묶어 세는 단위. 한 축은 오징어 20마리
	쾌	북어를 묶어 세는 단위. 한 쾌는 북어 20마리
	톳	김을 묶어 세는 단위. 한 톳은 김 100장
	필	명주 40자

3. 절기와 관련된 어휘

봄	입춘	봄의 문턱에 들어섰다는 뜻으로, 봄의 시작을 알리는 절기 [2월 4일경]
	우수	봄비가 내리는 시기라는 뜻 [2월 18일경]
	경칩	개구리가 잠에서 깨어난다는 의미로, 본격적인 봄의 계절이라는 뜻 [3월 5일경]
	춘분	봄의 한가운데로, 낮이 길어지는 시기 [3월 21일경]
	청명	하늘이 맑고 높다는 뜻으로, 전형적인 봄 날씨가 시작되므로 농사 준비를 하는 시기 [4월 5일경]
	곡우	농사에 필요한 비가 내리는 시기라는 뜻 [4월 20일경]
여름	입하	여름의 문턱에 들어섰다는 뜻으로, 여름의 시작을 알리는 절기 [5월 5일경]
	소만	조금씩 차기 시작한다는 뜻으로, 곡식이나 과일의 열매가 생장하여 가득 차기 시작하는 절기 [5월 21일경]
	망종	수염이 있는 곡식, 즉 보리·수수 같은 곡식은 추수를 하고 논에 모를 심는 절기 [6월 6일경]
	하지	여름의 중간으로 낮이 제일 긴 날 [6월 21일경]
	소서	작은 더위가 시작되는 절기로 한여름에 들어선 절기 [7월 7~8일경]
	대서	큰 더위가 시작되는 절기로 가장 더운 여름철이란 뜻 [7월 24일경]
가을	입추	가을의 문턱에 들어섰다는 뜻으로, 가을의 시작을 알리는 절기 [8월 8~9일경]
	처서	더위가 식고 일교차가 커지면서 식물들이 성장을 멈추고 겨울 준비를 하는 절기 [8월 23일경]
	백로	흰 이슬이 내리는 시기로 기온은 내려가고 본격적인 가을이 시작되는 시기 [9월 8일경]
	추분	밤이 길어지는 시기이며 가을의 한가운데라는 뜻 [9월 23일경]
	한로	찬 이슬이 내린다는 뜻 [10월 8일경]
	상강	서리가 내린다는 뜻 [10월 23일경]
겨울	입동	겨울의 문턱에 들어섰다는 뜻으로, 겨울의 시작을 알리는 절기 [11월 8일경]
	소설	작은 눈이 내린다는 뜻으로, 눈이 내리고 얼음이 얼기 시작하는 절기 [11월 22~23일경]
	대설	큰 눈이 내리는 절기 [12월 8일경]
	동지	밤이 가장 긴 날로 겨울의 한가운데라는 뜻 [12월 22~23일경]
	소한	작은 추위라는 뜻으로, 본격적인 추위가 시작되는 절기 [1월 6~7일경]
	대한	큰 추위가 시작된다는 뜻으로, 한겨울 [1월 20일경]

4. 지칭과 관련된 어휘

구분		생존	사망
본인	아버지	가친(家親), 엄친(嚴親), 가군(家君)	선친(先親), 선군(先君), 망부(亡父)
	어머니	자친(慈親)	선비(先妣), 선자(先慈), 망모(亡母)
타인	아버지	춘부장(椿府丈)	선대인(先大人)
	어머니	자당(慈堂)	선대부인(先大夫人)

5. 접속어

순접	앞의 내용을 순조롭게 받아 연결시켜 주는 역할 예 그리고, 그리하여, 그래서, 이와 같이, 그러므로 등	
역접	앞의 내용과 상반된 내용을 이어주는 역할 예 그러나, 그렇지만, 하지만, 그래도, 반면에 등	
인과	앞뒤의 문장을 원인과 결과로, 또는 결과와 원인으로 연결시켜 주는 역할 예 그래서, 따라서, 그러므로, 왜냐하면 등	
환언·요약	앞 문장을 바꾸어 말하거나 간추려 짧게 말하며 이어주는 역할 예 즉, 요컨대, 바꾸어 말하면, 다시 말하면 등	
대등·병렬	앞 내용과 뒤의 내용을 대등하게 이어주는 역할 예 또는, 혹은, 및, 한편 등	
전환	뒤의 내용이 앞의 내용과는 다른, 새로운 생각이나 사실을 서술하여 화제를 바꾸어 이어주는 역할 예 그런데, 한편, 아무튼, 그러면 등	
예시	앞 문장에 대한 구체적인 예를 들어 설명하며 이어주는 역할 예 예컨대, 이를테면, 가령, 예를 들어 등	

04 ▶ 독해

1. 논리구조

논리구조에서는 주로 문장과 문장 간의 관계나 글 전체의 논리적 구조를 정확히 파악했는지를 묻는다. 글의 순서를 바르게 나열하는 유형이 출제되므로 제시문의 전체적인 흐름을 바탕으로 각 문단의 특징, 문단 간의 역할 등을 논리적으로 구조화할 수 있는 능력을 길러야 한다.

(1) 문장과 문장 간의 관계

① 상세화 관계 : 주지 → 구체적 설명(비교, 대조, 유추, 분류, 분석, 인용, 예시, 비유, 부연, 상술 등)
② 문제(제기)와 해결 : 한 문장이 문제를 제기하고, 다른 문장이 그 해결책을 제시하는 관계(과제 제시 → 해결 방안, 문제 제기 → 해답 제시)
③ 선후 관계 : 한 문장이 먼저 발생한 내용을 담고, 다음 문장이 나중에 발생한 내용을 담고 있는 관계
④ 원인과 결과 : 한 문장이 원인이 되고, 다른 문장이 그 결과가 되는 관계(원인 제시 → 결과 제시, 결과 제시 → 원인 제시)
⑤ 주장과 근거 : 한 문장이 필자가 말하고자 하는 바(주장)가 되고, 다른 문장이 그 문장의 증거(근거)가 되는 관계(주장 제시 → 근거 제시, 의견 제안 → 의견 설명)
⑥ 전제와 결론 관계 : 앞 문장에서 조건이나 가정을 제시하고, 뒤 문장에서 이에 따른 결론을 제시하는 관계

(2) 문장의 연결 방식
　① 순접 : 원인과 결과, 부연 설명 등의 문장 연결에 쓰임 예 그래서, 그리고, 그러므로 등
　② 역접 : 앞글의 내용을 전면적 또는 부분적으로 부정 예 그러나, 그렇지만, 그래도, 하지만 등
　③ 대등·병렬 : 앞뒤 문장의 대비와 반복에 의한 접속 예 및, 혹은, 또는, 이에 반하여 등
　④ 보충·첨가 : 앞글의 내용을 보다 강조하거나 부족한 부분을 보충하기 위해 다른 말을 덧붙이는 문맥
　　예 단, 곧, 즉, 더욱이, 게다가, 왜냐하면 등
　⑤ 화제 전환 : 앞글과는 다른 새로운 내용을 이야기하기 위한 문맥 예 그런데, 그러면, 다음에는, 이제,
　　각설하고 등
　⑥ 비유·예시 : 앞글에 대해 비유적으로 다시 말하거나 구체적인 예를 보임 예 예를 들면, 예컨대,
　　마치 등

(3) 논리구조의 원리 접근법

앞뒤 문장의 중심 의미 파악	앞뒤 문장의 중심 내용이 어떤 관계인지 파악	문장 간의 접속어, 지시어의 의미와 기능 파악	문장의 의미와 관계성 파악
각 문장의 의미를 어떤 관계로 연결해서 글을 전개하는지 파악해야 한다.	→ 지문 안의 모든 문장은 서로 논리적 관계성이 있다.	→ 접속어와 지시어를 음미하는 것은 독해의 길잡이 역할을 한다.	→ 문단의 중심 내용을 알기 위한 기본 분석 과정이다.

2. 논리적 이해

(1) 분석적 이해

글의 내용을 분석적으로 파악하는 것으로, 분석적 이해의 핵심은 글의 세부 내용을 파악하고, 이를 바탕으로 글의 중심 내용을 파악하는 것이다.
　① 글을 구성하는 각 단위의 내용 관계 파악하기 : 글은 단어, 문장, 문단 등의 단위가 모여 이루어진다. 글을 이해하기 위해서는 각각의 단어와 단어들이 모여 이루어진 문장, 문장들이 모여 이루어진 문단의 내용을 정확하게 파악하고 각각의 의미 관계를 이해하는 것이 필요하다.
　② 글의 중심 내용 파악하기 : 글의 작은 단위를 분석하여 부분적인 내용을 파악했더라도 글 전체의 중심 내용을 파악했다고 할 수 없다. 글의 중심 내용을 파악하는 데는 글을 구성하고 있는 각 단위, 특히 문단의 중심 내용이 중요하다. 따라서 글의 전체적인 맥락을 고려해야 하고, 중심 내용을 파악해 내는 기술이 필요하다.
　③ 글의 전개 방식과 구조적 특징 파악하기 : 모든 글은 종류에 따라 다양한 전개 방식을 활용하고 있다. 대표적인 전개 방식은 서사, 비교, 대조, 열거, 인과, 논증 등이 있다. 이와 같은 전개 방식을 이해하면 글의 내용을 이해하는 데 큰 도움이 된다.

(2) 추론적 이해

제시문에 나와 있는 정보들의 관계를 파악하거나 글에서 명시되지 않은 생략된 내용을 상상하며 글을 읽고 내용을 파악하는 것이다. 제시문의 정보를 근거로 하여 글에 드러나 있지 않은 정보를 추리해 낼 수 있어야 한다.

① 내용의 추론 : 제시문의 정보를 바탕으로 숨겨진 의미를 찾거나 생략된 의미를 앞뒤 내용의 흐름 및 내용 정보의 관계를 통해서 짐작한 다음, 다른 상황에 적용할 수 있어야 한다.
  ㉠ 숨겨진 정보를 추리하기
  ㉡ 제시되지 않은 부분의 내용을 추리하기
  ㉢ 문맥 속의 의미나 함축적 의미를 추리하기
  ㉣ 알고 있는 지식을 다른 상황에 적용하기

② 과정의 추론 : 제시문에 설명된 정보에 대한 가정이나 그것의 전체 또는 대상을 보는 관점, 태도나 입장을 파악하는 것이다.
  ㉠ 정보의 가정이나 전제
  ㉡ 글을 쓰는 관점 추리하기
  ㉢ 글 속에 나타나는 대상 또는 정서・심리 상태, 어조 추리하기
  ㉣ 글을 쓰게 된 동기나 목적 추리하기

③ 구조의 추론
  ㉠ 구성 방식 : 전체 글의 짜임새 및 단락의 짜임새
  ㉡ 구성 원리 : 정확한 의미 전달을 위한 통일성, 완결성, 일관성

(3) 비판적 이해

제시문의 주요 논지에 대한 비판의 여지를 탐색하고 따져보거나 글이나 자료의 생성 과정 및 그것을 구성한 관점, 태도 등을 파악하는 등 글의 내용으로부터 객관적인 거리를 두고 판단하거나 평가함으로써 도달하는 것이다.

① 핵심어 이해 : 제시문이 객관적인지, 또는 현실과 어떤 연관성이 있는지 등을 판단해 본다. 그리고 핵심 개념을 정의하는 부분에 비논리적 내용이나 주제를 강조하기 위한 의도에서 오류는 없는지를 파악해 본다.
② 쟁점 파악 : 제시문의 핵심 내용을 파악했다면, 주장이 무엇인지, 그리고 타당한지를 비판적으로 고려해 보아야 한다.
③ 주장과 근거 : 제시문의 주제를 비판적으로 고려했다면, 그 주장이 어떤 근거에 바탕을 두고 있는지, 그리고 근거와 주장 사이에 논리적 오류가 없는지 비판적으로 생각해 본다.

CHAPTER 01 | 언어 적중예상문제

정답 및 해설 p.002

대표유형 1   **어휘**

다음 제시된 단어와 같거나 유사한 의미를 가진 것은?

긴축

① 긴장   ② 절약
③ 수축   ④ 수렴
⑤ 구축

| 해설 |
- 긴축 : 재정의 기초를 다지기 위하여 지출을 줄임
- 절약 : 함부로 쓰지 아니하고 꼭 필요한 데에만 써서 아낌

[오답분석]
① 긴장 : 마음을 조이고 정신을 바짝 차림
③ 수축 : 근육 따위가 오그라듦
④ 수렴 : 의견이나 사상 따위가 여럿으로 나뉘어 있는 것을 하나로 모아 정리함
⑤ 구축 : 체제, 체계 따위의 기초를 닦아 세움

정답 ②

※ 다음 제시된 단어와 같거나 유사한 의미를 가진 것을 고르시오. [1~3]

01

이목

① 괄목   ② 경계
③ 기습   ④ 정도
⑤ 시선

02

정세

① 정설   ② 정취
③ 정양   ④ 상황
⑤ 여파

03

구속

① 도전　　　　　　　　② 검열
③ 속박　　　　　　　　④ 반대
⑤ 개정

※ 다음 제시된 단어와 반대되는 의미를 가진 것을 고르시오. [4~6]

04

반박하다

① 부정하다　　　　　② 수긍하다
③ 거부하다　　　　　④ 비판하다
⑤ 논박하다

05

완비

① 불비　　　　　　　　② 우연
③ 필연　　　　　　　　④ 습득
⑤ 필시

06

초청

① 접대　　　　　　　　② 제출
③ 청빙　　　　　　　　④ 초래
⑤ 축출

※ 다음 제시된 단어의 대응 관계로 볼 때, 빈칸에 들어가기에 알맞은 것을 고르시오. **[7~10]**

07　　모래 : ( ) = 나무 : 숲

① 물　　　　② 사막
③ 바위　　　④ 새싹
⑤ 갈매기

08　　믿음 : 신용 = ( ) : 선의

① 선악　　　② 선방
③ 회의　　　④ 신뢰
⑤ 호의

09　　상승 : 하강 = 질서 : ( )

① 규칙　　　② 약속
③ 혼돈　　　④ 예절
⑤ 허무

10　　가위 : 자르다 = 풀 : ( )

① 떼다　　　② 입히다
③ 쓰다　　　④ 붙이다
⑤ 오리다

대표유형 2   **어법**

다음 중 밑줄 친 부분의 맞춤법이 옳지 않은 것은?

① <u>윗층</u>에 누가 사는지 모르겠다.
② <u>오뚝이</u>는 아무리 쓰러뜨려도 잘도 일어난다.
③ 새 컴퓨터를 살 생각에 좋아서 <u>깡충깡충</u> 뛰었다.
④ 그의 초라한 모습이 내 호기심에 불을 <u>당겼다</u>.
⑤ 형은 끼니도 거른 <u>채</u> 일에 몰두했다.

| 해설 | '아래'와 '위'의 대립이 있는 명사 앞에는 '윗'을 쓴다.
[예] 윗니, 윗도리 등
다만 된소리나 거센소리 앞에서는 '위–'로 한다.
[예] 위짝, 위쪽, 위층 등
[오답분석]
⑤ '채'는 '이미 있는 상태 그대로 있다.'는 뜻을 나타내는 의존명사이므로 띄어 쓴다.

[정답] ①

11 다음 〈보기〉에 제시된 문장의 수정 방안으로 옳은 것은?

> **보기**
> • 빨리 도착하려면 저 산을 ㉠<u>넘어야</u> 한다.
> • 장터는 저 산 ㉡<u>넘어</u>에 있소.
> • 나는 대장간 일을 ㉢<u>어깨너머</u>로 배웠다.
> • 자동차는 수많은 작은 부품들로 ㉣<u>나뉜다</u>.
> • 나는 일이 바빠 쉴 ㉤<u>새</u>가 없었다.

① ㉠ – 목적지에 대해 설명하고 있으므로 '너머'로 수정한다.
② ㉡ – 산으로 가로막힌 반대쪽 장소를 의미하기 때문에 '너머'로 수정한다.
③ ㉢ – 남몰래 보고 배운 것을 뜻하므로 '어깨넘어'로 수정한다.
④ ㉣ – 피동 표현을 사용해야 하므로 '나뉘어진다'로 수정한다.
⑤ ㉤ – '세'로 수정한다.

12 다음 중 맞춤법이 옳지 않은 것은?

① 헛기침이 간간히 섞여 나왔다.
② 그 이야기를 듣자 왠지 불길한 예감이 들었다.
③ 그 남자의 굳은살 박인 발을 봐.
④ 집에 가든지 학교에 가든지 해라.
⑤ 소파에 깊숙이 기대어 앉았다.

13 다음 중 밑줄 친 부분의 띄어쓰기가 옳지 않은 것은?

① <u>아는 만큼</u> 보인다.
② <u>먹을 만큼만</u> 담으시오.
③ 네 <u>생각 만큼</u> 어렵지 않을 거야.
④ <u>나만큼</u> 빨리 뛸 수 있는 사람은 없어.
⑤ 그 핸드폰은 <u>비싼 만큼</u> 오래 쓸 수 있을 거야.

14 다음 중 밑줄 친 부분의 맞춤법이 옳지 않은 것은?

① <u>바리스타로서</u> 자부심을 가지고 커피를 내렸다.
② 어제는 <u>왠지</u> 피곤한 하루였다.
③ 용감한 시민의 제보로 진실이 <u>드러났다</u>.
④ 점심을 먹은 뒤 바로 <u>설겆이</u>를 했다.
⑤ 그 나무는 <u>밑동</u>만 남아 있었다.

15 다음 중 빈칸에 들어갈 단어가 바르게 연결된 것은?

- 그는 부인에게 자신의 친구를 ㉠ <u>소개시켰다 / 소개했다</u>.
- 이 소설은 실제 있었던 일을 바탕으로 ㉡ <u>쓰인 / 쓰여진</u> 것이다.
- 자전거가 마주 오던 자동차와 ㉢ <u>부딪혔다 / 부딪쳤다</u>.

	㉠	㉡	㉢
①	소개시켰다	쓰인	부딪혔다
②	소개시켰다	쓰여진	부딪혔다
③	소개했다	쓰인	부딪혔다
④	소개했다	쓰인	부딪쳤다
⑤	소개했다	쓰여진	부딪쳤다

대표유형 3 나열하기

다음 글을 논리적 순서대로 바르게 나열한 것은?

(가) 여름에는 찬 음식을 많이 먹거나 냉방기를 과도하게 사용하는 경우가 많은데, 그렇게 되면 체온이 떨어져 면역력이 약해지기 때문이다.
(나) 만약 감기에 걸렸다면 탈수로 인한 탈진을 방지하기 위해 수분을 충분히 섭취해야 한다.
(다) 특히 감기로 인해 열이 나거나 기침을 할 때에는 따뜻한 물을 여러 번에 나누어 먹는 것이 좋다.
(라) 여름철 감기를 예방하기 위해서는 찬 음식은 적당히 먹어야 하고 냉방기에 장시간 노출되는 것을 피해야 하며, 충분한 휴식을 취하고, 집에 돌아온 후에는 손발을 꼭 씻어야 한다.
(마) 일반적으로 감기는 겨울에 걸린다고 생각하지만 의외로 여름에도 감기에 걸린다.

① (가) - (라) - (다) - (마) - (나)
② (가) - (다) - (나) - (라) - (마)
③ (가) - (라) - (마) - (나) - (다)
④ (마) - (가) - (라) - (나) - (다)
⑤ (마) - (다) - (라) - (나) - (가)

| 해설 | 제시문은 여름에도 감기에 걸리는 이유와 예방 및 치료방법에 대해 설명하고 있다. 따라서 (마) 의외로 여름에도 감기에 걸림 - (가) 찬 음식과 과도한 냉방기 사용으로 체온이 떨어져 면역력이 약해짐 - (라) 감기 예방을 위해 찬 음식은 적당히 먹고 충분한 휴식을 취하고, 귀가 후 손발을 씻어야 함 - (나) 감기에 걸렸다면 수분을 충분히 섭취해야 함 - (다) 열이나 기침이 날 때에는 따뜻한 물을 여러 번 나눠 먹는 것이 좋음 순으로 나열하는 것이 적절하다.

정답 ④

※ 다음 글을 논리적 순서대로 바르게 나열한 것을 고르시오. [16~18]

16

(가) 친환경 농업은 최소한의 농약과 화학비료만을 사용하거나 전혀 사용하지 않은 농산물을 일컫는다. 친환경 농산물이 각광받는 이유는 우리가 먹고 마시는 것들이 우리네 건강과 직결되기 때문이다.
(나) 사실상 병충해를 막고 수확량을 늘리는 데 있어 농약은 전 세계에 걸쳐 관행적으로 사용됐다. 깨끗이 씻어도 쌀에 남아있는 잔류농약을 완전히 제거하기는 어렵다. 잔류농약은 아토피와 각종 알레르기를 유발한다. 출산율을 저하하고 유전자 변이의 원인이 되기도 한다. 특히 제초제 성분이 체내에 들어올 경우, 면역체계에 치명적인 손상을 일으킨다.
(다) 미국 환경보호청은 제초제 성분의 60%를 발암물질로 규정했다. 결국 더 많은 농산물을 재배하기 위한 농약과 제초제 사용이 오히려 인체에 치명적인 피해를 줄지 모를 '잠재적 위험요인'으로 자리매김한 셈이다.

① (가) – (나) – (다) ② (나) – (가) – (다)
③ (나) – (다) – (가) ④ (다) – (가) – (나)
⑤ (다) – (나) – (가)

17

(가) 위기가 있는 만큼 기회도 주어진다. 다만, 그 기회를 잡기 위해 우리에게 가장 필요한 것은 지혜이다. 그리고 그 지혜를 행동으로 옮길 때 우리는 성공이라는 결과를 얻을 수 있는 것이다.
(나) 세계적 금융위기는 끝나지 않았고 동중국해를 둘러싼 중국과 일본의 영토분쟁은 세계 경제에 새로운 위협 요인이 되고 있다. 국가경제도 부동산가격 하락으로 가계부채 문제가 경제에 부담이 될 것이라는 예측이 나온다. 휴일 영업을 둘러싼 대형마트와 재래시장 간의 갈등도 심화되고 있다. 기업의 입장에서나 개인의 입장에서나 온통 풀기 어려운 문제에 둘러싸인 형국이다.
(다) 이 위기를 이겨낸 사람이 성공하고 위기를 이겨낸 기업이 경쟁에서 승리한다. 어려움을 이겨낸 나라가 자신에게 주어진 무대에서 주역이 되었다는 것을 우리는 지난 역사 속에서 배울 수 있다.
(라) 한마디로 위기(危機)의 시대이다. 위기는 '위험'을 의미하는 위(危)자와 '기회'를 의미하는 기(機)자가 합쳐진 말이다. 위기라는 말에는 위험과 기회라는 이중의 의미가 함께 들어 있다. 위험을 이겨낸 사람이 기회를 잡을 수 있다는 말이다. 위기는 기회의 또 다른 얼굴이다.

① (가) – (라) – (나) – (다) ② (나) – (가) – (다) – (라)
③ (나) – (라) – (다) – (가) ④ (라) – (가) – (다) – (나)
⑤ (라) – (다) – (가) – (나)

18

(가) 다만 각자에게 느껴지는 감각질이 뒤집혀 있을 뿐이고 경험을 할 때 겉으로 드러난 행동과 하는 말은 똑같다. 예컨대 그 사람은 신호등이 있는 건널목에서 똑같이 초록 불일 때 건너고 빨간 불일 때는 멈추며, 초록 불을 보고 똑같이 "초록 불이네."라고 말한다. 그러나 그는 자신의 감각질이 뒤집혀 있는지 전혀 모른다. 감각질은 순전히 사적이며 다른 사람의 감각질과 같은지를 확인할 수 있는 방법이 없기 때문이다.

(나) 그래서 어떤 입력이 들어올 때 어떤 출력을 내보낸다는 기능적·인과적 역할로써 정신을 정의하는 기능론이 각광을 받게 되었다. 기능론에서는 정신이 물질에 의해 구현되므로 그 둘이 별개의 것은 아니라고 주장한다는 점에서 이원론과 다르면서도, 정신의 인과적 역할이 뇌의 신경 세포에서든 로봇의 실리콘 칩에서든 어떤 물질에서도 구현될 수 있음을 보여 준다는 점에서 동일론의 문제점을 해결할 수 있기 때문이다.

(다) 심신 문제는 정신과 물질의 관계에 대해 묻는 오래된 철학적 문제이다. 정신 상태와 물질 상태는 별개의 것이라고 주장하는 이원론이 오랫동안 널리 받아들여졌으나, 신경 과학이 발달한 현대에는 그 둘은 동일하다는 동일론이 더 많은 지지를 받고 있다. 그러나 똑같은 정신 상태라고 하더라도 사람마다 그 물질 상태가 다를 수 있고, 인간과 정신 상태는 같지만 물질 상태는 다른 로봇이 등장한다면 동일론에서는 그것을 설명할 수 없다는 문제가 생긴다.

(라) 그래도 정신 상태가 물질 상태와 다른 무엇이 있다고 생각하는 이원론에서는 '나'가 어떤 주관적인 경험을 할 때 다른 사람에게 그 경험을 보여줄 수는 없지만 나는 분명히 경험하는 그 느낌에 주목한다. 잘 익은 토마토를 봤을 때의 빨간색의 느낌, 시디신 자두를 먹었을 때의 신 느낌, 꼬집힐 때의 아픈 느낌이 그런 예이다. 이런 질적이고 주관적인 감각 경험, 곧 현상적인 감각 경험을 철학자들은 '감각질'이라고 부른다. 이 감각질이 뒤집혔다고 가정하는 사고 실험을 통해 기능론에 대한 비판이 제기된다. 나에게 빨강으로 보이는 것이 어떤 사람에게는 초록으로 보이고 나에게 초록으로 보이는 것이 그에게는 빨강으로 보인다는 사고 실험이 그것이다.

① (가) – (나) – (다) – (라)
② (나) – (다) – (가) – (라)
③ (다) – (가) – (라) – (나)
④ (다) – (나) – (라) – (가)
⑤ (라) – (다) – (가) – (나)

대표유형 4 빈칸추론

다음 글의 빈칸에 들어갈 내용으로 가장 적절한 것은?

> 아파트에서는 부엌이나 안방이나 화장실이나 거실이 다 같은 높이의 평면 위에 있다. 그것보다 밑에 또는 위에 있는 것은 다른 사람의 아파트이다. 좀 심한 표현을 쓴다면 아파트에서는 모든 것이 평면적이다. 깊이가 없는 것이다. 자연히 사물은 아파트에서 그 부피를 잃고 평면 위에 선으로 존재하는 그림과 같이 되어 버린다. 모든 것은 한 평면 위에 나열되어 있다. 그래서 한눈에 들어오게 되어 있다. 아파트에는 사람이나 물건이나 다 같이 자신을 숨길 데가 없다.
> 땅집에서는 사정이 전혀 딴판이다. 땅집에서는 모든 것이 자기 나름의 두께와 깊이를 가지고 있다. 같은 물건이라도 그것이 다락방에 있을 때와 안방에 있을 때와 부엌에 있을 때는 거의 다르다. 집 자체가 인간과 마찬가지의 두께와 깊이를 가지고 있다. 땅집이 아름다운 이유는 _____ _____ 다락방은 의식이며 지하실은 무의식이다.

① 세상을 조망할 수 있기 때문이다. ② 인간을 닮았기 때문이다.
③ 안정을 뜻하기 때문이다. ④ 어딘가로 떠날 수 있기 때문이다.
⑤ 휴식과 안락을 제공하기 때문이다.

| 해설 | 빈칸 앞 문장에서 강조하는 어구가 '인간'이므로 빈칸에는 '인간'이 들어간 ②가 가장 적절하다.

정답 ②

※ 다음 글의 빈칸에 들어갈 내용으로 가장 적절한 것을 고르시오. [19~22]

19

> _____ 사람과 사람이 직접 얼굴을 맞대고 하는 접촉이 라디오나 텔레비전 등의 매체를 통한 접촉보다 결정적인 영향력을 미친다는 것이 일반적인 견해로 알려져 있다. 매체는 어떤 마음의 자세를 준비하게 하는 구실을 한다. 예를 들어 어떤 사람에게서 새 어형을 접했을 때 그것이 텔레비전에서 자주 듣던 것이면 더 쉽게 그쪽으로 마음의 문을 열게 된다. 하지만 새 어형이 전파되는 것은 매체를 통해서보다 상면(相面)하는 사람과의 직접적인 접촉에 의해서라는 것이 더 일반적인 견해이다. 사람들은 한두 사람의 말만 듣고 언어 변화에 가담하지 않고 주위의 여러 사람이 다 같은 새 어형을 쓸 때 비로소 그것을 받아들이게 된다고 한다. 매체를 통한 것보다 자주 접촉하는 사람들을 통해 언어 변화가 진전된다는 사실은 언어 변화의 여러 면을 바로 이해하는 핵심적인 내용이라 해도 좋을 것이다.

① 언어 변화는 결국 접촉에 의해 진행되는 현상이다.
② 연령층으로 보면 대개 젊은 층이 언어 변화를 주도한다.
③ 접촉의 형식도 언어 변화에 영향을 미치는 요소로 지적되고 있다.
④ 매체의 발달이 언어 변화에 중요한 영향을 미치는 것으로 알려져 있다.
⑤ 언어 변화는 외부와의 접촉이 극히 제한되어 있는 곳일수록 그 속도가 느리다.

20

멋이라는 것도 일상생활의 단조로움이나 생활의 압박에서 해방되려는 노력의 하나일 것이다. 끊임없이 일상의 복장, 그 복장이 주는 압박감으로부터 벗어나기 위해 옷을 잘 차려 입는 사람은 그래도 멋쟁이이다. 또는 삶을 공리적 계산으로서가 아니라 즐김의 대상으로 볼 수 있게 해 주는 활동, 가령 서도(書道)라든가 다도(茶道)라든가 꽃꽂이라든가 하는 일을 과외로 즐길 줄 아는 사람을 우리는 생활의 멋을 아는 사람이라고 말한다. 하지만 그렇다고 해서 값비싸고 화려한 복장, 어떠한 종류의 스타일과 수련을 전제하는 활동만이 멋을 나타내는 것이 아니다. 경우에 따라서는 털털한 옷차림, 아무런 세련도 겉으로 내세울 것이 없는 툭툭한 생활 태도가 멋있게 생각될 수도 있다. 기준적인 것에 변화를 더하는 것이 중요한 것이다. 그러나 기준으로부터 편차가 너무 커서는 안 된다. 혐오감을 불러일으킬 정도의 몸가짐, 몸짓 또는 생활 태도는 멋이 있는 것으로 생각되지 않는다. 편차는 어디까지나 기준에 의해서만 존재하는 것이다. 따라서 _____.

① 멋은 어떤 의도가 결부되지 않았을 때 자연스럽게 창조되는 것이다.
② 멋은 다른 사람의 관점을 존중하며 사회적 관습에 맞게 창조해야 한다.
③ 멋은 일상적인 것을 뛰어넘는 비범성을 가장 본질적인 특징으로 삼는 것이다.
④ 멋은 나와 남의 눈이 부딪치는 사회적 공간에서 형성되는 것이라고 할 수 있다.
⑤ 멋은 자신의 개성을 표현해주는 다양한 활동으로 볼 수 있다.

21

전통문화는 근대화의 과정에서 해체되는 것인가, 아니면 급격한 사회 변동의 과정에서도 유지될 수 있는 것인가? 전통문화의 연속성과 재창조는 왜 필요하며, 어떻게 이루어지는가? 외래문화의 토착화(土着化), 한국화(韓國化)는 사회 변동과 문화 변화의 과정에서 무엇을 의미하는가? 이상과 같은 의문들은 오늘날 한국 사회에서 논란의 대상이 되고 있으며, 입장에 따라 상당한 견해 차이도 드러내고 있다.
전통의 유지와 변화에 대한 견해 차이는 오늘날 한국 사회에서 단순하게 보수주의와 진보주의의 차이로 이해될 성질의 것이 아니다. 한국 사회의 근대화는 이미 한 세기의 역사를 가지고 있으며, 앞으로도 계속되어야 할 광범하고 심대(深大)한 사회 구조적 변동이다. 그렇기 때문에 성향이 보수주의적인 사람들도 전통문화의 변질을 어느 정도 수긍하지 않을 수 없는가 하면, 사회 변동의 강력한 추진 세력 또한 문화적 전통의 확립을 주장하지 않을 수 없다.
또, 한국 사회에서 전통문화의 변화에 관한 논의는 단순히 외래문화이냐 전통문화이냐의 양자택일적인 문제가 될 수 없다는 것도 명백하다. 근대화는 전통문화의 연속성과 변화를 다 같이 필요로 하며, 외래문화의 수용과 그 토착화 등을 다 같이 요구하는 것이기 때문이다. 그러므로 전통을 계승하고 외래문화를 수용할 때에 무엇을 취하고 무엇을 버릴 것이냐 하는 문제도 단순히 문화의 보편성(普遍性)과 특수성(特殊性)이라고 하는 기준에서만 다룰 수 없다. 근대화라고 하는 사회 구조적 변동이 문화 변화를 결정지을 것이기 때문에, 전통문화의 변화 문제를 _____ 에서 다루어 보는 분석이 매우 중요하리라고 생각한다.

① 보수주의의 시각　　　　　② 진보주의의 시각
③ 사회 변동의 시각　　　　　④ 외래와 전통의 시각
⑤ 보편성과 특수성의 시각

22

몰랐지만 넘겨짚어 시험의 정답을 맞힌 경우와 제대로 알고 시험의 정답을 맞힌 경우를 구별할 수 있을까? 또 무작정 외워서 쓴 경우와 제대로 이해하고 쓴 경우는 어떤가? 전자와 후자는 서로 다르게 평가받아야 할까, 아니면 동등한 평가를 받아야 할까?

선택형 시험의 평가는 오로지 답안지에 표기된 선택지가 정답과 일치하는가의 여부에만 달려 있다. 이는 위의 첫 번째 물음이 항상 긍정으로 대답되지는 않으리라는 사실을 말해준다. 그러나 만일 시험관에게 답안지를 놓고 응시자와 면담할 기회가 주어진다면, 시험관은 응시자에게 정답지를 선택한 근거를 물음으로써 그가 문제에 관해 올바른 정보와 추론 능력을 가지고 있는지 검사할 수 있을 것이다. 예를 들어 한 응시자가 '대한민국의 수도가 어디냐'는 물음에 대해 '서울'이라고 답했다고 하자. 그렇게 답한 이유가 단지 '부모님이 사시는 도시라 이름이 익숙해서'였을 뿐, 정작 대한민국의 지리나 행정에 관해서는 아는 바 없다는 사실이 면접을 통해 드러났다고 하자. 이 경우에 시험관은 이 응시자가 대한민국의 수도에 관한 올바른 정보를 갖고 있다고 인정하기 어려울 것이다. 이 예는 응시자가 올바른 답을 제시하는 데 필요한 정보가 부족한 경우이다.

그렇다면 어떤 사람이 문제의 올바른 답을 추론해 내는 데 필요한 모든 정보를 갖고 있었고 실제로도 정답을 제시했다고 해서, 그가 문제에 대한 올바른 추론 능력을 가지고 있다고 할 수 있는가? 어느 도난사건을 함께 조사한 홈즈와 왓슨이 사건의 모든 구체적인 세부사항, 예컨대 범행 현장에서 발견된 흙발자국의 토양 성분뿐 아니라 올바른 결론을 내리는 데 필요한 모든 일반적 정보, 예를 들어 영국의 지역별 토양의 성분에 관한 정보 등을 똑같이 갖고 있었고, 실제로 동일한 용의자를 범인으로 지목했다고 하자. 이 경우 두 사람의 추론을 동등하게 평가해야 하는가? 그렇지 않다. 왓슨은 모든 정보를 완비하고 있었음에도 불구하고, 이름에 모음의 수가 가장 적다는 엉터리 이유로 범인을 지목했다고 하자. 이런 경우에도 우리는 왓슨의 추론에 박수를 보낼 수 있을까? 아니다. 왜냐하면 _____

① 왓슨은 일반적으로 타당한 개인적 경험을 토대로 추론했기 때문이다.
② 왓슨은 올바른 추론의 방법을 알고 있음에도 불구하고 요행을 우선시했기 때문이다.
③ 왓슨은 추론에 필요한 전문적인 훈련을 받지 못해서 범인을 잘못 골랐기 때문이다.
④ 왓슨은 올바른 추론에 필요한 정보를 가지고 있긴 했지만 그 정보와 무관하게 범인을 지목했기 때문이다.
⑤ 왓슨은 올바른 추론에 필요한 논리적 능력은 갖추고 있음에도 불구하고 범인을 추론하는 데 필요한 관련 정보가 부족했기 때문이다.

대표유형 5 | 주제·제목 찾기

다음 글의 주제로 가장 적절한 것은?

우리사회는 타의 추종을 불허할 정도로 빠르게 변화하고 있다. 가족정책도 4인 가족 중심에서 1~2인 가구 중심으로 변해야 하며, 청년실업율과 비정규직화, 독거노인의 증가를 더 이상 개인의 문제가 아닌 사회문제로 다뤄야 하는 시기이다. 여러 유형의 가구와 생애주기 변화, 다양해지는 수요에 맞춘 공동체 주택이야말로 최고의 주거복지사업이다. 공동체 주택은 공동의 목표와 가치를 가진 사람들이 커뮤니티를 이뤄 사회문제에 공동으로 대처해 나가도록 돕고, 나아가 지역사회와도 연결시키는 작업을 진행하고 있다.

임대료 부담으로 작품활동이나 생계에 어려움을 겪는 예술인을 위한 공동주택, 1인 창업과 취업을 위해 골몰하는 청년을 위한 주택, 지속적인 의료서비스가 필요한 환자나 고령자를 위한 의료안심주택은 모두 시민의 삶의 질을 높이고 선별적 복지가 아닌 복지사회를 이루기 위한 노력의 일환이다. 혼자가 아닌 '함께 가는' 길에 더 나은 삶이 있기 때문에 오늘도 수요자 맞춤형 공공주택은 수요자에 맞게 진화하고 있다.

① 주거난에 대비하는 주거복지 정책
② 4차 산업혁명과 주거복지
③ 선별적 복지 정책의 긍정적 결과
④ 수요자 중심의 대출규제 완화
⑤ 다양성을 수용하는 주거복지 정책

| 해설 | 제시문은 빠른 사회변화 속 다양해지는 수요에 맞춘 주거복지 정책의 예로 예술인을 위한 공동주택, 창업 및 취업자를 위한 주택, 의료안심주택을 들고 있다. 따라서 주제로 가장 적절한 것은 '다양성을 수용하는 주거복지 정책'이다.

정답 ⑤

※ 다음 글의 제목으로 가장 적절한 것을 고르시오. **[23~24]**

23

구비문학에서는 기록문학과 같은 의미의 단일한 작품 또는 원본이라는 개념이 성립하기 어렵다. 윤선도의 『어부사시사』와 채만식의 『태평천하』는 엄밀하게 검증된 텍스트를 놓고 이것이 바로 그 작품이라 할 수 있지만, '오누이 장사 힘내기' 전설이라든가 '진주 낭군' 같은 민요는 서로 조금씩 다른 구연물이 다 그 나름의 개별적 작품이면서 동일 작품의 변이형으로 인정되기도 하는 것이다. 이야기꾼은 그의 개인적 취향이나 형편에 따라 설화의 어떤 내용을 좀 더 실감 나게 손질하여 구연할 수 있으며, 때로는 그 일부를 생략 혹은 변경할 수 있다. 모내기할 때 부르는 '모노래'는 전승적 가사를 많이 이용하지만, 선창자의 재간과 그때그때의 분위기에 따라 새로운 노래 토막을 끼워 넣거나 일부를 즉흥적으로 개작 또는 창작하는 일도 흔하다.

① 구비문학의 현장성
② 구비문학의 유동성
③ 구비문학의 전승성
④ 구비문학의 구연성
⑤ 구비문학의 사실성

24

우리는 처음 만난 사람의 외모를 보고, 그를 어떤 방식으로 대우해야 할지를 결정할 때가 많다. 그가 여자인지 남자인지, 얼굴색이 흰지 검은지, 나이가 많은지 적은지 혹은 그의 스타일이 조금은 상류층의 모습을 띠고 있는지 아니면 너무나 흔해서 별 특징이 드러나 보이지 않는 외모를 하고 있는지 등을 통해 그들과 나의 차이를 재빨리 감지한다. 일단 감지가 되면 우리는 둘 사이의 지위 차이를 인식하고 우리가 알고 있는 방식으로 그를 대하게 된다. 한 개인이 특정 집단에 속한다는 것은 단순히 다른 집단의 사람과 다르다는 것뿐만 아니라, 그 집단이 다른 집단보다는 지위가 높거나 우월하다는 믿음을 갖게 한다. 모든 인간은 평등하다는 우리의 신념에도 불구하고 왜 인간들 사이의 이러한 위계화(位階化)를 당연한 것으로 받아들일까? 위계화란 특정 부류의 사람들은 자원과 권력을 소유하고 다른 부류의 사람들은 낮은 사회적 지위를 갖게 되는 사회적이며 문화적인 체계이다. 다음에서 우리는 이러한 불평등이 어떠한 방식으로 경험되고 조직화되는지를 살펴보기로 하자.

인간이 불평등을 경험하게 되는 방식은 여러 측면으로 나눌 수 있다. 산업 사회에서의 불평등은 계층과 계급의 차이를 통해서 정당화되는데, 이는 재산, 생산 수단의 소유 여부, 학력, 집안 배경 등등의 요소들의 결합에 의해 사람들 사이의 위계를 만들어 낸다. 또한 모든 사회에서 인간은 태어날 때부터 얻게 되는 인종, 성, 종족 등의 생득적 특성과 나이를 통해 불평등을 경험한다. 이러한 특성들은 단순히 생물학적인 차이를 지칭하는 것이 아니라, 개인의 열등성과 우등성을 가늠하게 만드는 사회적 개념이 되곤 한다.

한편 불평등이 재생산되는 다양한 사회적 기제들이 때로는 관습이나 전통이라는 이름 아래 특정 사회의 본질적인 문화적 특성으로 간주되고 당연시되는 경우가 많다. 불평등은 체계적으로 조직되고 개인에 의해 경험됨으로써 문화의 주요 부분이 되었고, 그 결과 같은 문화권 내의 구성원들 사이에 권력 차이와 그에 따른 폭력이나 비인간적인 행위들이 자연스럽게 수용될 때가 많다.

문화 인류학자들은 사회 집단의 차이와 불평등, 사회의 관습 또는 전통이라고 얘기되는 문화 현상에 대해 어떤 입장을 취해야 할지 고민을 한다. 문화 인류학자가 이러한 문화 현상은 고유한 역사적 산물이므로 나름대로 가치를 지닌다는 입장만을 반복하거나 단순히 관찰자로서의 입장에 안주한다면 이러한 차별의 형태를 제거하는 데 도움을 줄 수 없다. 실제로 문화 인류학 연구는 기존의 권력관계를 유지시켜 주는 다양한 문화적 이데올로기를 분석하고, 인간 간의 차이가 우등성과 열등성을 구분하는 지표가 아니라 동등한 다름일 뿐이라는 것을 일깨우는 데 기여해 왔다.

① 차이와 불평등 ② 차이의 감지 능력
③ 문화 인류학의 역사 ④ 위계화의 개념과 구조
⑤ 관습과 전통의 계승과 창조

※ 다음 글의 중심 내용으로 가장 적절한 것을 고르시오. [25~26]

25

> 통계는 다양한 분야에서 사용되며 막강한 위력을 발휘하고 있다. 그러나 모든 도구나 방법이 그렇듯이, 통계 수치에도 함정이 있다. 함정에 빠지지 않으려면 통계 수치의 의미를 정확히 이해하고, 도구와 방법을 올바르게 사용해야 한다. 친구 5명이 만나서 이야기를 나누다가 연봉이 화제가 되었다. 2천만 원이 4명, 7천만 원이 1명이었는데, 평균을 내면 3천만 원이다. 이 숫자에 대해 4명은 "나는 봉급이 왜 이렇게 적을까?"하며 한숨을 내쉬었다. 그러나 이 평균값 3천만 원이 5명의 집단을 대표하는 데에 아무 문제가 없을까? 물론 계산 과정에는 하자가 없지만, 평균을 집단의 대푯값으로 사용하는 데에 어떤 한계가 있을 수 있는지 깊이 생각해 보지 않는다면, 우리는 잘못된 생각에 빠질 수도 있다. 평균은 극단적으로 아웃라이어(비정상적인 수치)에 민감하다. 집단 내에 아웃라이어가 하나만 있어도 평균이 크게 바뀐다는 것이다. 위의 예에서 1명의 연봉이 7천만 원이 아니라 100억 원이었다면 평균은 20억 원이 넘게 된다.
> 그렇다면 이때 나머지 4명은 자신의 연봉이 평균치의 100분의 1밖에 안 된다며 슬퍼해야 할까? 연봉 100억 원인 사람이 아웃라이어이듯이 처음의 예에서 연봉 7천만 원인 사람도 아웃라이어인 것이다. 두드러진 아웃라이어가 있는 경우에는 평균보다는 최빈값이나 중앙값이 대푯값으로서 더 나을 수 있다.

① 평균은 집단을 대표하는 수치로서는 매우 부적당하다.
② 통계는 숫자 놀음에 불과하므로 통계 수치에 일희일비할 필요가 없다.
③ 평균보다는 최빈값이나 중앙값을 대푯값으로 사용해야 한다.
④ 통계 수치의 의미와 한계를 정확히 인식하고 사용할 필요가 있다.
⑤ 통계는 올바르게 활용하면 다양한 분야에서 사용할 수 있는 도구이다.

26
최근에 사이버공동체를 중심으로 한 시민의 자발적 정치 참여 현상이 많은 관심을 끌고 있다. 이러한 현상과 관련하여 A의 연구가 새삼 주목받고 있다. A의 연구에 따르면 공동체의 구성원이 됨으로써 얻게 되는 '사회적 자본'이 시민사회의 성숙과 민주주의 발전을 가져오는 원동력이다. A의 이론에서는 공동체에 대한 자발적 참여를 통해 사회 구성원 간의 상호 의무감과 신뢰, 구성원들이 공유하는 규칙과 관행, 사회적 유대 관계와 같은 사회적 자본이 늘어나면 사회 구성원 간의 협조적인 행위가 가능하게 된다고 보았다. 더 나아가 A는 자원봉사자와 같이 공동체 참여도가 높은 사람이 투표할 가능성이 높고 정부 정책에 대한 의견 개진도 활발해지는 등 정치 참여도가 높아진다고 주장하였다.

몇몇 학자들은 A의 이론을 적용하여 면대면 접촉에 따른 인간관계의 산물인 사회적 자본이 사이버공동체에서도 충분히 형성될 수 있다고 보았다. 그리고 사이버공동체에서 사회적 자본의 증가는 곧 정치 참여도 활성화시킬 것으로 기대했다. 하지만 이러한 기대와는 달리 정치 참여가 활성화되지 않았다. 요즘 젊은이들을 보면 각종 사이버공동체에 자발적으로 참여하는 수준은 높지만 투표나 다른 정치 활동에는 무관심하거나 심지어 정치를 혐오하기도 한다. 이런 측면에서 A의 주장은 사이버공동체가 활성화된 오늘날에는 잘 맞지 않는다.

이러한 이유 때문에 오늘날 사이버공동체를 중심으로 한 정치 참여를 더 잘 이해하기 위해서 '정치적 자본' 개념의 도입이 필요하다. 정치적 자본은 사회적 자본의 구성 요소와는 달리 정치 정보의 습득과 이용, 정치적 토론과 대화, 정치적 효능감 등으로 구성된다. 정치적 자본은 사회적 자본과 마찬가지로 공동체 참여를 통해서 획득되지만, 정치 과정에의 관여를 촉진한다는 점에서 사회적 자본과는 구분될 필요가 있다. 사회적 자본만으로 정치 참여를 기대하기 어렵고, 사회적 자본과 정치 참여 사이를 정치적 자본이 매개할 때 비로소 정치 참여가 활성화된다.

① 사이버공동체를 통해 축적된 사회적 자본에 정치적 자본이 더해질 때 정치 참여가 활성화된다.
② 사회적 자본은 정치적 자본을 포함하기 때문에 그 자체로 정치 참여의 활성화를 가져온다.
③ 사회적 자본이 많은 사회는 정치 참여가 활발하기 때문에 민주주의가 실현된다.
④ 사이버공동체의 특수성으로 인해 시민들의 정치 참여가 어렵게 되었다.
⑤ 사이버공동체에의 자발적 참여 증가는 정치 참여를 활성화시킨다.

대표유형 6   내용일치

다음 글의 내용으로 적절하지 않은 것은?

> 간디는 절대로 몽상가는 아니다. 그가 말한 것은 폭력을 통해서는 인도의 해방도, 보편적인 인간 해방도 없다는 것이었다. 민족 해방은 단지 외국 지배자의 퇴각을 의미하는 것일 수는 없다. 참다운 해방은 지배와 착취와 억압의 구조를 타파하고 그 구조에 길들여져 온 심리적 습관과 욕망을 뿌리로부터 변화시키는 일 – 다시 말하여 일체의 '칼의 교의(教義)' – 로부터의 초월을 실현하는 것이다. 간디의 관점에서 볼 때, 무엇보다 큰 폭력은 인간의 근원적인 영혼의 요구에 대해서는 조금도 고려하지 않고, 물질적 이득의 끊임없는 확대를 위해 착취와 억압의 구조를 제도화한 서양의 산업 문명이었다.

① 간디는 비폭력주의자이다.
② 간디는 산업 문명에 부정적이었다.
③ 간디는 반외세 사회주의자이다.
④ 간디는 외세가 인도를 착취하였다고 보았다.
⑤ 간디는 서양의 산업 문명을 큰 폭력이라고 보았다.

| 해설 | 오답분석
① 두 번째 문장에서 확인할 수 있다.
②·⑤ 마지막 문장에서 확인할 수 있다.
④ 세 번째와 네 번째 문장에서 확인할 수 있다

정답 ③

※ 다음 글의 내용으로 가장 적절한 것을 고르시오. [27~28]

27

> 음악에서 화성이나 멜로디가 하나의 음 또는 하나의 화음을 중심으로 일정한 체계를 유지하는 것을 조성(調性)이라 한다. 조성을 중심으로 한 음악은 서양음악에 지배적인 영향을 미쳤는데, 여기에서 벗어나 자유롭게 표현하고 싶은 음악가의 열망이 무조(無調) 음악을 탄생시켰다. 무조 음악에서는 한 옥타브 안의 12음 각각에 동등한 가치를 두어 음들을 자유롭게 사용하였다. 이로 인해 무조 음악은 표현의 자유를 누리게 되었지만 조성이 주는 체계성은 잃게 되었다. 악곡의 형식을 유지하는 가장 기초적인 뼈대가 흔들린 것이다. 이와 같은 상황 속에서 무조 음악이 지닌 자유로움에 체계성을 더하고자 고민한 작곡가 쇤베르크는 '12음 기법'이라는 독창적인 작곡 기법을 만들어 냈다. 쇤베르크의 12음 기법은 12음을 한 번씩 사용하여 만든 기본 음렬(音列)에 이를 '전위', '역행', '역행 전위'의 방법으로 파생시킨 세 가지 음렬을 더해 악곡을 창작하는 체계적인 작곡 기법이다.

① 조성은 하나의 음으로 여러 음을 만드는 것을 말한다.
② 무조 음악은 조성이 발전한 형태라고 말할 수 있다.
③ 무조 음악은 한 옥타브 안의 음 각각에 가중치를 두어서 사용했다.
④ 조성은 체계성을 추구하고, 무조 음악은 자유로움을 추구한다.
⑤ 쇤베르크의 12음 기법은 무조 음악과 조성 모두에서 벗어나고자 한 작곡 기법이다.

28

1896년 『독립신문』 창간을 계기로 여러 가지의 애국가 가사가 신문에 게재되기 시작했는데, 어떤 곡조에 따라 이 가사들을 노래로 불렀는지는 명확하지 않다. 다만 대한제국이 서구식 군악대를 조직해 1902년 '대한제국 애국가'라는 이름의 국가(國歌)를 만들어 나라의 주요 행사에 사용했다는 기록은 남아 있다. 오늘날 우리가 부르는 애국가의 노랫말은 외세의 침략으로 나라가 위기에 처해있던 1907년을 전후하여 조국애와 충성심을 북돋우기 위하여 만들어졌다.

1935년 해외에서 활동 중이던 안익태는 오늘날 우리가 부르고 있는 국가를 작곡하였다. 대한민국 임시정부는 이 곡을 애국가로 채택해 사용했으나 이는 해외에서만 퍼져나갔을 뿐, 국내에서는 광복 이후 정부수립 무렵까지 애국가 노랫말을 스코틀랜드 민요에 맞춰 부르고 있었다. 그러다가 1948년 대한민국 정부가 수립된 이후 현재의 노랫말과 함께 안익태가 작곡한 곡조의 애국가가 정부의 공식 행사에 사용되고 각급 학교 교과서에도 실리면서 전국적으로 애창되기 시작하였다.

애국가가 국가로 공식화되면서 1950년대에는 대한뉴스 등을 통해 적극적으로 홍보가 이루어졌다. 그리고 「국기게양 및 애국가 제창 시의 예의에 관한 지시(1966)」 등에 의해 점차 국가의례의 하나로 간주되었다.

1970년대 초에는 공연장에서 본공연 전에 애국가가 상영되기 시작하였다. 이후 1980년대 중반까지 주요 방송국에서 국기강하식에 맞춰 애국가를 방송하였다. 주요 방송국의 국기강하식 방송, 극장에서의 애국가 상영 등은 1980년대 후반 중지되었으며 음악회와 같은 공연 시 애국가 연주도 이때 자율화되었다.

오늘날 주요 행사 등에서 애국가를 제창하는 경우에는 부득이한 경우를 제외하고 4절까지 제창하여야 한다. 애국가는 모두 함께 부르는 경우에는 전주곡을 연주한다. 다만, 약식 절차로 국민의례를 행할 때 애국가를 부르지 않고 연주만 하는 의전행사(외국에서 하는 경우 포함)나 시상식·공연 등에서는 전주곡을 연주해서는 안 된다.

① 1940년에 해외에서는 안익태가 만든 애국가 곡조를 들을 수 없었다.
② 1990년대 초반에는 국기강하식 방송과 극장에서의 애국가 상영이 의무화되었다.
③ 오늘날 우리가 부르는 애국가의 노랫말은 1896년 『독립신문』에 게재되지 않았다.
④ 시상식에서 애국가를 부르지 않고 연주만 하는 경우에는 전주곡을 연주할 수 있다.
⑤ 안익태가 애국가 곡조를 작곡한 해로부터 대한민국 정부 공식 행사에 사용될 때까지 채 10년이 걸리지 않았다.

※ 다음 글의 내용으로 적절하지 않은 것을 고르시오. [29~30]

29

김치는 넓은 의미에서 소금, 초, 장 등에 '절인 채소'를 말한다. 김치의 어원인 '딤채(沈菜)'도 '담근 채소'라는 뜻이다. 그러므로 깍두기, 오이지, 오이소박이, 단무지는 물론 장아찌까지도 김치류에 속한다고 볼 수 있다. 우리나라의 김치는 '지'라고 불렸다. 그래서 짠지, 싱건지, 오이지 등의 김치에는 지금도 '지'가 붙는다. 초기의 김치는 단무지나 장아찌에 가까웠을 것이다.

처음에는 서양의 피클이나 일본의 쓰케모노와 비슷했던 김치가 이들과 전혀 다른 음식이 된 것은 젓갈과 고춧가루를 쓰기 시작하면서부터이다. 하지만 이때에도 김치의 주재료는 무나 오이였다. 우리가 지금 흔히 먹는 배추김치는 18세기 말 중국으로부터 크고 맛이 좋은 배추 품종을 들여온 뒤로 사람들이 널리 담그기 시작하였고, 20세기에 들어와서야 무김치를 능가하게 되었다.

김치와 관련하여 우리나라 향신료의 대명사로 쓰이는 고추는 생각만큼 오랜 역사를 갖고 있지 못하다. 중미 멕시코가 원산지인 고추는 '남만초'나 '왜겨자'라는 이름으로 16세기 말 조선에 전래되어 17세기부터 서서히 보급되다가 17세기 말부터 가루로 만들어 비로소 김치에 쓰이게 되었다. 조선 전기까지 주요 향신료는 후추, 천초 등이었고, 이 가운데 후추는 값이 비싸 쉽게 얻을 수 없었다. 19세기 무렵에 와서 고추는 향신료로서 압도적인 우위를 차지하게 되었다. 그 결과 후추는 더 이상 고가품이 아니게 되었으며, '산초'라고도 불리는 천초의 경우 지금에 와서는 간혹 추어탕에나 쓰일 정도로 되었다.

우리나라의 고추는 다른 나라의 고추 품종과 달리 매운맛에 비해 단맛 성분이 많고, 색소는 강렬하면서 비타민C 함유량이 매우 많다. 더구나 고추는 소금이나 젓갈과 어우러져 몸에 좋은 효소를 만들어 내고 몸의 지방 성분을 산화시켜 열이 나게 함으로써 겨울의 추위를 이기게 하는 기능이 있다. 고추가 김장김치에 사용되기 시작한 것도 이 때문이라고 한다.

① 초기의 김치는 서양의 피클이나 일본의 쓰케모노와 크게 다르지 않았다.
② 고추가 들어오기 전까지는 김치에 고추 대신 후추, 천초와 같은 향신료를 사용하였다.
③ 김장김치에 고추가 사용되기 시작한 것은 몸에 열을 발생시키는 효능 때문이다.
④ 배추김치가 김치의 대명사가 된 것은 불과 100여 년밖에 되지 않았다.
⑤ 19세기 이후 후추와 천초는 향신료로서의 우위를 고추에 빼앗겼다.

30

일반적으로 문화는 '생활양식' 또는 '인류의 진화로 이룩된 모든 것'이라는 포괄적인 개념을 갖고 있다. 이렇게 본다면 언어는 문화의 하위 개념에 속하는 것이다. 그러나 언어는 문화의 하위 개념에 속하면서도 문화 자체를 표현하여 그것을 전파전승하는 기능도 한다. 이로 보아 언어에는 그것을 사용하는 민족의 문화와 세계 인식이 녹아있다고 할 수 있다. 가령 '사촌'이라고 할 때, 영어에서는 'Cousin'으로 이를 통칭(通稱)하는 것을 우리말에서는 친·외, 고종·이종 등으로 구분하고 있다. 친족 관계에 대한 표현에서 우리말이 영어보다 좀 더 섬세하게 되어 있는 것이다. 이것은 친족 관계를 좀 더 자세히 표현하여 차별 내지 분별하려 한 우리 문화와 그것을 필요로 하지 않는 영어권 문화의 차이에서 기인한 것이다.

문화에 따른 이러한 언어의 차이는 낱말에서만이 아니라 어순(語順)에서도 나타난다. 우리말은 영어와 주술 구조가 다르다. 우리는 주어 다음에 목적어, 그 뒤에 서술어가 온다. 이에 비해 영어에서는 주어 다음에 서술어, 그 뒤에 목적어가 온다. 우리말의 경우 '나는 너를 사랑한다.'라고 할 때, '나'와 '너'를 먼저 밝히고, 그다음에 '나의 생각'을 밝히는 것에 비하여, 영어에서는 '나'가 나오고, 그다음에 '나의 생각'이 나온 뒤에 목적어인 '너'가 나온다. 이러한 어순의 차이는 결국 나의 의사보다 상대방에 대한 관심을 먼저 보이는 우리의 문화와 나의 의사를 밝히는 것이 먼저인 영어를 사용하는 사람들의 문화 차이에서 기인한 것이다. 대화를 할 때 다른 사람을 대우하는 것에서도 이런 점을 발견할 수 있다.

손자가 할아버지에게 무엇을 부탁하는 경우를 생각해 보자. 이 경우 영어에서는 'You do it, please.'라고 하고, 우리말에서는 '할아버지께서 해주세요.'라고 한다. 영어에서는 상대방이 누구냐에 관계없이 상대방을 가리킬 때 'You'라는 지칭어를 사용하고, 서술어로는 'do'를 사용한다. 그런데 우리말에 서는 상대방을 가리킬 때, 무조건 영어의 'You'에 대응하는 '당신(너)'이라는 말만을 쓰는 것은 아니고 상대에 따라 지칭어를 달리 사용한다. 뿐만 아니라, 영어의 'do'에 대응하는 서술어도 상대에 따라 '해 주어라, 해 주게, 해 주오, 해 주십시오, 해 줘, 해 줘요'로 높임의 표현을 달리 한다. 이는 우리말이 서열을 중시하는 전통적인 유교 문화를 반영하고 있기 때문이다. 언어는 단순한 음성기호 이상의 의미를 지니고 있다. 앞의 예에서 알 수 있듯이 언어에는 그 언어를 사용하는 민족의 문화가 용해되어 있다. 따라서 우리 민족이 한국어라는 구체적인 언어를 사용한다는 것은 단순히 지구상에 있는 여러 언어 가운데 개별 언어 한 가지를 쓴다는 사실만을 의미하지는 않는다. 한국어에는 우리 민족의 문화와 세계 인식이 녹아있기 때문이다. 따라서 우리말에 대한 애정은 우리 문화에 대한 사랑이요, 우리의 정체성을 살릴 수 있는 길일 것이다.

① 언어는 문화를 표현하고 전파전승하는 기능을 한다.
② 문화의 하위 개념인 언어는 문화와 밀접한 관련이 있다.
③ 영어에 비해 우리말은 친족 관계를 나타내는 표현이 다양하다.
④ 우리말에 높임 표현이 발달한 것은 서열을 중시하는 문화가 반영된 것이다.
⑤ 우리말의 문장 표현에서는 상대방에 대한 관심보다는 나의 생각을 우선시한다.

CHAPTER 02 수리 핵심이론

01 ▶ 응용수리

1. 수의 관계

(1) 약수와 배수

a가 b로 나누어떨어질 때, a는 b의 배수, b는 a의 약수

> **여러 가지 수의 배수**
> - 2(5)의 배수 : 일의 자리의 수가 0이거나 2(5)의 배수로 되어 있는 수
> - 4의 배수 : 끝의 두 자리의 수가 00이거나 4의 배수로 되어 있는 수
> - 3(9)의 배수 : 각 자리의 숫자의 합이 3(9)의 배수로 되어 있는 수

(2) 소인수분해

① 소수 : 1보다 큰 자연수 중에서 약수가 1과 자기 자신뿐인 수
② 합성수 : 1보다 큰 자연수 중에서 소수가 아닌 수
　※ 모든 소수의 약수는 2개, 합성수의 약수는 3개 이상이다.
③ 거듭제곱 : 같은 수나 문자를 여러 번 곱한 것을 간단히 나타낸 것
　㉠ 2^2, 2^3, 2^4, …을 통틀어 2의 거듭제곱이라고 한다.
　㉡ 2^2, 2^3, 2^4, …에서 곱하는 수 2를 거듭제곱의 밑이라고 하고, 곱한 횟수 2, 3, 4, …를 지수라고 한다.
④ 인수와 소인수
　㉠ 자연수 a, b, c에 대하여 $a=b\times c$일 때, a의 약수 b, c를 a의 인수라고 한다.
　㉡ 소인수 : 인수 중에서 소수인 인수
⑤ 소인수분해 : 1보다 큰 자연수를 소인수만의 곱으로 나타내는 것
⑥ 소인수분해 방법 : 몫이 소수가 될 때까지 계속 나누어 소수들만의 곱으로 나타낸다. 같은 소수가 한 번 이상 곱해지면 거듭제곱으로 나타낸다.

　예)
　　2) 90
　　3) 45
　　3) 15
　　　　5
　　∴ $90 = 2 \times 3^2 \times 5$

⑦ $a^p \times b^q$의 약수의 개수(a, b는 서로 다른 소수, p, q는 자연수) : $\{(p+1)(q+1)\}$개

(3) 공약수와 최대공약수
① 공약수 : 2개 이상의 자연수의 공통인 약수
② 최대공약수 : 공약수 중에서 가장 큰 수
③ 최대공약수의 성질 : 두 개 이상의 자연수의 공약수는 그 수들의 최대공약수의 약수이다.
④ 서로소 : 최대공약수가 1인 두 자연수
⑤ 최대공약수를 구하는 방법 : 소인수분해를 이용하거나 몫의 공약수가 1이 될 때까지 1이 아닌 공약수로 각 수를 나누어 나눈 공약수를 곱한다.

예)
$$\begin{array}{r|rrr} 2 & 24 & 36 & 84 \\ 6 & 12 & 18 & 42 \\ \hline & 2 & 3 & 7 \end{array}$$

∴ (최대공약수) = 2×6 = 12

(4) 공배수와 최소공배수
① 공배수 : 2개 이상의 자연수의 공통인 배수
② 최소공배수 : 공배수 중에서 가장 작은 수
③ 최소공배수의 성질
  ㉠ 2개 이상의 자연수의 공배수는 그 수들의 최소공배수의 배수이다.
  ㉡ 서로소인 두 자연수의 최소공배수는 두 수의 곱과 같다.
④ 최소공배수를 구하는 방법 : 소인수분해를 이용하거나 공약수로 각 수를 나누어 어느 두 수에서도 공약수가 없게 한 다음, 나눈 공약수와 마지막 몫을 모두 곱한다.

예)
$$\begin{array}{r|rrr} 3 & 18 & 24 & 45 \\ 3 & 6 & 8 & 15 \\ 2 & 2 & 8 & 5 \\ \hline & 1 & 4 & 5 \end{array}$$

∴ (최소공배수) = 3×3×2×1×4×5 = 360

(5) 최대공약수와 최소공배수의 관계
두 자연수 A, B에 대하여, 최소공배수와 최대공약수를 각각 L, G라고 하면 A×B=L×G가 성립한다.

2. 기본 계산

(1) 곱셈 기호와 나눗셈 기호의 생략

① 문자와 수의 곱에서는 곱셈 기호 ×를 생략하고, 수를 문자 앞에 쓴다.
  예 $x \times 4 = 4x$

② 문자와 문자의 곱에서는 곱셈 기호 ×를 생략하고, 보통 알파벳 순으로 쓴다.
  예 $b \times (-3) \times a = -3ab$

③ 같은 문자의 곱은 거듭제곱의 꼴로 나타낸다.
  예 $x \times x \times x = x^3$

④ 문자가 섞여 있는 나눗셈에서는 나눗셈 기호 ÷는 쓰지 않고 분수의 모양으로 나타낸다.
  예 $a \div 2 = \dfrac{a}{2}$, $a \times b \div c = \dfrac{ab}{c}$ $(c \neq 0)$

(2) 사칙연산

① 덧셈(+)
  ㉠ 같은 부호일 때 : 절댓값의 합에 공통인 부호를 붙인다.
  ㉡ 서로 다른 부호일 때 : 절댓값의 차에 절댓값이 큰 수의 부호를 붙인다.

② 뺄셈(−) : 빼는 수의 부호를 바꾸어서 덧셈으로 고쳐서 계산한다.

③ 곱셈(×)
  ㉠ 같은 부호일 때 : 절댓값의 곱에 양의 부호를 붙인다.
  ㉡ 서로 다른 부호일 때 : 절댓값의 곱에 음의 부호를 붙인다.

④ 나눗셈(÷)
  ㉠ 같은 부호일 때 : 절댓값의 나눗셈의 몫에 양의 부호를 붙인다.
  ㉡ 서로 다른 부호일 때 : 절댓값의 나눗셈의 몫에 음의 부호를 붙인다.

> **덧셈(+)・뺄셈(−)・곱셈(×)・나눗셈(÷)의 혼합 계산**
> 거듭제곱 → 괄호 → 곱셈・나눗셈 → 덧셈・뺄셈
> ※ 괄호 : ( ) → { } → [ ]의 순서

⑤ 계산법칙
  ㉠ 교환법칙 : $a + b = b + a$
    $a \times b = b \times a$
  ㉡ 결합법칙 : $(a+b) + c = a + (b+c)$
    $(a \times b) \times c = a \times (b \times c)$
  ㉢ 분배법칙 : $a \times (b+c) = a \times b + a \times c$
    $(a+b) \times c = a \times c + b \times c$
  ㉣ 곱셈법칙
   • $(a+b)^2 = a^2 + 2ab + b^2$
    $(a-b)^2 = a^2 - 2ab + b^2$
   • $(a+b)(a-b) = a^2 - b^2$
   • $(x+a)(x+b) = x^2 + (a+b)x + ab$

- $(ax+b)(cx+d) = acx^2 + (ad+bc)x + bd$
- $(a+b+c)^2 = \{(a+b)+c\}^2 = (a+b)^2 + 2(a+b)c + c^2 = a^2 + b^2 + c^2 + 2ab + 2bc + 2ca$

(3) 대입과 식의 값

① 대입 : 문자를 사용한 식에서 문자에 어떤 수를 바꾸어 넣는 것
② 식의 값 : 문자를 사용한 식에서 문자에 어떤 수를 대입하여 계산한 값
③ 식의 값 구하기 : 생략된 곱셈기호가 있는 식의 경우 곱셈 기호를 다시 쓴 후, 문자에 주어진 수를 대입하여 계산한다.

(4) 일차식의 계산

① 일차식의 덧셈과 뺄셈 : 괄호가 있으면 분배법칙을 이용하여 괄호를 푼 후, 동류항끼리 모아서 더한다.
  예 $(3x+4) - (5x-2) = 3x + 4 - 5x + 2$
  $\qquad\qquad\qquad\quad = 3x - 5x + 4 + 2$
  $\qquad\qquad\qquad\quad = (3-5)x + (4+2)$
  $\qquad\qquad\qquad\quad = -2x + 6$

> 괄호 앞에
> $+$가 있으면 괄호 안의 부호는 그대로
> $-$가 있으면 괄호 안의 부호를 반대로

② (수)×(일차식) : 분배법칙을 이용하여 일차식의 각 항에 수를 곱한다.
③ (일차식)÷(수) : 분배법칙을 이용하여 나누는 수의 역수를 이차식의 각 항에 곱한다.
  예 $(8x+4) \div \dfrac{4}{3} = 8x \times \dfrac{3}{4} + 4 \times \dfrac{3}{4} = 6x + 3$

3. 등식과 방정식

(1) 등식과 방정식

① 등식 : 등호(=)를 사용하여 수량 사이의 관계를 나타낸 식
  ※ 등호의 왼쪽 부분을 좌변, 등호의 오른쪽 부분을 우변, 좌변과 우변을 합하여 양변이라고 한다.
② 방정식 : x의 값에 따라 참이 되기도 하고, 거짓이 되기도 하는 등식을 x에 관한 방정식이라고 한다.
  ㉠ 방정식을 참이 되게 하는 미지수 x의 값을 그 방정식의 '해' 또는 '근'이라고 한다.
  ㉡ 방정식의 해(근)를 구하는 것을 '방정식을 푼다.'라고 한다.
③ 항등식 : 미지수에 어떤 값을 대입해도 항상 참이 되는 등식
④ 등식의 성질
  ㉠ 양변에 같은 수를 더해도 등식은 성립한다.
  ㉡ 양변에서 같은 수를 빼어도 등식은 성립한다.
  ㉢ 양변에 같은 수를 곱해도 등식은 성립한다.
  ㉣ 양변을 0이 아닌 같은 수로 나누어도 등식은 성립한다.

(2) 일차방정식의 풀이

① 일차방정식 : 등식의 모든 항을 좌변으로 이항하여 정리한 식이 (일차식)=0의 꼴로 나타나는 방정식

> **이항**
> 등식의 성질을 이용하여 등식의 한 변에 있는 항을 그 항의 부호를 바꾸어 다른 변으로 옮기는 것
> [항의 부호]
> $+\triangle$를 이항 $\to -\triangle$, $-\triangle$를 이항 $\to +\triangle$
> [예] $x-1=5$ $x=5+1$

② 일차방정식의 풀이 순서
  ❶ 계수가 분수나 소수이면 정수로 고친다.
    • 소수이면 10, 100, …을 곱한다.
    • 분수이면 분모의 최소공배수를 곱한다.
  ❷ 괄호가 있으면 분배법칙을 이용하여 괄호를 풀고 정리한다.
  ❸ x를 포함한 항은 좌변으로, 상수항은 우변으로 각각 이항한다.
  ❹ 양변을 x의 계수로 나누어 $x=$(수)의 꼴로 나타낸다.
  ❺ 구한 해가 일차방정식을 참이 되게 하는지 확인한다.

  [예] $\dfrac{x}{4} - \dfrac{x-5}{2} = 3$

  양변에 분모의 최소공배수 4를 곱하면
  $x - 2(x-5) = 12$, $x - 2x + 10 = 12$
  $\to -x = 2$
  $\therefore x = -2$

(3) 일차방정식의 활용 순서

❶ 문제의 뜻을 파악한 다음 구하고자 하는 값을 x로 놓는다.
❷ 문제의 뜻에 맞게 방정식을 세운다.
❸ 일차방정식을 푼다.
❹ 구한 해가 문제의 뜻에 맞는지 확인한다.

(4) 연립일차방정식

① 미지수가 2개인 일차방정식 : 미지수가 2개이고, 그 차수가 모두 1인 방정식
② 미지수가 2개인 일차방정식의 해 : 미지수가 x, y인 일차방정식을 참이 되게 하는 x, y의 값 또는 그 순서쌍 (x, y)

(5) 연립방정식의 풀이

① 가감법 또는 대입법을 이용하여 푼다.
  ㉠ 가감법 : 두 방정식을 변끼리 더하거나 빼서 연립방정식을 푸는 방법
  ㉡ 대입법 : 한 방정식을 하나의 미지수에 대한 식으로 나타낸 다음 다른 방정식에 대입하여 푸는 방법

예 $\begin{cases} 3x-y=-4 & \cdots \text{㉠} \\ x+2y=1 & \cdots \text{㉡} \end{cases}$

가감법
㉠×2를 하면 $6x-2y=-8 \cdots$ ㉢
㉡+㉢을 하면 $7x=-7$
∴ $x=-1$
이 값을 ㉠의 식이나 ㉡의 식에 대입하여 풀면 $y=1$이다.
대입법
㉠의 식을 $y=3x+4$로 바꾼 후
㉡의 식에 대입하여 풀면
$x+2(3x+4)=1$, $7x=-7$
∴ $x=-1$, $y=1$

② 괄호가 있는 경우 괄호를 풀고 동류항을 정리하여 푼다.

(6) 해가 특수한 연립방정식의 풀이

x, y에 관한 연립방정식 $\begin{cases} ax+by+c=0 \\ a'x+b'y+c'=0 \end{cases}$ 에서

① $a=a'$, $b=b'$, $c=c'$ $\left(\dfrac{a}{a'}=\dfrac{b}{b'}=\dfrac{c}{c'}\right)$일 때 해가 무수히 많다.

② $a=a'$, $b=b'$, $c \neq c'$ $\left(\dfrac{a}{a'}=\dfrac{b}{b'}\neq\dfrac{c}{c'}\right)$일 때 해가 없다.

③ 계수가 소수나 분수인 경우 계수를 정수로 고쳐서 푼다.

④ $A=B=C$의 꼴인 방정식의 풀이는 다음 중 어느 것을 택하여 풀어도 그 해는 같다.

$\begin{cases} A=B \\ A=C \end{cases}$ $\begin{cases} A=B \\ B=C \end{cases}$ $\begin{cases} A=C \\ B=C \end{cases}$

4. 방정식의 활용

(1) 날짜·요일·시계

① 날짜·요일
　㉠ 1일=24시간=1,440분=86,400초
　㉡ 날짜·요일 관련 문제는 대부분 나머지를 이용해 계산한다.

② 시계
　㉠ 시침이 1시간 동안 이동하는 각도 : $30°$
　㉡ 시침이 1분 동안 이동하는 각도 : $0.5°$
　㉢ 분침이 1분 동안 이동하는 각도 : $6°$

(2) 거리 · 속력 · 시간

① (거리)=(속력)×(시간)
　㉠ 기차가 터널을 통과하거나 다리를 지나가는 경우
　　: (기차가 움직인 거리)=(기차의 길이)+(터널 또는 다리의 길이)
　㉡ 두 사람이 반대 방향 또는 같은 방향으로 움직이는 경우
　　: (두 사람 사이의 거리)=(두 사람이 움직인 거리의 합 또는 차)

② (속력)=$\dfrac{(거리)}{(시간)}$
　㉠ 흐르는 물에서 배를 타는 경우
　　: (하류로 내려갈 때의 속력)=(배 자체의 속력)+(물의 속력)
　　　(상류로 올라갈 때의 속력)=(배 자체의 속력)−(물의 속력)

③ (시간)=$\dfrac{(거리)}{(속력)}$

(3) 나이 · 인원 · 개수

구하고자 하는 것을 미지수로 놓고 식을 세운다. 동물의 경우 다리의 개수에 유의해야 한다.

(4) 원가 · 정가

① (정가)=(원가)+(이익), (이익)=(정가)−(원가)
② a원에서 $b\%$ 할인한 가격=$a \times \left(1 - \dfrac{b}{100}\right)$

(5) 일률 · 톱니바퀴

① 일률

전체 일의 양을 1로 놓고, 시간 동안 한 일의 양을 미지수로 놓고 식을 세운다.

- (일률)=$\dfrac{(작업량)}{(작업기간)}$
- (작업기간)=$\dfrac{(작업량)}{(일률)}$
- (작업량)=(일률)×(작업기간)

② 톱니바퀴

(톱니 수)×(회전수)=(총 맞물린 톱니 수)

즉, A, B 두 톱니에 대하여, (A의 톱니 수)×(A의 회전수)=(B의 톱니 수)×(B의 회전수)가 성립한다.

(6) 농도

① (농도)=$\dfrac{(용질의 양)}{(용액의 양)} \times 100$

② (용질의 양)=$\dfrac{(농도)}{100} \times$(용액의 양)

(7) 수Ⅰ
　① 연속하는 세 자연수 : $x-1$, x, $x+1$
　② 연속하는 세 짝수(홀수) : $x-2$, x, $x+2$

(8) 수Ⅱ
　① 십의 자릿수가 x, 일의 자릿수가 y인 두 자리 자연수 : $10x+y$
　　이 수에 대해, 십의 자리와 일의 자리를 바꾼 수 : $10y+x$
　② 백의 자릿수가 x, 십의 자릿수가 y, 일의 자릿수가 z인 세 자리 자연수 : $100x+10y+z$

(9) 증가·감소에 관한 문제
　① x가 $a\%$ 증가 : $\left(1+\dfrac{a}{100}\right)x$
　② y가 $b\%$ 감소 : $\left(1-\dfrac{b}{100}\right)y$

5. 일차부등식

(1) 부등식과 그 해
　① 부등식 : 부등호 $<$, $>$, $\leq$, $\geq$를 사용하여 수 또는 식의 대소 관계를 나타낸 식

$$\underbrace{\underbrace{x+3}_{\text{좌변}} > \underbrace{7}_{\text{우변}}}_{\text{양변}}$$

　② 부등식의 해 : 미지수를 포함한 부등식이 참이 되게 하는 미지수의 값
　③ 부등식을 푼다 : 부등식의 해를 모두 구하는 것

(2) 부등식의 성질
　① 부등식의 양변에 같은 수를 더하거나 양변에서 같은 수를 빼어도 부등호의 방향은 변하지 않는다.
　② 부등식의 양변에 같은 양수를 곱하거나 양변을 같은 양수로 나누어도 부등호의 방향은 변하지 않는다.
　③ 부등식의 양변에 같은 음수를 곱하거나 양변을 같은 음수로 나누면 부등호의 방향이 반대가 된다.

> **부등식의 성질**
> $a<b$일 때
> ① $a+c<b+c$, $a-c<b-c$
> ② $c>0$이면 $ac<bc$, $\dfrac{a}{c}<\dfrac{b}{c}$
> ③ $c<0$이면 $ac>bc$, $\dfrac{a}{c}>\dfrac{b}{c}$
> 이때 부등호 "$<$"를 "$\leq$"로 바꾸어도 위의 성질이 성립한다.

(3) 일차부등식과 풀이
① 일차부등식 : 부등식의 모든 항을 좌변으로 이항하여 정리한 식이 (일차식)<0, (일차식)>0, (일차식)≤0, (일차식)≥0 중 어느 하나의 꼴로 나타나는 부등식
② 일차부등식의 풀이 순서
  ❶ 계수가 소수나 분수이면 계수를 정수로 고친다.
  ❷ 괄호가 있으면 괄호를 푼다.
  ❸ x의 항은 좌변, 상수항은 우변으로 이항한다.
  ❹ $ax > b$, $ax \geq b$, $ax < b$, $ax \leq b$ $(a \neq 0)$의 꼴로 만든다.
  ❺ 양변을 x의 계수 a로 나눈다. 이때, a가 음수이면 부등호의 방향은 바뀐다.

6. 경우의 수·확률

(1) 경우의 수
① 경우의 수 : 어떤 사건이 일어날 수 있는 모든 가짓수
② 합의 법칙
  ㉠ 두 사건 A, B가 동시에 일어나지 않을 때, A가 일어나는 경우의 수를 m, B가 일어나는 경우의 수를 n이라고 하면, 사건 A 또는 B가 일어나는 경우의 수는 $m+n$이다.
  ㉡ '또는', '~이거나'라는 말이 나오면 합의 법칙을 사용한다.
③ 곱의 법칙
  ㉠ A가 일어나는 경우의 수를 m, B가 일어나는 경우의 수를 n이라고 하면, 사건 A와 B가 동시에 일어나는 경우의 수는 $m \times n$이다.
  ㉡ '그리고', '동시에'라는 말이 나오면 곱의 법칙을 사용한다.
④ 여러 가지 경우의 수
  ㉠ 동전 n개를 던졌을 때, 경우의 수 : 2^n
  ㉡ 주사위 m개를 던졌을 때, 경우의 수 : 6^m
  ㉢ 동전 n개와 주사위 m개를 던졌을 때, 경우의 수 : $2^n \times 6^m$
  ㉣ n명을 한 줄로 세우는 경우의 수 : $n! = n \times (n-1) \times (n-2) \times \cdots \times 2 \times 1$
  ㉤ n명 중 m명을 뽑아 한 줄로 세우는 경우의 수 : $_nP_m = n \times (n-1) \times \cdots \times (n-m+1)$
  ㉥ n명을 한 줄로 세울 때, m명을 이웃하여 세우는 경우의 수 : $(n-m+1)! \times m!$
  ㉦ 0이 아닌 서로 다른 한 자리 숫자가 적힌 n장의 카드에서, m장을 뽑아 만들 수 있는 m자리 정수의 개수 : $_nP_m$
  ㉧ 0을 포함한 서로 다른 한 자리 숫자가 적힌 n장의 카드에서, m장을 뽑아 만들 수 있는 m자리 정수의 개수 : $(n-1) \times {_{n-1}P_{m-1}}$
  ㉨ n명 중 자격이 다른 m명을 뽑는 경우의 수 : $_nP_m$
  ㉩ n명 중 자격이 같은 m명을 뽑는 경우의 수 : $_nC_m = \dfrac{_nP_m}{m!}$
  ㉪ 원형 모양의 탁자에 n명을 앉히는 경우의 수 : $(n-1)!$
⑤ 최단거리 문제 : A에서 B 사이에 P가 주어져 있다면, A와 P의 최단거리, B와 P의 최단거리를 각각 구하여 곱한다.

(2) 확률

① (사건 A가 일어날 확률) = $\dfrac{(\text{사건 A가 일어나는 경우의 수})}{(\text{모든 경우의 수})}$

② 여사건의 확률

㉠ 사건 A가 일어날 확률이 p일 때, 사건 A가 일어나지 않을 확률은 $(1-p)$이다.

㉡ '적어도'라는 말이 나오면 주로 사용한다.

③ 확률의 계산

㉠ 확률의 덧셈

두 사건 A, B 동시에 일어나지 않을 때, A가 일어날 확률을 p, B가 일어날 확률을 q라고 하면, 사건 A 또는 B가 일어날 확률은 $(p+q)$이다.

㉡ 확률의 곱셈

A가 일어날 확률을 p, B가 일어날 확률을 q라고 하면, 사건 A와 B가 동시에 일어날 확률은 $(p \times q)$이다.

④ 여러 가지 확률

㉠ 연속하여 뽑을 때, 꺼낸 것을 다시 넣고 뽑는 경우 : 처음과 나중의 모든 경우의 수는 같다.

㉡ 연속하여 뽑을 때, 꺼낸 것을 다시 넣지 않고 뽑는 경우 : 나중의 모든 경우의 수는 처음의 모든 경우의 수보다 1만큼 작다.

㉢ (도형에서의 확률) = $\dfrac{(\text{해당하는 부분의 넓이})}{(\text{전체 넓이})}$

02 ▶ 기초통계

(1) 통계

집단현상에 대한 구체적인 양적 기술을 반영하는 숫자로 특히, 사회집단 또는 자연집단의 상황을 숫자로 나타낸 것이다.

예 서울 인구의 생계비, 한국 쌀 생산량의 추이, 추출 검사한 제품 중 불량품의 개수 등

(2) 통계치

① 빈도 : 어떤 사건이 일어나거나 증상이 나타나는 정도

② 빈도 분포 : 빈도를 표나 그래프로 종합적이면서도 일목요연하게 표시하는 것

③ 평균 : 모든 자료 값의 합을 자료의 개수로 나눈 값

④ 백분율 : 전체의 수량을 100으로 볼 때의 비율

(3) 통계의 계산
① 범위 : (최댓값) - (최솟값)
② 평균 : $\dfrac{(\text{자료 값의 총합})}{(\text{자료의 개수})}$
③ 편차 : (관찰값) - (평균)
④ 분산 : $\dfrac{[\{(\text{관찰값})-(\text{평균})\}^2 \text{의 총합}]}{(\text{자료의 개수})}$
⑤ 표준편차 : $\sqrt{\text{분산}}$ (평균으로부터 얼마나 떨어져 있는가를 나타냄)

03 ▶ 자료해석

(1) 꺾은선(절선)그래프
① 시간적 추이(시계열 변화)를 표시하는 데 적합하다.
　예 연도별 매출액 추이 변화 등
② 경과·비교·분포를 비롯하여 상관관계 등을 나타낼 때 사용한다.

〈한국 자동차부품 수입 국가별 의존도〉

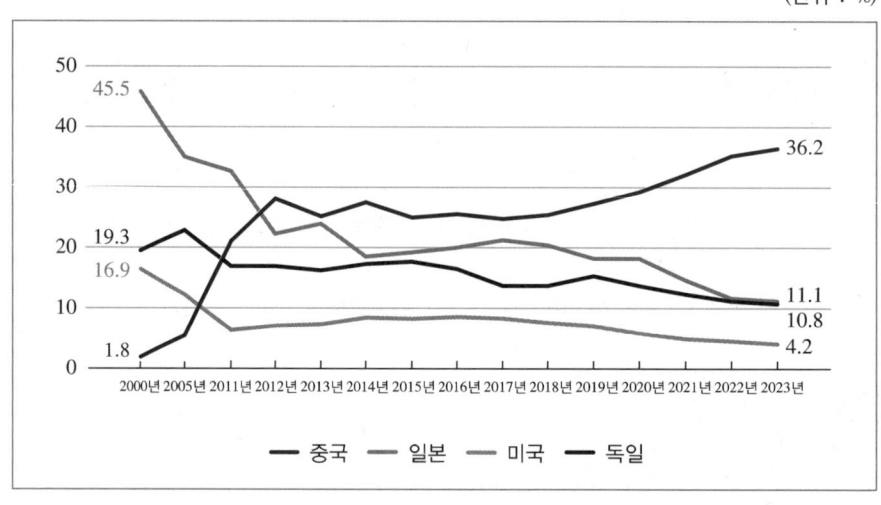

(2) 막대그래프
　① 비교하고자 하는 수량을 막대 길이로 표시하고, 그 길이를 비교하여 각 수량 간의 대소 관계를 나타내는 데 적합하다.
　　예 영업소별 매출액, 성적별 인원분포 등
　② 가장 간단한 형태로 내역·비교·경과·도수 등을 표시하는 용도로 사용한다.

〈경상수지 추이〉

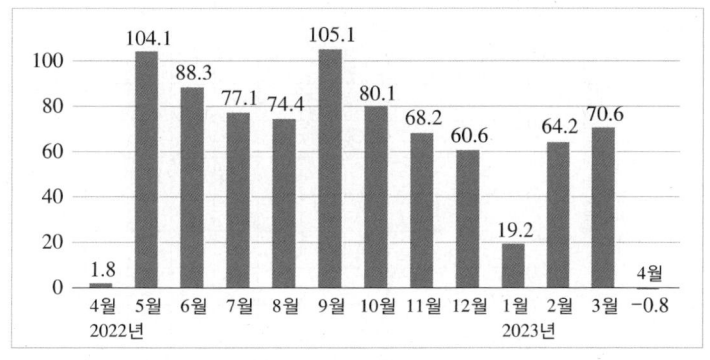

(3) 원그래프
　① 내역이나 내용의 구성비를 분할하여 나타내는 데 적합하다.
　　예 제품별 매출액 구성비 등
　② 원그래프를 정교하게 작성할 때는 수치를 각도로 환산해야 한다.

〈K국의 가계 금융자산 구성비〉

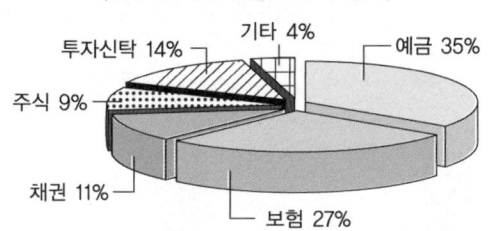

(4) 점그래프
　① 지역분포를 비롯하여 도시, 지방, 기업, 상품 등의 평가나 위치, 성격을 표시하는 데 적합하다.
　　　예 광고비율과 이익률의 관계 등
　② 종축과 횡축에 두 요소를 두고, 보고자 하는 것이 어떤 위치에 있는가를 알고자 할 때 사용한다.

〈OECD 국가의 대학졸업자 취업률 및 경제활동인구 비중〉

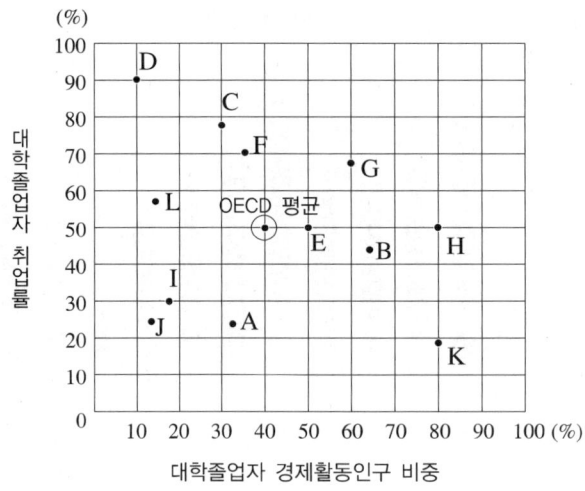

(5) 층별그래프
　① 합계와 각 부분의 크기를 백분율로 나타내고 시간적 변화를 보는 데 적합하다.
　② 합계와 각 부분의 크기를 실수로 나타내고 시간적 변화를 보는 데 적합하다.
　　　예 상품별 매출액 추이 등
　③ 선의 움직임보다는 선과 선 사이의 크기로써 데이터 변화를 나타내는 그래프이다.

〈경제고통지수 추이〉

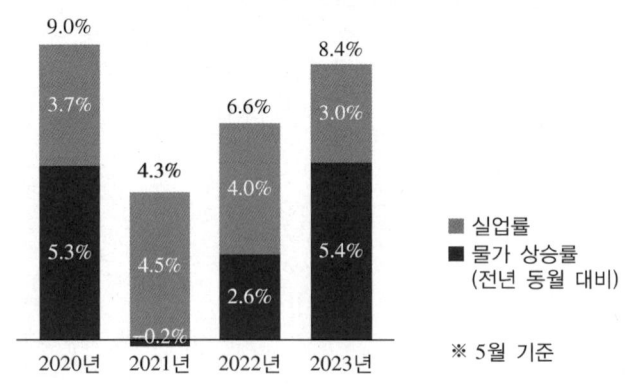

(6) 레이더 차트(거미줄그래프)
① 다양한 요소를 비교할 때, 경과를 나타내는 데 적합하다.
   예 매출액의 계절변동 등
② 비교하는 수량을 직경, 또는 반경으로 나누어 원의 중심에서의 거리에 따라 각 수량의 관계를 나타내는 그래프이다.

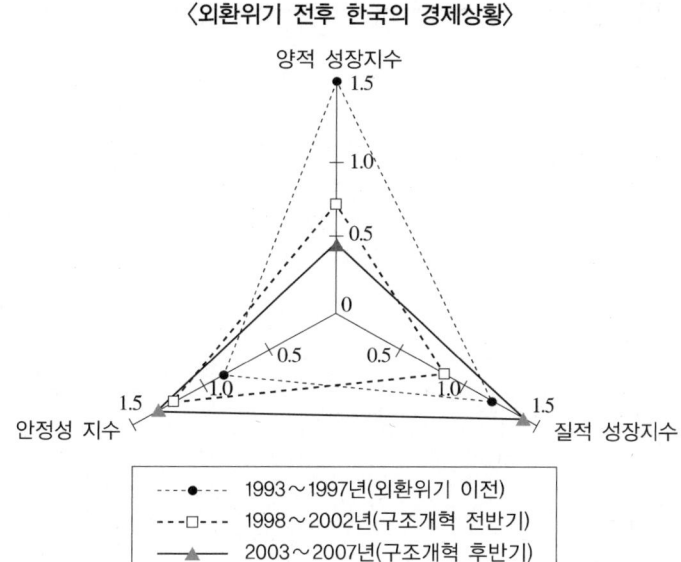
〈외환위기 전후 한국의 경제상황〉

CHAPTER 02 | 수리 적중예상문제

정답 및 해설 p.006

대표유형 1 **기본연산**

다음 식을 계산한 값은?

$$6^3 \div 4 + 9^2 \div 3^2$$

① 63　　　　　　　　　② 64
③ 65　　　　　　　　　④ 66
⑤ 67

| 해설 | $6^3 \div 4 + 9^2 \div 3^2$
$= 216 \div 4 + 9$
$= 54 + 9$
$= 63$

정답 ①

※ 다음 식을 계산한 값을 구하시오. [1~6]

01

$$15 \times 108 - 303 \div 3 + 7$$

① 1,526　　　　　　　② 1,536
③ 1,626　　　　　　　④ 1,636
⑤ 1,656

02

$$54 \times 3 - 113 + 5 \times 143$$

① 754　　　　　　　　② 764
③ 774　　　　　　　　④ 784
⑤ 794

03

$$(0.983 - 0.42 \times 2) + 0.169$$

① 0.311   ② 0.312
③ 0.313   ④ 0.314
⑤ 0.315

04

$$(49 + 63 + 35) \div 14 - 7 \times 0.5$$

① 6   ② 7
③ 8   ④ 9
⑤ 10

05

$$512,745 - 425,427 + 23,147$$

① 106,465   ② 107,465
③ 108,465   ④ 109,465
⑤ 110,465

06

$$41 + 414 + 4,141 - 141$$

① 4,055   ② 4,155
③ 4,255   ④ 4,355
⑤ 4,455

대표유형 2 거리·속력·시간

A와 B가 운동장을 동시에 같은 위치에서 서로 반대 방향으로 돌면 12분 후에 만난다. A의 속력은 100m/min, B의 속력은 80m/min이라면 운동장의 둘레는 몇 m인가?

① 1,960m
② 2,060m
③ 2,100m
④ 2,160m
⑤ 2,180m

| 해설 | A와 B가 운동장을 서로 반대 방향으로 돌면 둘이 만났을 때 A가 걸은 거리와 B가 걸은 거리의 합이 운동장의 둘레와 같다. 따라서 운동장의 둘레는 $100 \times 12 + 80 \times 12 = 2,160$m이다.

정답 ④

07 슬기와 경서는 꽁꽁 언 강 위에서 각각 다른 일정한 속력으로 썰매를 타고 있다. 경서는 슬기의 출발선보다 1.2m 앞에서 동시에 출발하여 슬기가 따라잡기로 하였다. 경서의 속력은 0.6m/s이며, 슬기가 출발하고 6초 후 경서를 따라잡았다고 할 때, 슬기의 속력은 몇 m/s인가?

① 0.8m/s
② 1.0m/s
③ 1.2m/s
④ 1.4m/s
⑤ 1.6m/s

08 길이가 40m인 열차가 200m의 터널을 통과하는 데 10초가 걸렸다. 이 열차가 320m인 터널을 완전히 통과하는 데 걸리는 시간은 몇 초인가?

① 15초
② 16초
③ 18초
④ 20초
⑤ 22초

09 등산을 하는데 올라갈 때는 3km/h로 걷고, 내려올 때는 올라갈 때보다 5km 더 먼 길을 4km/h로 걷는다. 올라갔다가 내려오는 데 총 3시간이 걸렸다면, 올라갈 때 걸은 거리는 몇 km인가?

① 3km
② 4km
③ 5km
④ 6km
⑤ 7km

대표유형 3   나이

철수는 아버지와 나이가 25세 차이 난다. 3년 후엔 아버지의 나이가 철수의 2배가 된다고 하면 현재 철수의 나이는?

① 20세   ② 22세
③ 24세   ④ 26세
⑤ 28세

| 해설 | 현재 철수의 나이를 x세라고 하면 철수와 아버지의 나이 차는 25세이므로 아버지의 나이는 $(x+25)$세이다. 3년 후 아버지의 나이가 철수 나이의 2배가 되므로 다음 식이 성립한다.
$2(x+3)=(x+25)+3$
$\therefore x=22$
따라서 현재 철수의 나이는 22세이다.

정답 ②

10 딸의 나이를 8로 나누면 나머지가 없고, 5로 나누면 나머지가 3이다. 아버지의 나이는 딸의 나이 십의 자릿수와 일의 자릿수를 바꾼 나이와 같을 때, 두 사람의 나이 차는?(단, 딸은 30세 이상 50세 미만이다)

① 30세   ② 33세
③ 36세   ④ 39세
⑤ 42세

11 12세인 철민이는 2살 위인 누나와 여동생이 있다. 아버지의 나이는 철민이, 누나, 여동생 나이 합의 2배이다. 아버지와 철민이의 나이 차이가 여동생 나이의 10배와 같다고 할 때, 여동생의 나이는?

① 5세   ② 6세
③ 8세   ④ 9세
⑤ 10세

12 다음을 읽고 팀장의 나이를 추론한 것으로 옳은 것은?

- 팀장의 나이는 과장보다 4살이 많다.
- 대리의 나이는 31세이다.
- 사원은 대리보다 6살 어리다.
- 과장과 팀장 나이의 합은 사원과 대리의 나이 합의 2배이다.

① 56세   ② 57세
③ 58세   ④ 59세
⑤ 60세

대표유형 4 　금액

A공장은 어떤 상품을 원가에 23%의 이익을 남겨 판매하였으나, 잘 팔리지 않아 판매가에서 1,300원을 할인하여 판매하였다. 이때 얻은 이익이 원가의 10%일 때, 상품의 원가는 얼마인가?

① 10,000원　　　　② 11,500원
③ 13,000원　　　　④ 14,500원
⑤ 16,000원

| 해설 |　상품의 원가를 x원이라 하면 처음 판매가격은 $1.23x$원이다.
여기서 1,300원을 할인하여 판매했을 때 얻은 이익은 원가의 10%이므로 다음 식이 성립한다.
$(1.23x-1,300)-x=0.1x$
→ $0.13x=1,300$
∴ $x=10,000$
따라서 상품의 원가는 10,000원이다.

정답 ①

13 새롭게 오픈한 K게임방은 1인당 입장료가 5,000원이며, 5명이 입장하면 추가 1명이 무료로 입장할 수 있는 이벤트를 진행하고 있다. A씨를 포함한 친구들 53명이 K게임방에 들어가고자 할 때, 할인받는 총금액은 얼마인가?

① 20,000원　　　　② 30,000원
③ 40,000원　　　　④ 50,000원
⑤ 60,000원

14 어떤 물건의 정가에서 30%를 할인한 가격에 1,000원을 추가로 할인하였다. 이 물건을 2개 사면 그 가격이 처음 정가와 같다고 할 때, 처음 정가는 얼마인가?

① 4,000원　　　　② 5,000원
③ 6,000원　　　　④ 7,000원
⑤ 8,000원

15 K학원에서는 성적에 따라 학원비 장학금을 지원하고 있다. 시험 성적 1등에게는 전액을, 2~5등까지는 학원비 50%를, 6~10등까지는 25%를 지원하여 총금액 1,275,000원을 장학금으로 사용했을 때, 1인당 학원비는 얼마인가?

① 5만 원　　　　② 10만 원
③ 20만 원　　　　④ 30만 원
⑤ 35만 원

대표유형 5   일의 양

1시간에 책을 60페이지 읽는 사람이 있다. 40분씩 읽고 난 후 5분씩 휴식하면서 4시간 동안 읽으면 모두 몇 페이지를 읽겠는가?

① 215페이지   ② 220페이지
③ 230페이지   ④ 235페이지
⑤ 240페이지

| 해설 | (1분에 책을 읽는 속도)=1페이지
4시간(=240분) 동안 40분 독서 후 5분 휴식 → 총 휴식시간 25분
(240−25)×1페이지=215페이지
따라서 4시간 동안 총 215페이지를 읽는다.

정답 ①

---

16   톱니 수가 90개인 A톱니바퀴는 B, C톱니바퀴와 서로 맞물려 돌아가고 있다. A톱니바퀴가 8번 도는 동안 B톱니바퀴가 15번, C톱니바퀴가 18번 돌았다면, B톱니바퀴 톱니 수와 C톱니바퀴 톱니 수의 합은?

① 76개   ② 80개
③ 84개   ④ 88개
⑤ 92개

17   갑은 곰 인형 100개를 만드는 데 4시간, 을은 25개를 만드는 데 10시간이 걸린다. 이들이 함께 일을 하면 각각 원래 능력보다 20% 효율이 떨어진다. 이들이 함께 곰 인형 132개를 만드는 데 걸리는 시간은?

① 5시간   ② 6시간
③ 7시간   ④ 8시간
⑤ 9시간

18   영수는 1분에 15L의 물을 퍼낼 수 있고, 철수는 1분에 12L의 물을 부을 수 있다. 물이 가득 차 있는 100L짜리 수조에 두 사람이 동시에 물을 퍼내고 붓기 시작했다면, 25분 후에 수조에 남아있는 물의 양은?

① 25L   ② 28L
③ 30L   ④ 32L
⑤ 34L

대표유형 6 　점수

K사의 A, B부서는 각각 4명, 6명으로 구성되어 있다. A, B부서는 업무 관련 자격증 시험에 단체로 응시하였고, 이들의 전체 평균점수는 84점이었다. A부서의 평균점수가 81점이라고 할 때, B부서의 평균점수는 몇 점인가?

① 89점　　　　　　　　　　　② 88점
③ 87점　　　　　　　　　　　④ 86점
⑤ 85점

> |해설| 평균점수는 $\frac{(총득점)}{(인원수)}$이므로 A, B부서 10명의 총득점은 84×10=840점이다.
> 이때 A부서의 총득점은 81×4=324점이므로, B부서의 총득점은 840−324=516점이다.
> 따라서 B부서의 평균점수는 516÷6=86점이다.
>
> 정답 ④

19 수학시험에서 동일이는 101점, 나정이는 105점, 윤진이는 108점을 받았다. 천포의 점수까지 합친 평균이 105점일 때 천포의 점수는?

① 105점　　　　　　　　　　② 106점
③ 107점　　　　　　　　　　④ 108점
⑤ 109점

20 양궁 대회에 참여한 진수, 민영, 지율, 보라 4명의 최고점이 모두 달랐다. 진수의 최고점과 민영이 최고점의 2배를 합한 점수가 10점이었고, 지율이의 최고점과 보라 최고점의 2배를 합한 점수가 35점이었다. 진수의 2배, 민영이의 4배와 지율이의 5배를 합한 총점이 85점이었다면 보라의 최고점은?

① 8점　　　　　　　　　　　② 9점
③ 10점　　　　　　　　　　　④ 11점
⑤ 12점

21 K중학교 1, 2, 3학년 학생들의 수학 점수 평균을 구했더니 각각 38점, 64점, 44점이었다. 각 학년의 학생 수가 50명, 20명, 30명이라고 할 때, 학교 학생들의 전체 수학 점수 평균은?

① 43점　　　　　　　　　　　② 44점
③ 45점　　　　　　　　　　　④ 46점
⑤ 47점

대표유형 7 　 농도

농도 6%의 소금물과 농도 11%의 소금물을 섞어서 농도 9%의 소금물 500g을 만들려고 한다. 이때 농도 6%의 소금물은 몇 g을 섞어야 하는가?

① 100g
② 200g
③ 300g
④ 400g
⑤ 500g

| 해설 | 농도 6%의 소금물의 양을 xg이라고 하면 다음 식이 성립한다.
$$\frac{6}{100} \times x + \frac{11}{100} \times (500-x) = \frac{9}{100} \times 500$$
$$\rightarrow 6x + 5,500 - 11x = 4,500$$
$$\therefore x = 200$$
따라서 농도 6%의 소금물은 200g 섞어야 한다.

정답 ②

22 농도가 5%인 100g의 설탕물을 증발시켜 농도가 10%인 설탕물이 되게 하려고 한다. 1시간에 물이 2g씩 증발한다고 할 때, 농도가 10%가 될 때까지 몇 시간이 걸리겠는가?

① 22시간
② 23시간
③ 24시간
④ 25시간
⑤ 26시간

23 농도 10%의 소금물 100g과 농도 25%의 소금물 200g을 섞으면, 농도 몇 %의 소금물이 되겠는가?

① 15%
② 20%
③ 25%
④ 30%
⑤ 35%

24 농도를 알 수 없는 설탕물 500g에 농도 3%의 설탕물 200g을 온전히 섞었더니 섞은 설탕물의 농도는 7%가 되었다. 처음 500g의 설탕물에 녹아있던 설탕은 몇 g인가?

① 40g
② 41g
③ 42g
④ 43g
⑤ 44g

대표유형 8 최대·최소

인식이는 과자와 아이스크림을 사려고 한다. 과자는 하나에 1,000원, 아이스크림은 하나에 600원일 때, 15,000원을 가지고 과자와 아이스크림을 총 17개 사려고 한다면 아이스크림은 최소 몇 개를 사야 하는가?

① 4개 ② 5개
③ 6개 ④ 7개
⑤ 8개

| 해설 | 아이스크림을 x개 산다면 과자는 $(17-x)$개를 사야 한다.
$600x + 1,000(17-x) \leq 15,000$
→ $400x \geq 2,000$
∴ $x \geq 5$
따라서 아이스크림은 최소 5개를 사야 한다.

정답 ②

25 가로, 세로의 길이가 각각 30cm, 20cm인 직사각형이 있다. 가로의 길이를 줄여서 직사각형의 넓이를 지금의 $\frac{1}{3}$ 이하로 줄이고자 할 때, 가로를 최소 몇 cm 이상 줄여야 하는가?

① 10cm ② 20cm
③ 30cm ④ 40cm
⑤ 50cm

26 2,500원짜리 커피와 2,800원짜리 커피를 합하여 12개를 산다고 할 때, 지불해야 하는 금액이 31,000원 이하가 되려면 2,800원짜리 커피는 몇 개까지 살 수 있는가?

① 3개 ② 5개
③ 7개 ④ 9개
⑤ 10개

27 A회사 영업팀에 근무하는 K사원은 거래처 주변 공영주차장에 주차한 뒤 업무를 보려 한다. 공영주차장의 주차요금은 처음 30분까지 3,000원이고, 30분을 초과하면 1분당 60원의 추가요금이 부과된다. 주차요금이 18,000원 이하가 되려면 K사원은 최대 몇 분까지 주차할 수 있는가?

① 220분 ② 240분
③ 260분 ④ 280분
⑤ 300분

대표유형 9　경우의 수

A, B 주사위 2개를 동시에 던졌을 때, A에서 2 또는 4의 눈이 나오고, B에서 홀수가 나오는 경우의 수는?

① 4가지
② 5가지
③ 6가지
④ 7가지
⑤ 8가지

|해설| • 주사위 A에서 2 또는 4의 눈이 나오는 경우의 수 : 2가지
　　　• 주사위 B에서 홀수가 나오는 경우의 수 : 3가지
　　　∴ A에서 2 또는 4의 눈이 나오고, B에서 홀수가 나오는 경우의 수 : 2×3=6가지
　　　따라서 구하고자 하는 경우의 수는 6가지이다.

정답 ③

28 집에서 놀이터까지 가는 경우의 수는 4가지, 놀이터에서 학교까지 가는 경우의 수는 5가지이다. 또한, 집에서 놀이터를 거치지 않고 학교까지 갈 수 있는 경우의 수는 2가지이다. 이때 학교까지 갈 수 있는 경우의 수는 모두 몇 가지인가?

① 20가지
② 22가지
③ 26가지
④ 30가지
⑤ 40가지

29 A～G의 7명의 사람이 일렬로 설 때, A와 G는 서로 맨 끝에 서고, C, D, E는 서로 이웃하여 서는 경우의 수는?

① 24가지
② 36가지
③ 48가지
④ 60가지
⑤ 72가지

30 A, B, C 주사위 3개를 던졌을 때, 나오는 눈의 합이 4가 되는 경우의 수는?

① 1가지
② 3가지
③ 5가지
④ 7가지
⑤ 9가지

대표유형 10 확률

A와 B는 함께 자격증 시험에 도전하였다. A가 불합격할 확률이 $\frac{2}{3}$이고 B가 합격할 확률이 60%일 때, A, B 둘 다 합격할 확률은?

① 20% ② 30%
③ 40% ④ 50%
⑤ 60%

| 해설 | A가 합격할 확률은 $\frac{1}{3}$이고 B가 합격할 확률은 $\frac{3}{5}$이다.

따라서 A, B 둘 다 합격할 확률은 $\frac{1}{3} \times \frac{3}{5} = \frac{3}{15} = \frac{1}{5} = 20\%$이다.

정답 ①

31 A, B, C 3명의 친구가 가위바위보를 할 때, 3번 안에 1명의 승자가 정해질 확률은?(단, 패자는 제외하지 않는다)

① $\frac{5}{2}$ ② $\frac{1}{3}$
③ $\frac{1}{21}$ ④ $\frac{19}{27}$
⑤ $\frac{4}{5}$

32 흰 구슬 4개, 검은 구슬 6개가 들어있는 주머니에서 연속으로 2개의 구슬을 꺼낼 때, 흰 구슬과 검은 구슬을 각각 1개씩 뽑을 확률은?(단, 꺼낸 구슬은 다시 넣지 않는다)

① $\frac{2}{15}$ ② $\frac{4}{15}$
③ $\frac{7}{15}$ ④ $\frac{8}{15}$
⑤ $\frac{11}{15}$

33 2개의 귤 상자에 각각 귤이 들어있다. 상자당 귤이 안 익었을 확률은 10%, 썩었을 확률은 15%이고 나머지는 잘 익은 귤이라고 한다. 각각 다른 상자에서 귤을 꺼낼 때 1명은 잘 익은 귤을 꺼내고, 다른 1명은 썩거나 안 익은 귤을 꺼낼 확률은?

① 31.5% ② 33.5%
③ 35.5% ④ 37.5%
⑤ 39.5%

대표유형 11   자료해석

다음은 2024년에 K병원을 찾은 당뇨병 환자 수에 대한 자료이다. 이에 대한 설명으로 옳지 않은 것은?

〈당뇨병 환자 수〉

(단위 : 명)

당뇨병 나이	경증		중증	
	여성	남성	여성	남성
50세 미만	8	14	9	9
50세 이상	10	18	9	23

① 남성 환자가 여성 환자보다 28명 더 많다.
② 여성 환자 중 중증 환자의 비율은 50%이다.
③ 경증 환자 중 남성 환자의 비율은 중증 환자 중 남성 환자의 비율보다 높다.
④ 50세 이상 환자 수는 50세 미만 환자 수의 1.5배이다.
⑤ 전체 당뇨병 환자 중 중증 여성 환자의 비율은 18%이다.

| 해설 | 경증 환자 수는 $8+14+10+18=50$명이므로 경증 환자 중 남성 환자의 비율은 $\frac{14+18}{50}\times 100=\frac{32}{50}\times 100=64\%$이고, 중증 환자 수는 $9+9+9+23=50$명이므로 중증 환자 중 남성 환자의 비율은 $\frac{9+23}{50}\times 100=\frac{32}{50}\times 100=64\%$로 같다.

오답분석

① 남성 환자 수는 $14+18+9+23=64$명, 여성 환자 수는 $8+10+9+9=36$명으로 남성 환자가 여성 환자보다 $64-36=28$명 더 많다.

② 여성 환자 중 중증 환자의 비율은 $\frac{9+9}{8+10+9+9}\times 100=\frac{18}{36}\times 100=50\%$이다.

④ 50세 이상 환자 수 $10+18+9+23=60$명은 50세 미만 환자 수 $8+14+9+9=40$명의 $\frac{60}{40}=1.5$배이다.

⑤ 전체 당뇨병 환자 수는 $8+14+9+9+10+18+9+23=100$명이고, 중증 여성 환자 수는 $9+9=18$명이므로 전체 당뇨병 환자 중 중증 여성 환자의 비율은 $\frac{18}{100}\times 100=18\%$이다.

정답 ③

34 다음은 어느 국가의 A ~ C지역 가구 구성비를 나타낸 자료이다. 이에 대한 설명으로 옳은 것은?

⟨A ~ C지역 가구 구성비⟩

(단위 : %)

구분	부부 가구	2세대 가구		3세대 이상 가구	기타 가구	소계
		부모+미혼자녀	부모+기혼자녀			
A	5	65	16	2	12	100
B	16	55	10	6	13	100
C	12	40	25	20	3	100

※ 기타 가구 : 1인 가구, 형제 가구, 비친족 가구
※ 핵가족 : 부부 또는 (한)부모와 그들의 미혼 자녀로 이루어진 가족
※ 확대가족 : (한)부모와 그들의 기혼 자녀로 이루어진 2세대 이상의 가족

① 핵가족 가구의 비중이 가장 높은 지역은 A이다.
② 1인 가구의 비중이 가장 높은 지역은 B이다.
③ 확대가족 가구 수가 가장 많은 지역은 C이다.
④ A, B, C지역 모두 핵가족 가구 수가 확대가족 가구 수보다 많다.
⑤ 부부 가구의 구성비는 C지역이 가장 높다.

35 어느 도서관의 일정 기간 동안 도서 대여 횟수를 작성한 자료이다. 이에 대한 설명으로 옳지 않은 것은?

⟨도서 대여 횟수⟩

(단위 : 회)

구분	비소설		소설	
	남자	여자	남자	여자
40세 미만	520	380	450	600
40세 이상	320	400	240	460

① 소설을 대여한 횟수가 비소설을 대여한 횟수보다 많다.
② 40세 미만보다 40세 이상의 대여 횟수가 더 적다.
③ 남자가 소설을 대여한 횟수가 여자가 소설을 대여한 횟수의 70% 이상이다.
④ 40세 미만 전체 대여 횟수에서 비소설 대여 횟수가 차지하는 비율은 40%를 넘는다.
⑤ 40세 이상 전체 대여 횟수에서 소설 대여 횟수가 차지하는 비율은 50% 미만이다.

36 다음은 시기별 1인당 스팸 문자의 내용별 수신 수를 나타낸 자료이다. 이에 대한 설명으로 옳지 않은 것은?

〈1인당 스팸 문자의 내용별 수신 수〉

(단위 : 통)

구분	2022년 하반기	2023년 상반기	2023년 하반기
대출	0.03	0.06	0.08
성인	0.00	0.01	0.01
일반	0.12	0.05	0.08
계	0.15	0.12	0.17

① 성인 관련 스팸 문자는 2023년부터 수신되기 시작했다.
② 가장 높은 비중을 차지하는 스팸 문자의 내용은 해당 기간 동안 변화했다.
③ 내용별 스팸 문자 수에서 감소한 종류는 없다.
④ 해당 기간 동안 가장 큰 폭으로 증가한 것은 대출 관련 스팸 문자이다.
⑤ 전년 동분기 대비 2023년 하반기의 1인당 스팸 문자의 내용별 수신 수의 증가율은 약 13%이다.

37 다음은 학교별 급식학교 수와 급식인력(영양사, 조리사, 조리보조원)의 현황을 나타낸 자료이다. 이에 대한 설명으로 옳지 않은 것은?

〈학교별 급식학교 수와 급식인력 현황〉

(단위 : 개, 명)

구분	급식학교 수	직종			조리사	조리보조원	총계
		영양사					
		정규직	비정규직	소계			
초등학교	5,417	3,377	579	3,956	4,955	25,273	34,184
중학교	2,492	626	801	1,427	1,299	10,147	12,873
고등학교	1,951	1,097	603	1,700	1,544	12,485	15,729
특수학교	129	107	6	113	135	211	459
전체	9,989	5,207	1,989	7,196	7,933	48,116	63,245

① 급식인력은 4개의 학교 중 초등학교가 가장 많다.
② 4개의 학교 모두 급식인력 중 조리보조원이 차지하는 비율이 가장 높다.
③ 중학교 정규직 영양사는 고등학교 비정규직 영양사보다 23명 더 많다.
④ 특수학교는 4개의 학교 중 유일하게 정규직 영양사보다 비정규직 영양사가 더 적다.
⑤ 영양사 정규직 비율은 특수학교가 중학교보다 2배 이상 높다.

38 다음은 연도별 의료기기 생산 실적에 대한 자료이다. 이에 대한 설명으로 옳지 않은 것은?

〈연도별 생산 실적 총괄 현황〉

(단위 : 개, %, 명, 백만 원)

구분	업체 수	증감률	품목 수	증감률	운영인원	증감률	생산금액	증감률
2014년	1,500	–	5,862	–	25,287	–	1,478,165	–
2015년	1,596	6.4	6,392	9.04	25,610	1.28	1,704,161	15.29
2016년	1,624	1.75	6,639	3.86	26,399	3.08	1,949,159	14.38
2017년	1,662	2.34	6,899	3.92	26,936	2.03	2,216,965	13.74
2018년	1,726	3.85	7,367	6.78	27,527	2.19	2,525,203	13.9
2019년	1,754	1.62	8,003	8.63	28,167	2.32	2,764,261	9.47
2020년	1,857	5.87	8,704	8.76	30,190	7.18	2,964,445	7.24
2021년	1,958	5.44	9,086	4.39	32,255	6.84	3,366,462	13.56

① 2015 ~ 2021년까지 전년 대비 의료기기 생산업체 수는 꾸준히 증가하고 있으며, 품목 또한 해마다 다양해지고 있다.
② 업체 수의 2015 ~ 2021년까지의 평균 증감률은 5% 이하이다.
③ 전년 대비 업체 수가 가장 많이 늘어난 해는 2015년이며, 전년 대비 생산금액이 가장 많이 늘어난 해는 2018년이다.
④ 2018 ~ 2021년 전년 대비 운영인원의 증감률 증감 추이와 품목 수의 증감률 증감 추이는 같다.
⑤ 품목 수의 평균 증감률은 업체 수의 평균 증감률을 넘어선다.

39 금연프로그램을 신청한 흡연자 A씨는 국민건강보험공단에서 진료 및 상담 비용과 금연보조제 비용의 일정 부분을 지원받고 있다. A씨는 의사에게 상담을 6회 받았고, 금연보조제로 니코틴패치 3묶음을 구입했다고 할 때, 다음 지원 현황에 따라 흡연자 A씨가 지불하는 부담금은 얼마인가?

〈금연프로그램 지원 현황〉

구분	진료 및 상담	금연보조제(니코틴패치)
가격	30,000원/회	12,000원/묶음
지원금 비율	90%	75%

※ 진료 및 상담료 지원금은 6회까지 지원함

① 21,000원 ② 23,000원
③ 25,000원 ④ 27,000원
⑤ 28,000원

40 어떤 고등학생이 13살 동생, 40대 부모님, 65세 할머니와 함께 박물관에 가려고 한다. 주말에 입장할 때와 주중에 입장할 때의 요금 차이는?

〈박물관 입장료〉

구분	주말	주중
어른	20,000원	18,000원
중·고등학생	15,000원	13,000원
어린이	11,000원	10,000원

※ 어린이 : 3살 이상 13살 이하
※ 경로 : 65세 이상은 50% 할인

① 8,000원 ② 9,000원
③ 10,000원 ④ 11,000원
⑤ 12,000원

CHAPTER 03 추리 핵심이론

01 ▶ 언어추리

1. 연역 추론

이미 알고 있는 판단(전제)을 근거로 새로운 판단(결론)을 유도하는 추론이다. 연역 추론은 진리일 가능성을 따지는 귀납 추론과는 달리, 명제 간의 관계와 논리적 타당성을 따진다. 즉, 연역 추론은 전제들로부터 절대적인 필연성을 가진 결론을 이끌어내는 추론이다.

(1) 직접 추론

한 개의 전제로부터 중간적 매개 없이 새로운 결론을 이끌어내는 추론이며, 대우 명제가 그 대표적인 예이다.

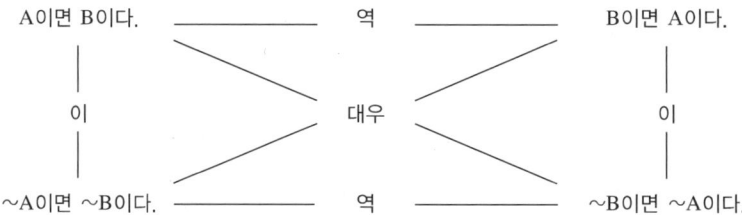

- 한국인은 모두 황인종이다. (전제)
- 그러므로 황인종이 아닌 사람은 모두 한국인이 아니다. (결론 1)
- 그러므로 황인종 중에는 한국인이 아닌 사람도 있다. (결론 2)

(2) 간접 추론

둘 이상의 전제로부터 새로운 결론을 이끌어내는 추론이다. 삼단논법이 가장 대표적인 예이다.
① **정언 삼단논법** : 세 개의 정언명제로 구성된 간접추론 방식이다. 세 개의 명제 가운데 두 개의 명제는 전제이고, 나머지 한 개의 명제는 결론이다. 세 명제의 주어와 술어는 세 개의 서로 다른 개념을 표현한다.
② **가언 삼단논법** : 가언명제로 이루어진 삼단논법을 말한다. 가언명제란 두 개의 정언명제가 '만일 ~이라면'이라는 접속사에 의해 결합된 복합명제이다. 여기서 '만일'에 의해 이끌리는 명제를 전건이라고 하고, 그 뒤의 명제를 후건이라고 한다. 가언 삼단논법의 종류로는 혼합가언 삼단논법과 순수가언 삼단논법이 있다.

㉠ 혼합가언 삼단논법 : 대전제만 가언명제로 구성된 삼단논법이다. 긍정식과 부정식 두 가지가 있으며, 긍정식은 'A면 B이다. A이다. 그러므로 B이다.'이고, 부정식은 'A면 B이다. B가 아니다. 그러므로 A가 아니다.'이다.

- 만약 A라면 B이다.
- B가 아니다.
- 그러므로 A가 아니다.

㉡ 순수가언 삼단논법 : 대전제와 소전제 및 결론까지 모두 가언명제들로 구성된 삼단논법이다.

- 만약 A라면 B이다.
- 만약 B라면 C이다.
- 그러므로 만약 A라면 C이다.

③ 선언 삼단논법 : '~이거나 ~이다.'의 형식으로 표현되며 전제 속에 선언 명제를 포함하고 있는 삼단논법이다.

- 내일은 비가 오거나 눈이 온다(A 또는 B이다).
- 내일은 비가 오지 않는다(A가 아니다).
- 그러므로 내일은 눈이 온다(그러므로 B이다).

④ 딜레마 논법 : 대전제는 두 개의 가언명제로, 소전제는 하나의 선언명제로 이루어진 삼단논법으로, 양도추론이라고도 한다.

- 만일 네가 거짓말을 하면, 신이 미워할 것이다. (대전제)
- 만일 네가 거짓말을 하지 않으면, 사람들이 미워할 것이다. (대전제)
- 너는 거짓말을 하거나, 거짓말을 하지 않을 것이다. (소전제)
- 그러므로 너는 미움을 받게 될 것이다. (결론)

2. 귀납 추론

특수한 또는 개별적인 사실로부터 일반적인 결론을 이끌어 내는 추론을 말한다. 귀납 추론은 구체적 사실들을 기반으로 하여 결론을 이끌어 내기 때문에 필연성을 따지기보다는 개연성과 유관성, 표본성 등을 중시하게 된다. 여기서 개연성이란, 관찰된 어떤 사실이 같은 조건하에서 앞으로도 관찰될 수 있는가 하는 가능성을 말하고, 유관성은 추론에 사용된 자료가 관찰하려는 사실과 관련되어야 하는 것을 일컬으며, 표본성은 추론을 위한 자료의 표본 추출이 공정하게 이루어져야 하는 것을 가리킨다. 이러한 귀납 추론은 일상생활 속에서 많이 사용하고, 우리가 알고 있는 과학적 사실도 이와 같은 방법으로 밝혀졌다.

그러나 전제들이 참이어도 결론이 항상 참인 것은 아니다. 단 하나의 예외로 인하여 결론이 거짓이 될 수 있다.

- 성냥불은 뜨겁다.
- 연탄불도 뜨겁다.
- 그러므로 모든 불은 뜨겁다.

위 예문에서 '성냥불이나 연탄불이 뜨거우므로 모든 불은 뜨겁다.'라는 결론이 나왔는데, 반딧불은 뜨겁지 않으므로 '모든 불이 뜨겁다.'라는 결론은 거짓이 된다.

(1) 완전 귀납 추론

관찰하고자 하는 집합의 전체를 다 검증함으로써 대상의 공통 특질을 밝혀내는 방법이다. 이는 예외 없는 진실을 발견할 수 있다는 장점은 있으나, 집합의 규모가 크고 속성의 변화가 다양할 경우에는 적용하기 어려운 단점이 있다.

[예] 1부터 10까지의 수를 다 더하여 그 합이 55임을 밝혀내는 방법

(2) 통계적 귀납 추론

통계적 귀납 추론은 관찰하고자 하는 집합의 일부에서 발견한 몇 가지 사실을 열거함으로써 그 공통점을 결론으로 이끌어 내려는 방식을 가리킨다. 관찰하려는 집합의 규모가 클 때 그 일부를 표본으로 추출하여 조사하는 방식이 이에 해당하며, 표본 추출의 기준이 얼마나 적합하고 공정한가에 따라 그 결과에 대한 신뢰도가 달라진다는 단점이 있다.

[예] 여론조사에서 일부의 국민에 대한 설문 내용을 바탕으로, 이를 전체 국민의 여론으로 제시하는 것

(3) 인과적 귀납 추론

관찰하고자 하는 집합의 일부 원소들이 지닌 인과 관계를 인식하여 그 원인이나 결과를 이끌어 내려는 방식을 말한다.

① **일치법** : 공통적인 현상을 지닌 몇 가지 사실 중에서 각기 지닌 요소 중 어느 한 가지만 일치한다면 이 요소가 공통 현상의 원인이라고 판단

② **차이법** : 어떤 현상이 나타나는 경우와 나타나지 않은 경우를 놓고 보았을 때, 각 경우의 여러 조건 중 단 하나만이 차이를 보인다면 그 차이를 보이는 조건이 원인이 된다고 판단

   예 현수와 승재는 둘 다 지능이나 학습 시간, 학습 환경 등이 비슷한데 공부하는 태도에는 약간의 차이가 있다. 따라서 두 사람이 성적이 차이를 보이는 것은 학습 태도의 차이 때문으로 생각된다.

③ **일치·차이 병용법** : 몇 개의 공통 현상이 나타나는 경우와 몇 개의 그렇지 않은 경우를 놓고 일치법과 차이법을 병용하여 적용함으로써 그 원인을 판단

   예 학업 능력 정도가 비슷한 두 아동 집단에 대해 처음에는 같은 분량의 과제를 부여하고 나중에는 각기 다른 분량의 과제를 부여한 결과, 많이 부여한 집단의 성적이 훨씬 높게 나타났다. 이로 보아, 과제를 많이 부여하는 것이 적게 부여하는 것보다 학생의 학업 성적 향상에 도움이 된다고 판단할 수 있다.

④ **공변법** : 관찰하는 어떤 사실의 변화에 따라 현상의 변화가 일어날 때 그 변화의 원인이 무엇인지 판단

   예 담배를 피우는 양이 각기 다른 사람들의 집단을 조사한 결과, 담배를 많이 피울수록 폐암에 걸릴 확률이 높다는 사실이 발견되었다.

⑤ **잉여법** : 앞의 몇 가지 현상이 뒤의 몇 가지 현상의 원인이며, 선행 현상의 일부분이 후행 현상의 일부분이라면, 선행 현상의 나머지 부분이 후행 현상의 나머지 부분의 원인임을 판단

   예 어젯밤 일어난 사건의 혐의자는 정은이와 규민이 두 사람인데, 정은이는 알리바이가 성립되어 혐의 사실이 없는 것으로 밝혀졌다. 따라서 그 사건의 범인은 규민이일 가능성이 높다.

3. 유비 추론

두 개의 대상 사이에 일련의 속성이 동일하다는 사실에 근거하여 그것들의 나머지 속성도 동일하리라는 결론을 이끌어내는 추론, 즉 이미 알고 있는 것에서 다른 유사한 점을 찾아내는 추론을 말한다. 그렇기 때문에 유비 추론은 잣대(기준)가 되는 사물이나 현상이 있어야 한다. 유비 추론은 가설을 세우는 데 유용하다. 이미 알고 있는 사례로부터 아직 알지 못하는 것을 생각해 봄으로써 쉽게 가설을 세울 수 있다. 이때 유의할 점은 이미 알고 있는 사례와 이제 알고자 하는 사례가 매우 유사하다는 확신과 증거가 있어야 한다. 그렇지 않은 상태에서 유비 추론에 의해 결론을 이끌어 내면, 그것은 개연성이 거의 없고 잘못된 결론이 될 수도 있다.

- 지구에는 공기, 물, 흙, 햇빛이 있다(A는 a, b, c, d의 속성을 가지고 있다).
- 화성에는 공기, 물, 흙, 햇빛이 있다(B는 a, b, c, d의 속성을 가지고 있다).
- 지구에 생물이 살고 있다(A는 e의 속성을 가지고 있다).
- 그러므로 화성에도 생물이 살고 있을 것이다(그러므로 B도 e의 속성을 가지고 있을 것이다).

02 ▶ 수·문자추리

1. 수추리

(1) 등차수열 : 앞의 항에 일정한 수를 더해 이루어지는 수열

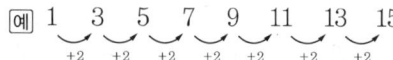

(2) 등비수열 : 앞의 항에 일정한 수를 곱해 이루어지는 수열

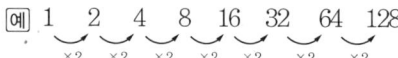

(3) 계차수열 : 앞의 항과의 차가 일정하게 증가하는 수열

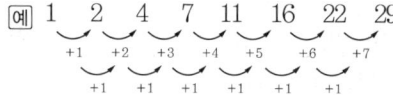

(4) 피보나치 수열 : 앞의 두 항의 합이 그다음 항의 수가 되는 수열

(5) 건너뛰기 수열

- 두 개 이상의 수열이 일정한 간격을 두고 번갈아가며 나타나는 수열

  예 1 1 3 7 5 13 7 19
  - 홀수항 : 1 3 5 7
    +2 +2 +2
  - 짝수항 : 1 7 13 19
    +6 +6 +6

- 두 개 이상의 규칙이 일정한 간격을 두고 번갈아가며 적용되는 수열

  예 0 1 3 4 12 13 39 40
   +1 ×3 +1 ×3 +1 ×3 +1

(6) **군수열** : 일정한 규칙성으로 몇 항씩 묶어 나눈 수열

예
- 1 1 2 1 2 3 1 2 3 4
  ⇒ $\underset{1+1=2}{\underline{1\ 1\ 2}}$ $\underset{1+2=3}{\underline{1\ 2\ 3}}$ $\underset{1+2+3=4}{\underline{1\ 2\ 3\ 4}}$

- 1 3 4 6 5 11 2 6 8 9 3 12
  ⇒ $\underset{1+3=4}{\underline{1\ 3\ 4}}$ $\underset{6+5=11}{\underline{6\ 5\ 11}}$ $\underset{2+6=8}{\underline{2\ 6\ 8}}$ $\underset{9+3=12}{\underline{9\ 3\ 12}}$

- 1 3 3 2 4 8 5 6 30 7 2 14
  ⇒ $\underset{1\times3=3}{\underline{1\ 3\ 3}}$ $\underset{2\times4=8}{\underline{2\ 4\ 8}}$ $\underset{5\times6=30}{\underline{5\ 6\ 30}}$ $\underset{7\times2=14}{\underline{7\ 2\ 14}}$

2. 문자추리

(1) 알파벳, 자음, 한자, 로마자

1	2	3	4	5	6	7	8	9	10	11	12	13	14	15	16	17	18	19	20	21	22	23	24	25	26
A	B	C	D	E	F	G	H	I	J	K	L	M	N	O	P	Q	R	S	T	U	V	W	X	Y	Z
ㄱ	ㄴ	ㄷ	ㄹ	ㅁ	ㅂ	ㅅ	ㅇ	ㅈ	ㅊ	ㅋ	ㅌ	ㅍ	ㅎ												
一	二	三	四	五	六	七	八	九	十																
i	ii	iii	iv	v	vi	vii	viii	ix	x																

(2) 일반모음

1	2	3	4	5	6	7	8	9	10
ㅏ	ㅑ	ㅓ	ㅕ	ㅗ	ㅛ	ㅜ	ㅠ	ㅡ	ㅣ

(3) 일반모음 + 이중모음(사전 등재 순서)

1	2	3	4	5	6	7	8	9	10	11	12	13	14	15	16	17	18	19	20	21
ㅏ	ㅐ	ㅑ	ㅒ	ㅓ	ㅔ	ㅕ	ㅖ	ㅗ	ㅘ	ㅙ	ㅚ	ㅛ	ㅜ	ㅝ	ㅞ	ㅟ	ㅠ	ㅡ	ㅢ	ㅣ

03 ▶ 도형추리

1. 회전 모양

(1) 180° 회전한 도형은 좌우와 상하가 모두 대칭이 된 모양이 된다.

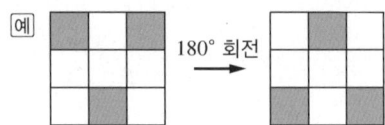

(2) 시계 방향으로 90° 회전한 도형은 시계 반대 방향으로 270° 회전한 도형과 같다.

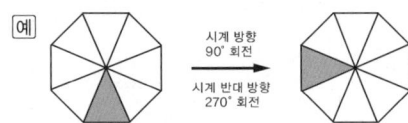

(3) 좌우 반전 → 좌우 반전, 상하 반전 → 상하 반전은 같은 도형이 된다.

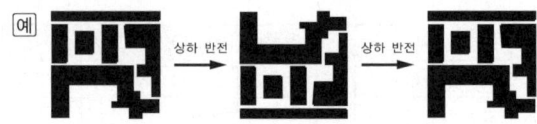

(4) 도형을 거울에 비친 모습은 방향에 따라 좌우 또는 상하로 대칭된 모습이 나타난다.

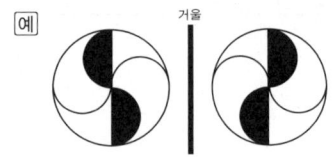

2. 회전 각도

도형의 회전 각도는 도형의 모양으로 유추할 수 있다.

(1) 회전한 모양이 회전하기 전의 모양과 같은 경우

도형	가능한 회전 각도
삼각형 (60°)	⋯, −240°, −120°, +120°, +240°, ⋯
사각형 (90°)	⋯, −180°, −90°, +90°, +180°, ⋯
오각형 (108°)	⋯, −144°, −72°, +72°, +144°, ⋯

(2) 회전한 모양이 회전하기 전의 모양과 다른 경우

회전 전 모양	회전 후 모양	회전한 각도
삼각형	삼각형	
사각형	사각형	
오각형	오각형	

CHAPTER 03 | 추리 적중예상문제

정답 및 해설 p.011

대표유형 1　　사무지각

다음 제시된 문자와 같은 것의 개수는?

					가챠					

기차	가치	갸챠	기챠	기차	가쟈	갸챠	가치	기차	기챠	거챠	가챠
갸챠	가쟈	기차	갸챠	거챠	거챠	가챠	거챠	가쟈	기차	가치	기챠
가챠	가치	가쟈	거챠	가챠	가치	거챠	가챠	갸챠	가치	갸챠	기차
기챠	거챠	갸챠	기차	가쟈	갸챠	기챠	거챠	가챠	가쟈	기차	가치

① 1개　　　　　　　　　② 2개
③ 3개　　　　　　　　　④ 4개
⑤ 5개

| 해설 |

기차	가치	갸챠	기챠	기차	가쟈	갸챠	가치	기차	기챠	거챠	<u>가챠</u>
갸챠	가쟈	기차	갸챠	거챠	거챠	<u>가챠</u>	거챠	가쟈	기차	가치	기챠
<u>가챠</u>	가치	가쟈	거챠	<u>가챠</u>	가치	거챠	가챠	갸챠	가치	갸챠	기차
기챠	거챠	갸챠	기차	가쟈	갸챠	기챠	거챠	<u>가챠</u>	가쟈	기차	가치

정답 ⑤

※ 다음 제시된 문자 또는 기호와 같은 것의 개수를 고르시오. [1~2]

01

				и							

и	й	н	в	ё	е	й	н	ё	н	н	в
й	н	й	в	н	й	в	й	и	в	й	н
н	в	и	й	ё	и	е	н	й	и	н	й
в	й	н	й	н	в	й	ё	в	н	в	и

① 3개 ② 4개
③ 5개 ④ 6개
⑤ 7개

02

				처음				

재음	처음	체응	처음	재흠	저음	점음	정음	처읍	저응
자움	무음	처읍	처음	자흥	처음	모음	장음	제읍	저읍
재움	차음	처음	자읍	처응	체응	자음	차음	자음	처을

① 3개 ② 4개
③ 5개 ④ 6개
⑤ 7개

※ 다음 표에 제시되지 않은 문자 또는 기호를 고르시오. [3~4]

03

b	e	b	w	t	n	u	h	m	p	g	r
r	k	t	i	z	v	s	z	e	o	q	f
d	o	p	s	h	m	c	w	x	f	j	v
n	q	i	x	j	l	l	k	m	y	z	u

① d
② a
③ g
④ c
⑤ y

04

넋	산	들	해	별	담	양	길	밥	김	농	낙
쥐	닭	만	답	곶	깃	님	값	금	날	발	정
굿	국	둑	돗	덕	납	곰	늪	경	손	논	흙
굴	북	짱	당	귤	풀	감	밤	낮	새	갓	강

① 값
② 흙
③ 넋
④ 돗
⑤ 칡

대표유형 2 명제

다음 명제가 모두 참일 때, 반드시 참인 명제는?

- 마케팅팀의 사원은 기획 역량이 있다.
- 마케팅팀이 아닌 사원은 영업 역량이 없다.
- 기획 역량이 없는 사원은 소통 역량이 없다.

① 마케팅팀의 사원은 영업 역량이 있다.
② 소통 역량이 있는 사원은 마케팅팀이다.
③ 영업 역량을 가진 사원은 기획 역량이 있다.
④ 기획 역량이 있는 사원은 소통 역량이 있다.
⑤ 영업 역량이 없으면 소통 역량도 없다.

| 해설 | 두 번째 명제의 대우와 첫 번째 명제를 통해 '영업 역량을 가진 사원은 기획 역량이 있다.'는 반드시 참이 된다.

정답 ③

※ 다음 명제가 모두 참일 때, 반드시 참인 명제를 고르시오. [5~6]

05

- 도보로 걷는 사람은 자가용을 타지 않는다.
- 자전거를 타는 사람은 자가용을 탄다.
- 자전거를 타지 않는 사람은 버스를 탄다.

① 자가용을 타는 사람은 도보로 걷는다.
② 버스를 타지 않는 사람은 자전거를 타지 않는다.
③ 버스를 타는 사람은 도보로 걷는다.
④ 도보로 걷는 사람은 버스를 탄다.
⑤ 도보로 걷는 사람은 자전거를 탄다.

06

- 속도에 관심 없는 사람은 디자인에도 관심이 없다.
- 연비를 중시하는 사람은 내구성도 따진다.
- 내구성을 따지지 않는 사람은 속도에도 관심이 없다.

① 연비를 중시하지 않는 사람도 내구성은 따진다.
② 디자인에 관심 없는 사람도 내구성은 따진다.
③ 연비를 중시하는 사람은 디자인에는 관심이 없다.
④ 내구성을 따지지 않는 사람은 디자인에도 관심이 없다.
⑤ 속도에 관심이 있는 사람은 연비를 중시하지 않는다.

※ 다음 명제가 모두 참일 때, 빈칸에 들어갈 명제로 가장 적절한 것을 고르시오. **[7~9]**

07
> 전제1. 문제를 빠르게 푸는 사람은 집중력이 좋다.
> 전제2. 침착하지 않은 사람은 집중력이 좋지 않다.
> 결론. _____

① 집중력이 좋으면 문제를 빠르게 푸는 사람이다.
② 집중력이 좋으면 침착한 사람이다.
③ 집중력이 좋지 않으면 문제를 빠르게 푸는 사람이 아니다.
④ 문제를 빠르게 푸는 사람은 침착한 사람이다.
⑤ 침착한 사람은 집중력이 좋은 사람이다.

08
> 전제1. 제시간에 퇴근을 했다면 오늘의 업무를 끝마친 것이다.
> 전제2. _____
> 결론. 그러므로 업무를 끝마치지 못하면 저녁에 회사식당에 간다.

① 저녁에 회사식당에 가지 않으면 오늘의 업무를 끝마치지 못한 것이다.
② 저녁에 회사식당에 가지 않으면 제시간에 퇴근을 한다.
③ 제시간에 퇴근하지 않으면 저녁에 회사식당에 가지 않는다.
④ 오늘의 업무를 끝마치면 저녁에 회사식당에 간다.
⑤ 저녁에 회사식당에 가면 오늘의 업무를 끝마친다.

09
> 전제1. 오늘이 수요일이나 목요일이면 아침에 커피를 마신다.
> 전제2. _____
> 결론. 아침에 커피를 마시지 않은 날은 회사에서 회의를 한다.

① 회사에서 회의를 하면 수요일이다.
② 수요일에 회사에서 회의하면 목요일은 회의하지 않는다.
③ 회사에서 회의를 하지 않으면 아침에 커피를 마시지 않는다.
④ 수요일 아침에 커피를 마시면 목요일 아침에 커피를 마시지 않는다.
⑤ 회사에서 회의를 하지 않으면 수요일이나 목요일이다.

대표유형 3 수추리

일정한 규칙으로 수를 나열할 때, 빈칸에 들어갈 알맞은 수는?

| 5 8 17 44 125 ( ) |

① 365　　　　　　　　② 368
③ 371　　　　　　　　④ 374
⑤ 377

|해설| 앞의 항에 3^1, 3^2, 3^3, …을 더하는 수열이다.
따라서 ( )=125+243=368이다.

정답 ②

※ 일정한 규칙으로 수를 나열할 때, 빈칸에 들어갈 알맞은 수를 고르시오. [10~15]

10

| 3 −10 −4 −7 10 −1 ( ) 8 |

① 4　　　　　　　　② −12
③ 8　　　　　　　　④ −18
⑤ 10

11

| 7 2 9 11 20 ( ) |

① 29　　　　　　　　② 31
③ 33　　　　　　　　④ 34
⑤ 35

12

| 10 8 16 13 39 35 ( ) |

① 90　　　　　　　　② 100
③ 120　　　　　　　④ 140
⑤ 150

13

| | 1 | 4 | 13 | 40 | 121 | ( ) | 1,093 |

① 351 ② 363
③ 364 ④ 370
⑤ 392

14

$$-2 \quad \frac{7}{2} \quad -4 \quad \frac{21}{2} \quad -6 \quad (\ )$$

① -2 ② $-\dfrac{1}{2}$
③ $\dfrac{55}{2}$ ④ $\dfrac{63}{2}$
⑤ $\dfrac{74}{3}$

15

$$\underline{8 \quad 5 \quad 2} \quad \underline{7 \quad (\ ) \quad 2} \quad \underline{10 \quad 3 \quad 6}$$

① 6 ② 5
③ 4 ④ 3
⑤ 2

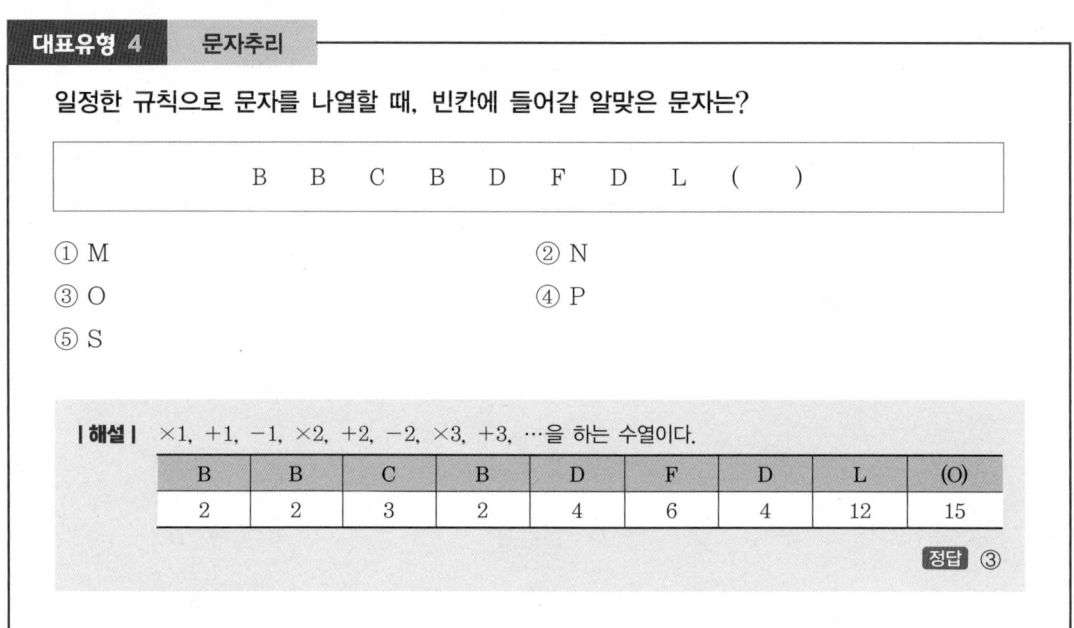

※ 일정한 규칙으로 문자를 나열할 때, 빈칸에 들어갈 알맞은 문자를 고르시오. [16~20]

16

C D ( ) J R H

① D
② I
③ F
④ L
⑤ K

17

ㅌ ㄹ ( ) ㅇ ㅣ ㄴ

① A
② C
③ G
④ I
⑤ J

18

| | | B C E I Q ( ) | | |

① K ② B
③ G ④ D
⑤ A

19

| | | ㄹ ㄷ ㅁ ㄴ ㅂ ( ) | | |

① ㄱ ② ㄴ
③ ㄷ ④ ㄹ
⑤ ㅁ

20

| | | ㅋ ㄹ ( ) ㅅ ㅁ ㅊ | | |

① ㄷ ② ㅂ
③ ㅅ ④ ㅇ
⑤ ㅊ

대표유형 5 도형추리

다음 중 제시된 도형과 같은 것은?

①

②

③

④

⑤

| 해설 | 오답분석

①

②

③

⑤

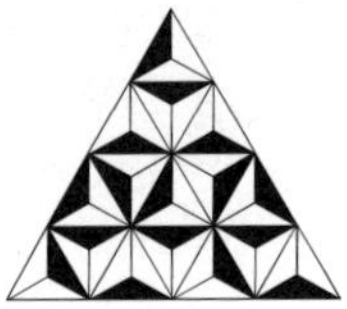

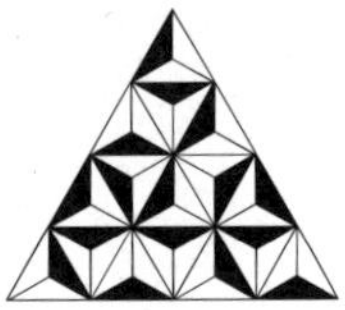

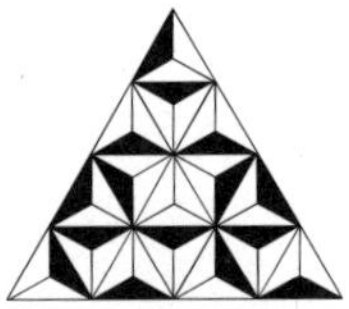

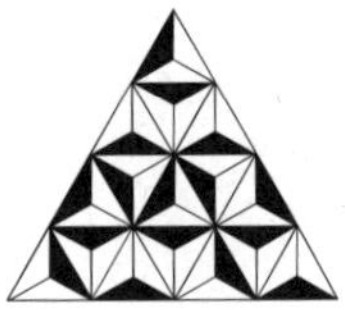

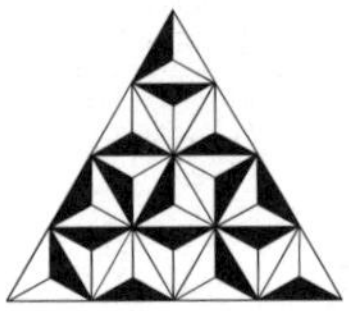

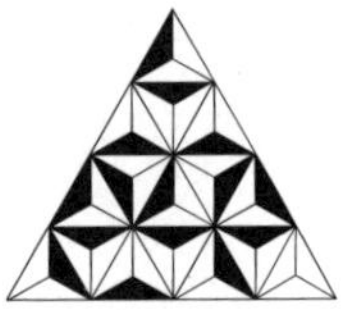

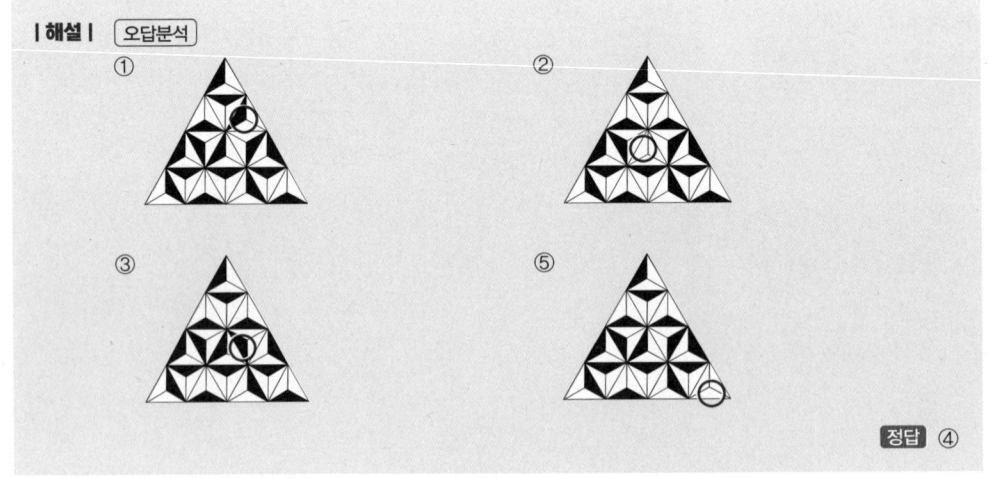

정답 ④

※ 다음 중 제시된 도형과 같은 것을 고르시오(단, 도형은 회전이 가능하다). [21~22]

21

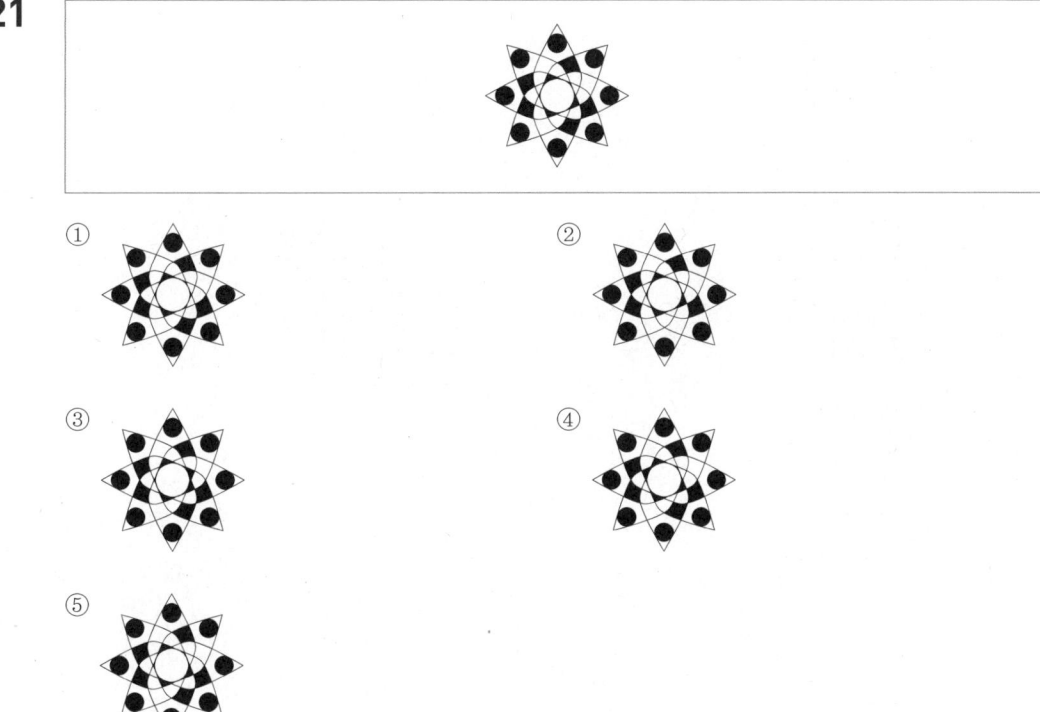

22

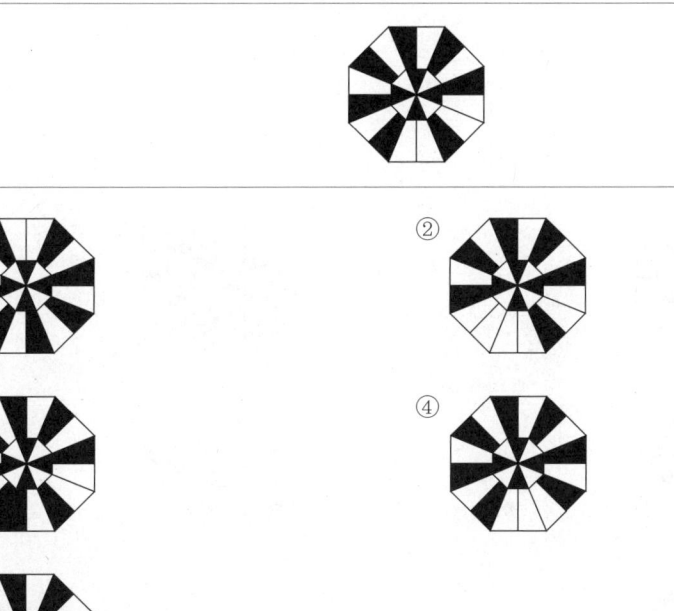

※ 다음 중 나머지 도형과 다른 것을 고르시오. [23~24]

23

①  ②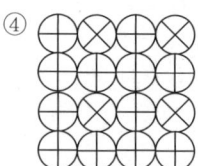

③ 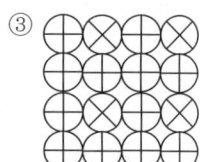 ④ (image)

⑤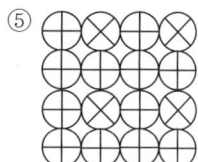

24

①  ②

③  ④

⑤

※ 다음 제시된 도형의 규칙을 보고 ?에 들어갈 알맞은 도형을 고르시오. [25~26]

25

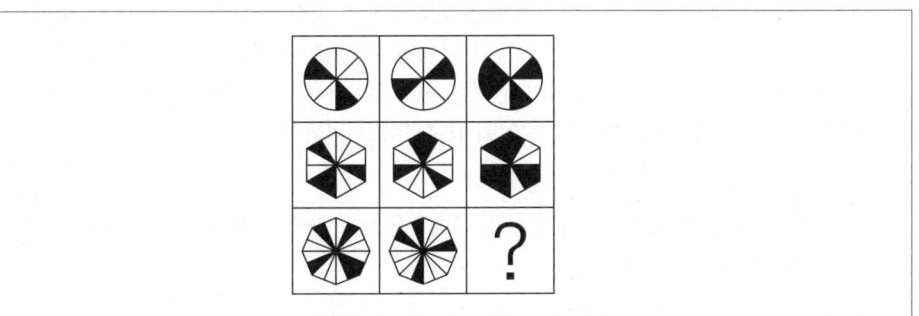

① 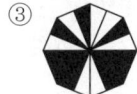   ②

③    ④

⑤

26

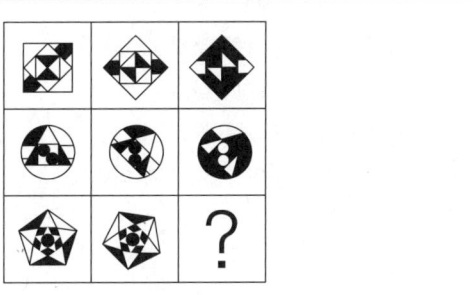

① 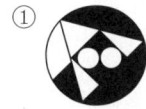   ②

③    ④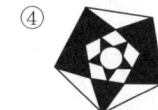

⑤

대표유형 6 상황답변

A사원은 같은 부서에 속한 B대리에게 호감을 갖게 되었다. 우연히 A사원은 B대리와 사적인 자리를 갖게 되었고, 둘은 서로에게 호감이 있음을 확인할 수 있었다. 그러나 상사인 C과장은 사내연애를 허용하는 회사 수칙과 달리 자신이 속한 부서 내에서는 절대 연애하지 말라는 원칙을 고수하는 사람이다. 이런 상황에서 당신이 B대리라면 어떻게 하겠는가?

① A사원과 뒤도 안 돌아보고 헤어진다.
② 회사 수칙에 어긋난다는 점을 들어 C과장을 인사과에 고발한다.
③ A사원과 몰래 사귄다.
④ A사원과 함께 C과장을 찾아가 논리적으로 설득한다.
⑤ 부서 이동을 신청한다.

| 해설 | C과장을 찾아가 상황을 설명하고 왜 회사에서 허용하는 사내 연애를 금지하는지에 대한 이유를 듣는다. 그리고 C과장이 우려하는 사항에 대해 논리적으로 설득해 허락을 얻어내는 것이 적절하다.

정답 ④

27 G사 총무부에 근무하는 K팀장은 최근 몇 년 동안 반복되는 업무로 지루함을 느끼는 팀원들 때문에 고민에 빠져 있다. 팀원들은 반복되는 업무로 인해 업무에 대한 의미를 잃어가고 있으며, 이는 업무의 효율성에 막대한 손해를 가져올 것으로 예상된다. 이러한 상황에서 귀하가 K팀장에게 할 수 있는 조언으로 가장 적절한 것은?

① 팀원들을 책임감으로 철저히 무장시킨다.
② 팀원들의 업무에 대해 코칭한다.
③ 팀원들을 지속적으로 교육한다.
④ 팀원들에게 새로운 업무의 기회를 부여한다.
⑤ 팀원들을 칭찬하고 격려한다.

28 다음 대화를 읽고 A의 태도에서 나타난 문제점으로 가장 적절한 것은?

> A : 아, 이해를 못하겠네.
> B : 무슨 일 있어?
> A : C대리 말이야. 요즘 이래저래 힘들다고 너무 심각하길래 친구한테 들었던 웃긴 얘기를 해줬더니 오히려 화를 내는 거 있지? 지금까지 자기 얘기 들은 거 맞느냐고. 나는 기분 좀 풀라고 한 말인데.

① 상대의 말에 집중하지 않고 다른 생각을 했다.
② 상대의 입장보다 자신의 생각에 비추어 판단했다.
③ 다른 사람의 문제인데 지나치게 자신이 해결해 주려고 했다.
④ 분위기를 고려하지 않고 농담을 했다.
⑤ 내용에 대해 잘 생각하지 않고 너무 빨리 동의했다.

29 K사에 근무하는 A씨는 최근 회사 윤리교육시간에 감정은행계좌에 대한 강의를 들었다. 다음 강의에 대한 A씨의 답변으로 적절하지 않은 것은?

> K사 사원분들, 안녕하십니까. 오늘 윤리교육시간에는 감정은행계좌에 대해 강의해 볼까 합니다. 감정은행계좌는 금품이 아닌 우리의 감정을 예입하는 것입니다. 즉, 인간관계에서 구축하는 신뢰의 정도를 은유적으로 표현한 것이지요. 만약 우리가 다른 사람의 입장을 먼저 이해하고 배려하며, 친절하고 정직하게 약속을 지킨다면 우리는 감정을 저축하는 셈이 됩니다. 그렇다면 감정은행계좌를 적립하기 위한 예입 수단으로는 무엇이 있을까요? A씨가 대답해 볼까요?

① 나 자신보다 상대방의 입장을 이해하고 양보할 줄 알아야 합니다.
② 개인의 사생활을 위해 사소한 일에 관심 갖지 말아야 합니다.
③ 실수를 저지를 수는 있으나, 그것을 인정할 줄 알아야 합니다.
④ 작은 칭찬과 배려, 감사하는 마음을 항상 가지고 있어야 합니다.
⑤ 자신이 스스로 한 약속을 항상 지키는 습관을 가져야 합니다.

30 K사 관리팀에 근무하는 B팀장은 최근 부하직원 A씨 때문에 고민 중이다. B팀장이 보기에 A씨의 업무 방법은 업무의 성과를 내기에 부적절해 보이지만, 자존감이 강하고 자기결정권을 중시하는 A씨는 자기 자신이 스스로 잘하고 있다고 생각하며 B팀장의 조언이나 충고에 대해 반발심을 표현하고 있기 때문이다. 이와 같은 상황에서 B팀장이 부하직원인 A씨에게 할 수 있는 효과적인 코칭 방법으로 가장 적절한 것은?

① 징계를 통해 B팀장의 조언을 듣도록 유도한다.
② 대화를 통해 스스로 자신의 잘못을 인식하도록 유도한다.
③ A씨에 대한 칭찬을 통해 업무 성과를 극대화시킨다.
④ A씨를 더 강하게 질책하여 업무 방법을 개선시키도록 한다.
⑤ 스스로 업무 방법을 고칠 때까지 믿어주고 기다려준다.

04 | 공간지각 핵심이론

1. 전개도

제시된 전개도를 이용하여 만들 수 있는 입체도형을 찾는 문제와 제시된 입체도형의 전개도로 알맞은 것을 고르는 유형이 출제된다.

- 전개도상에서는 떨어져 있지만 입체도형으로 만들었을 때 서로 연결되는 면을 주의 깊게 살핀다.
- 마주보는 면과 인접하는 면을 구분하여 학습한다.
- 평면이었던 전개도가 입체도형이 되면서 면의 그림이 회전되는 모양을 확인한다.
- 많이 출제되는 전개도는 미리 마주보는 면과 인접하는 면, 만나는 꼭짓점을 학습한다.
  - ①~⑥은 접었을 때 마주보는 면을 의미한다. 즉, 두 수의 합이 7이 되는 면끼리 마주 보는 면이다. 또한 각 전개도에서 ①에 위치하는 면이 같다고 할 때, 전개도마다 면이 어떻게 배열되는지도 나타낸다.
  - 1~8은 접었을 때 만나는 점을 의미한다. 즉, 접었을 때 같은 숫자가 적힌 점끼리 만난다.

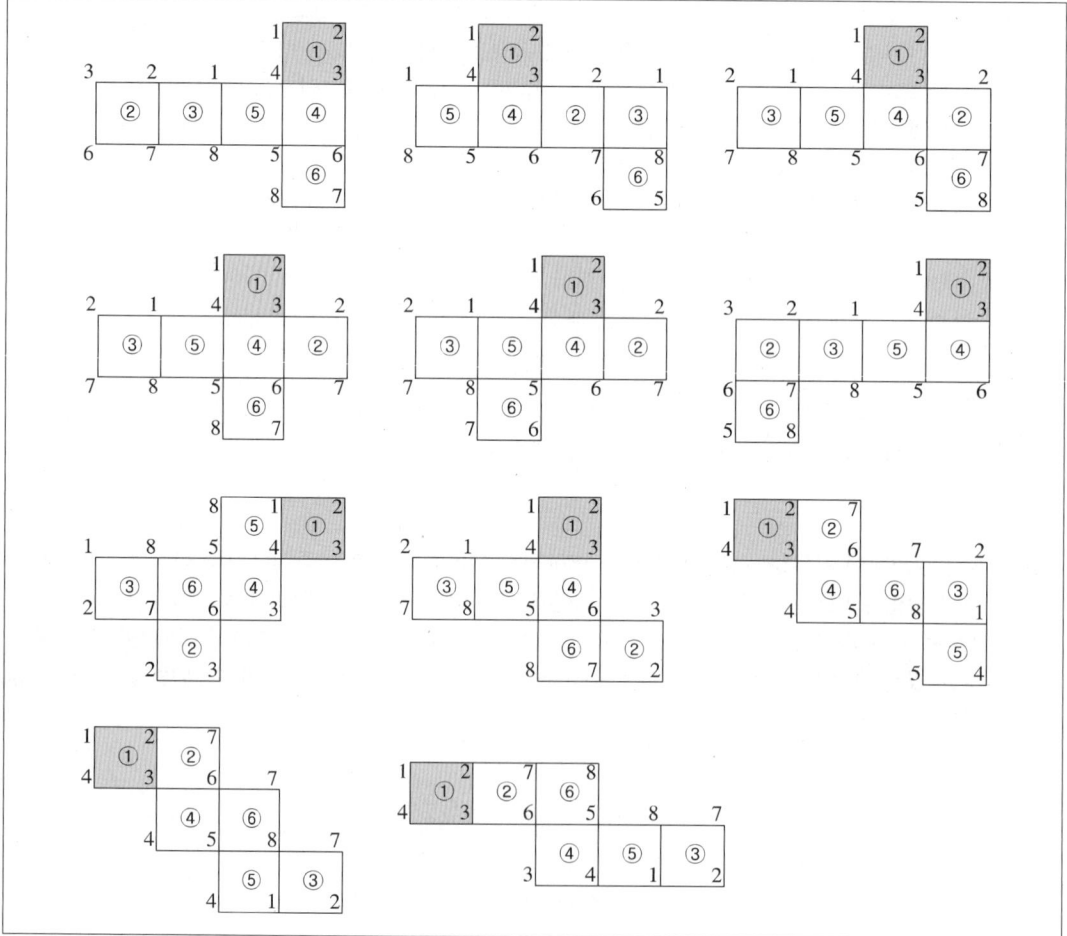

2. 단면도

입체도형을 세 방향에서 봤을 때 나타나는 단면과 일치하는 것을 고르는 유형이 출제된다.
- 제시된 세 단면이 입체도형을 어느 방향에서 바라본 단면인지 파악한다.
- 보기에 제시된 입체도형에서 서로 다른 부분을 표시한다.
- 입체도형에 표시된 부분을 기준으로 제시된 단면과 일치하지 않는 입체도형을 지워나간다.

3. 투상도

여러 방향으로 회전된 입체도형 중에 일치하지 않는 것을 고르는 유형이 출제된다.
- 주로 밖으로 나와 있는 모양이나 안으로 들어가 있는 모양이 반대로 되어 있거나 입체도형을 회전하였을 때 모양이 왼쪽, 오른쪽이 반대로 되어 있는 경우가 많으므로 이 부분을 중점으로 확인한다.

4. 블록

(1) 블록의 개수

① 밑에서 위쪽으로 차근차근 세어간다.
② 층별로 나누어 세면 수월하다.
③ 숨겨져 있는 부분을 정확히 찾아내는 연습이 필요하다.
④ 빈 곳에 블록을 채워서 세면 쉽게 해결된다.

예

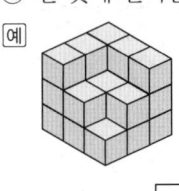

1층 : 9개

2층 : 8개

3층 : 5개

따라서 블록의 총개수는 9+8+5=22개이다.

(2) 블록의 면적

① 사각형 한 단면의 면적은 '(가로)×(세로)'이다.
② 입체도형의 면적을 구할 때는 상하, 좌우, 앞뒤로 계산한다.
③ 각각의 면의 면적을 합치면 전체 블록의 면적이 된다.

예

바닥면의 면적은 제외하고 블록 하나의 면적을 1이라 하자.
윗면 : 9
옆면 : 6×4=24
따라서 쌓여 있는 블록의 면적은 24+9=33이다.

(3) 블록결합

직육면체로 쌓아진 블록을 세 개의 블록으로 분리했을 때 제시되지 않은 하나의 블록을 고르는 유형이 출제된다.
- 쉽게 파악되지 않는 블록의 경우 블록을 한 층씩 나누어 생각한다.
- 블록은 다양한 방향과 각도로 회전하여 결합할 수 있으므로 결합되는 여러 가지 경우의 수를 판단한다.

직육면체의 입체도형을 세 개의 블록으로 분리했을 때, 들어갈 블록의 모양으로 옳은 것을 고르는 유형

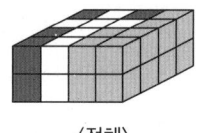　　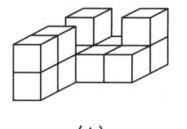　　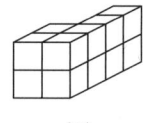　　?

〈전체〉　　〈A〉　　〈B〉　　〈C〉

- 개별 블록과 완성된 입체도형을 비교하여 공통된 부분을 찾는다.
- 완성된 입체도형에서 각각의 블록에 해당되는 부분을 소거한다. 전체 블록은 16개의 정육면체가 2단으로 쌓인 것으로, 〈A〉와 〈B〉를 제하면 윗단은 이 되고, 아랫단은 이 되어 〈C〉에는

 이 들어가야 함을 알 수 있다.

CHAPTER 04 공간지각 적중예상문제

대표유형 1 　조각

다음 제시된 도형을 만들기 위해 필요하지 않은 조각은?

① ② ③ ④ ⑤

| 해설 |

정답 ②

※ 다음 제시된 도형을 만들기 위해 필요하지 않은 조각을 고르시오. [1~3]

01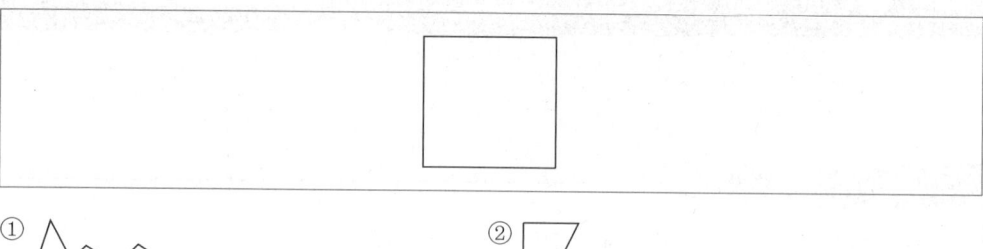

① 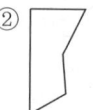   ②

③   ④

⑤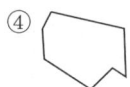

02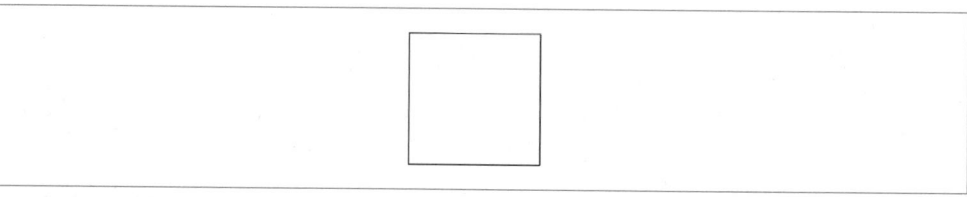

① 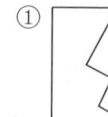   ②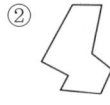

③    ④

⑤

03

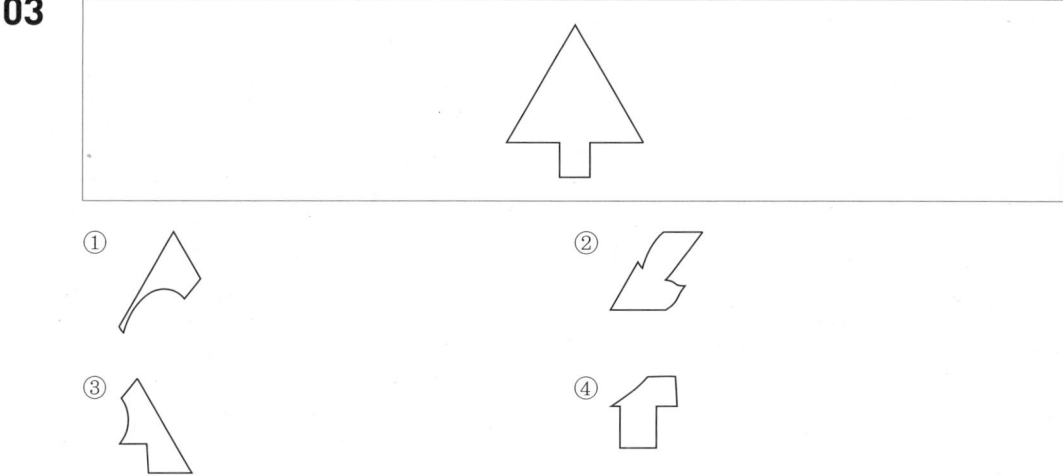

※ 다음 제시된 그림에서 찾을 수 없는 조각을 고르시오. [4~6]

04

05

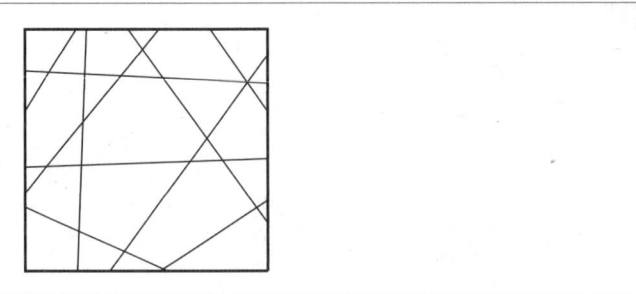

06

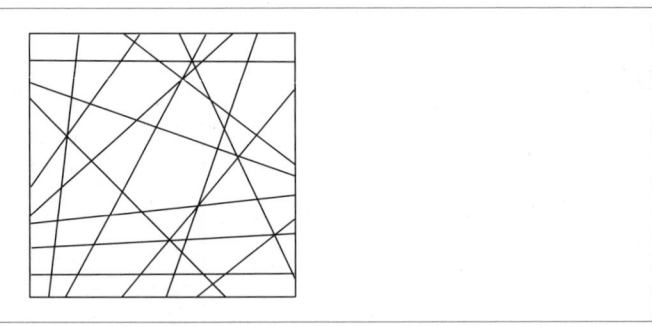

대표유형 2 　블록

다음과 같은 모양을 만드는 데 사용된 블록의 개수는?(단, 보이지 않는 곳의 블록은 있다고 가정한다)

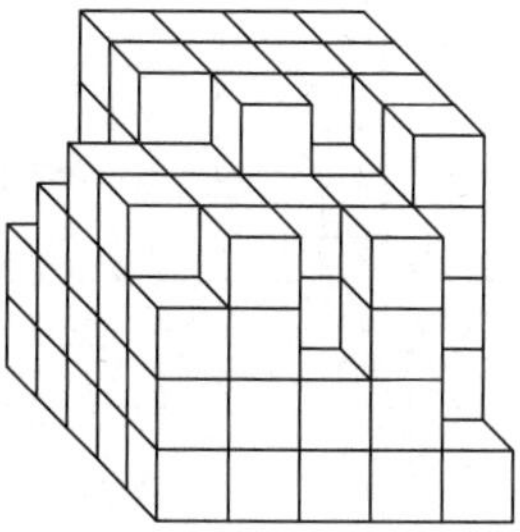

① 97개　　　　　　　　　　② 102개
③ 107개　　　　　　　　　　④ 112개
⑤ 117개

|해설| ・1층 : $5 \times 5 = 25$개
　　　・2층 : $25 - 1 = 24$개
　　　・3층 : $25 - 3 = 22$개
　　　・4층 : $25 - 5 = 20$개
　　　・5층 : $25 - 14 = 11$개
　　　∴ $25 + 24 + 22 + 20 + 11 = 102$개

정답 ②

※ 다음과 같은 모양을 만드는 데 사용된 블록의 개수를 구하시오(단, 보이지 않는 곳의 블록은 있다고 가정한다). **[7~10]**

07

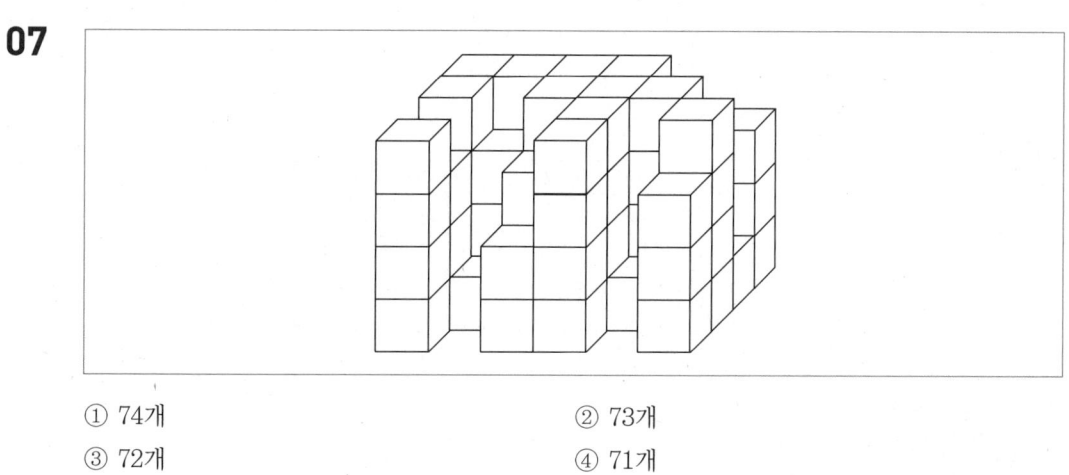

① 74개　　　　　　　　　　② 73개
③ 72개　　　　　　　　　　④ 71개
⑤ 69개

08

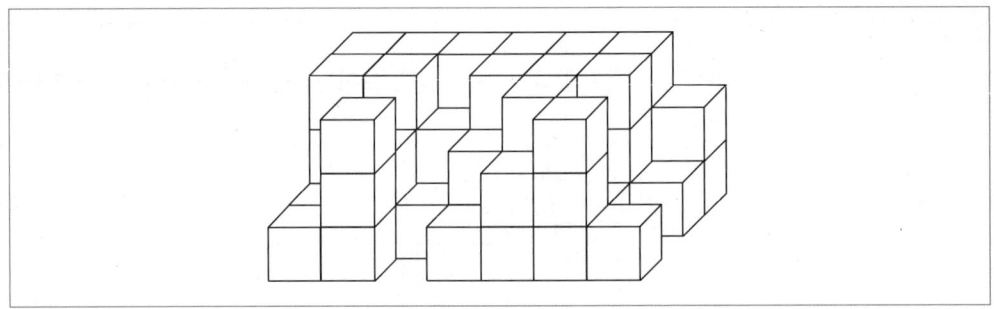

① 57개　　　　　　② 58개
③ 59개　　　　　　④ 60개
⑤ 61개

09

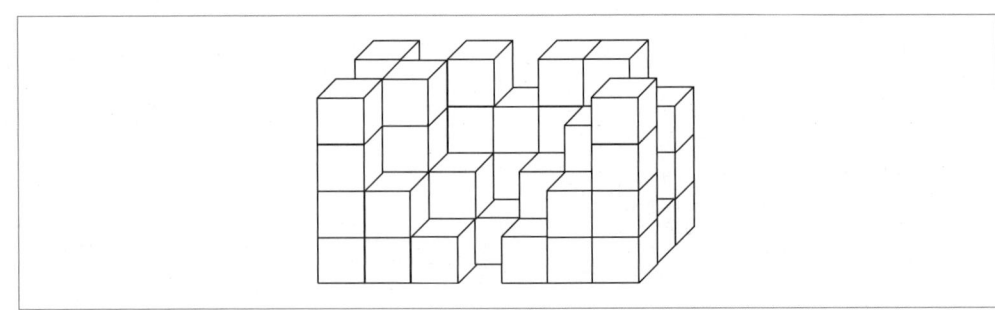

① 55개　　　　　　② 54개
③ 53개　　　　　　④ 52개
⑤ 51개

10

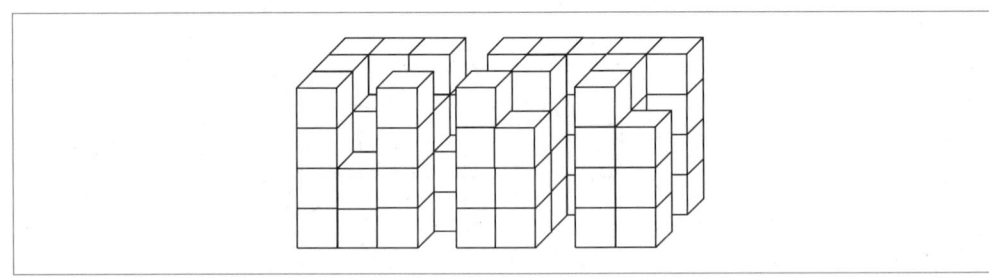

① 82개　　　　　　② 81개
③ 80개　　　　　　④ 79개
⑤ 78개

11 다음 그림에서 밑면을 제외하고 페인트칠을 할 때, 3개의 면만 칠해지는 블록의 개수는 몇 개인가?(단, 보이지 않는 곳의 블록은 있다고 가정한다)

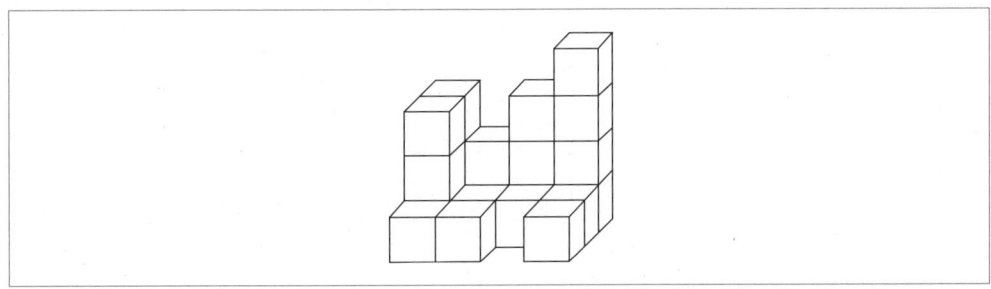

① 4개　　　　　　　　　　② 5개
③ 6개　　　　　　　　　　④ 7개
⑤ 8개

12 다음 그림에서 밑면을 제외하고 페인트칠을 할 때, 2개의 면만 칠해지는 블록의 개수는 몇 개인가?(단, 보이지 않는 곳의 블록은 있다고 가정한다)

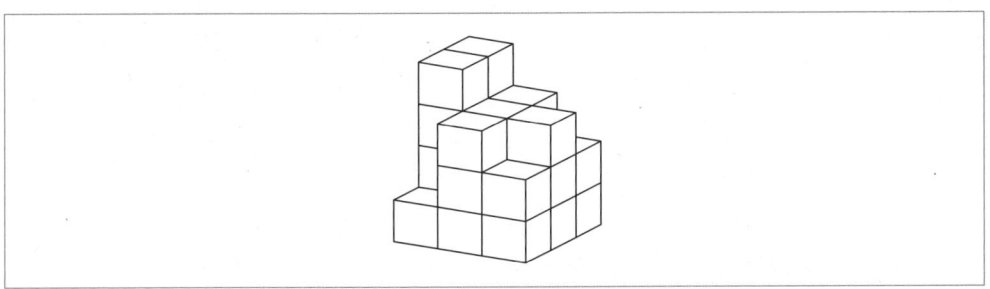

① 5개　　　　　　　　　　② 6개
③ 7개　　　　　　　　　　④ 8개
⑤ 9개

13 다음과 같이 쌓여 있는 블록에 최소한 몇 개의 블록을 더 쌓아야 정육면체 모양의 블록이 되겠는가?(단, 보이지 않는 곳의 블록은 있다고 가정한다)

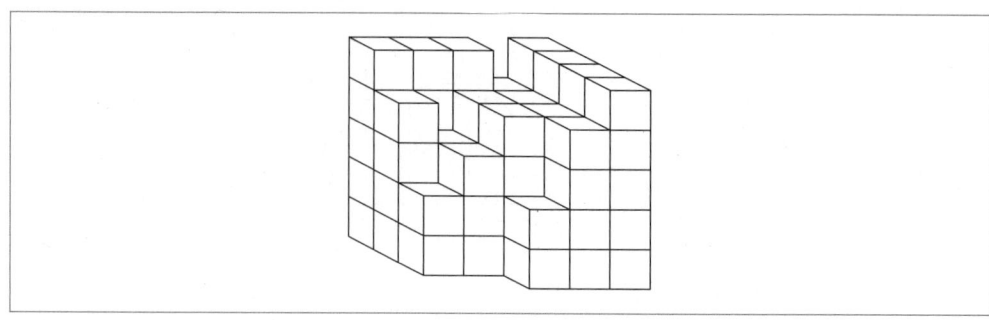

① 50개　　　　　　　　　② 52개
③ 54개　　　　　　　　　④ 56개
⑤ 58개

14 다음 두 블록을 합쳤을 때 나올 수 없는 형태는?

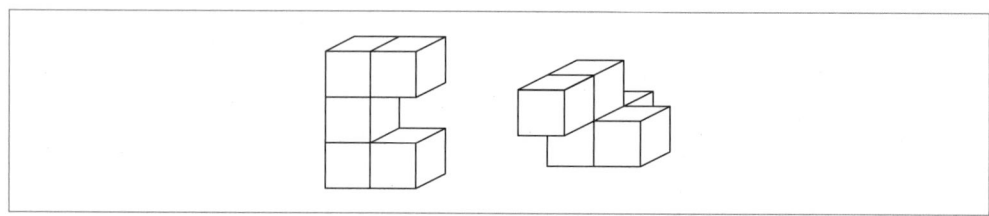

① 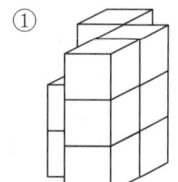　　　　②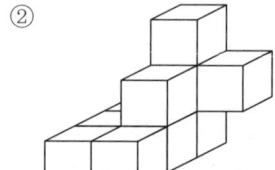

③ 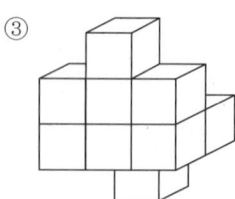　　　　④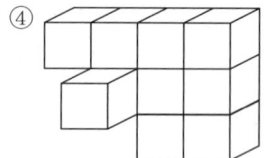

⑤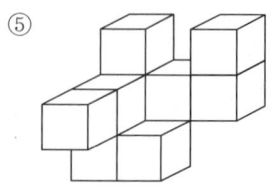

15 다음 제시된 단면과 일치하는 입체도형은?

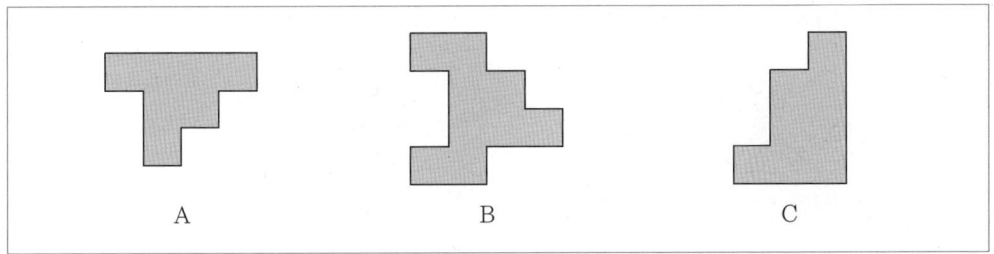

①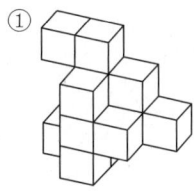

②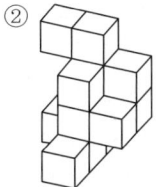

③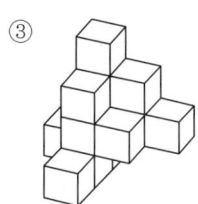

④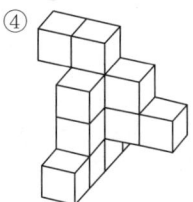

⑤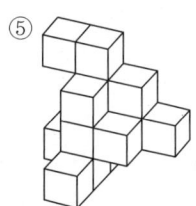

대표유형 3 　 입체도형

다음 중 나머지 도형과 다른 것은?

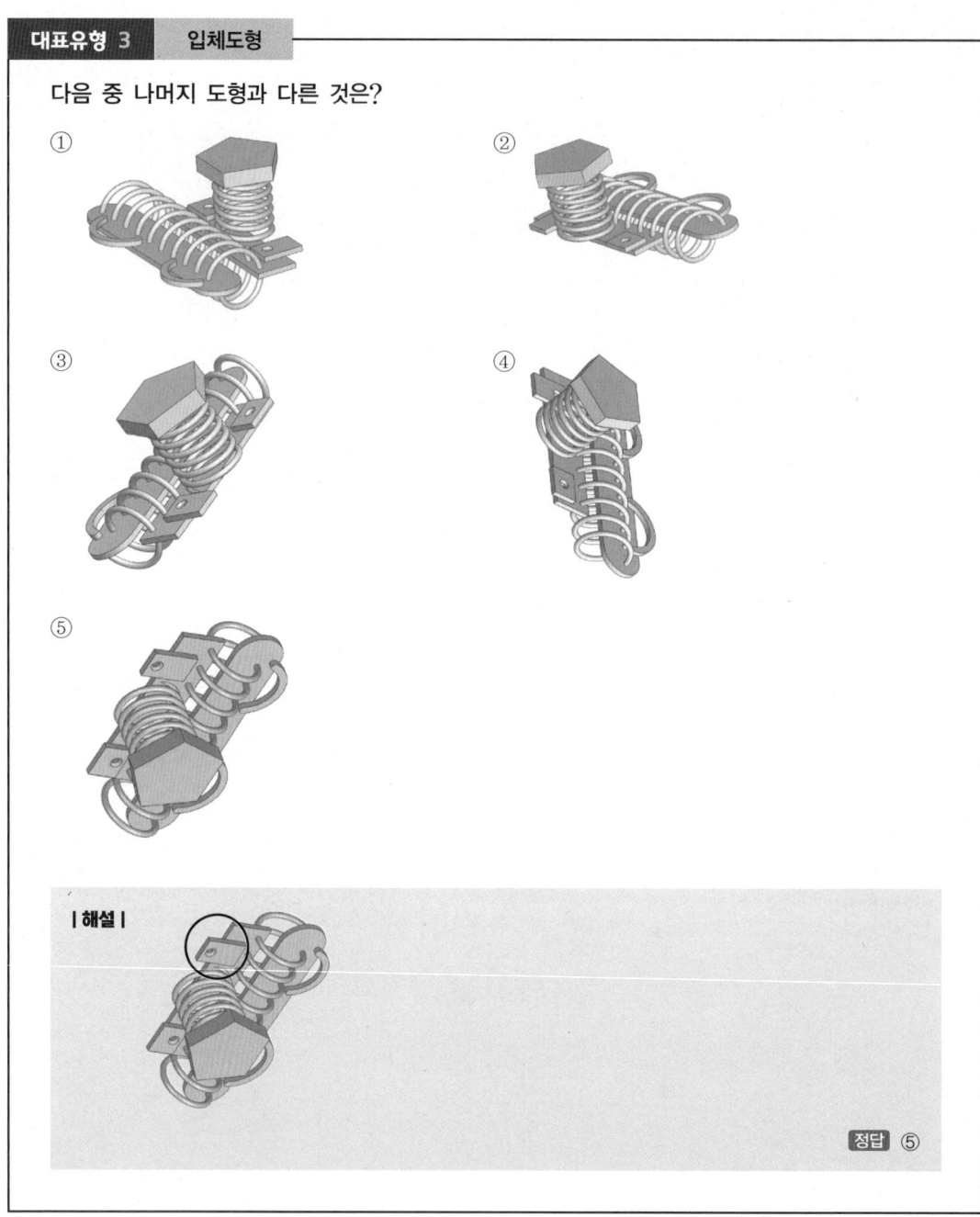

| 해설 |

정답 ⑤

※ 다음 중 나머지 도형과 다른 것을 고르시오. [16~20]

16

17

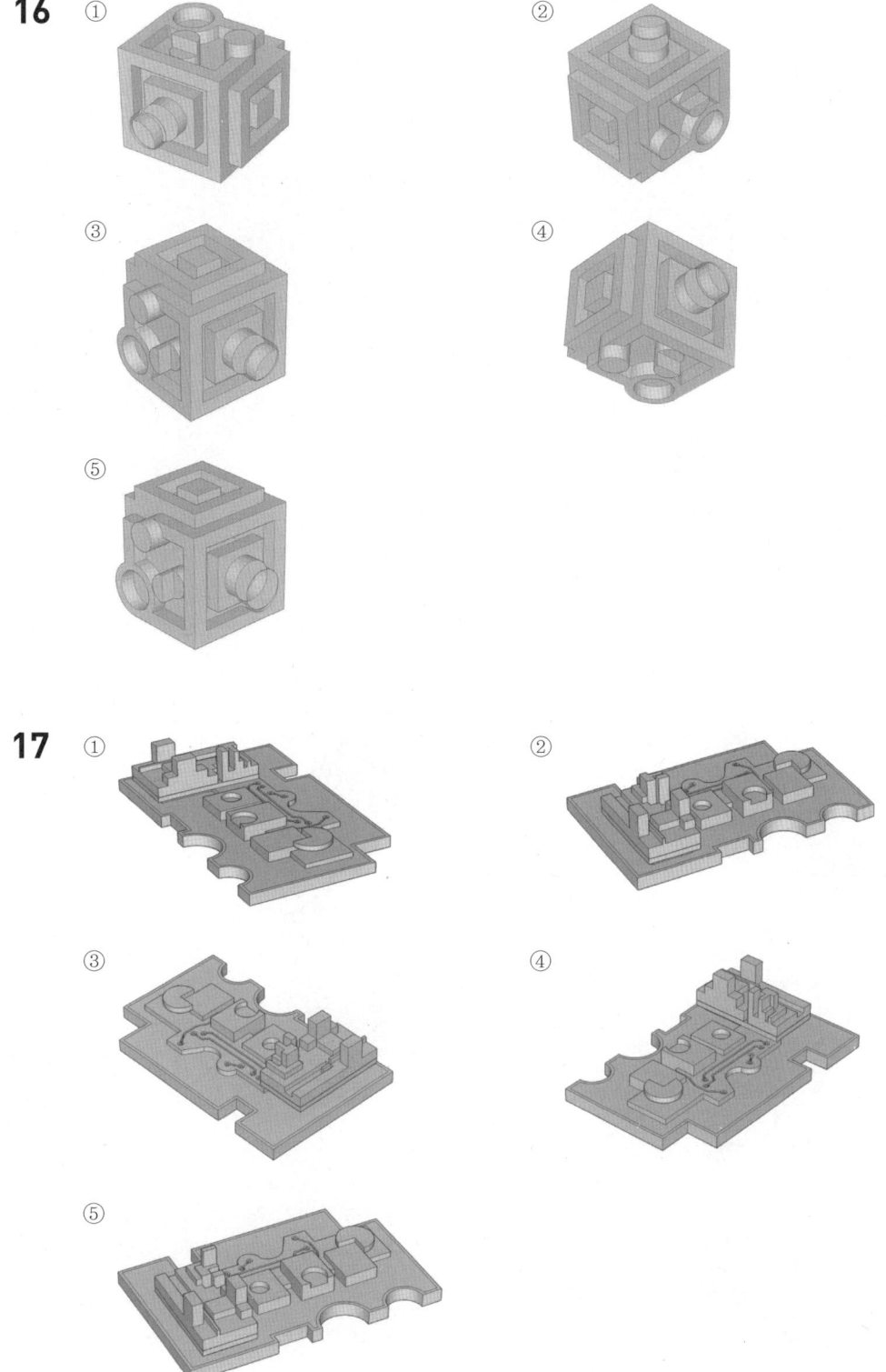

18

①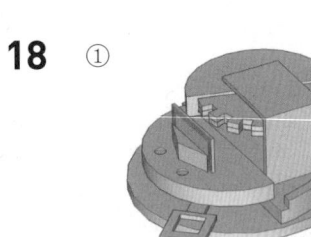
②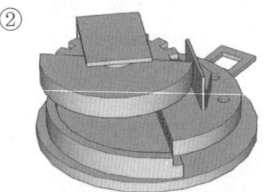
③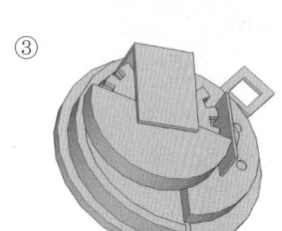
④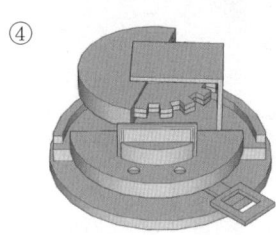
⑤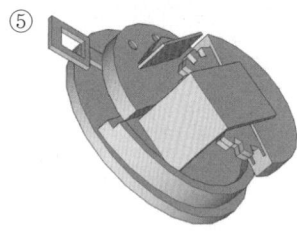

19

①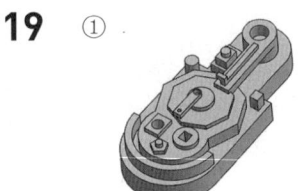
②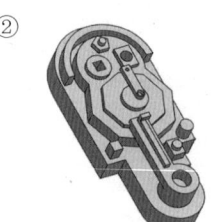
③
④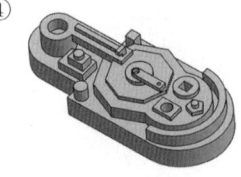
⑤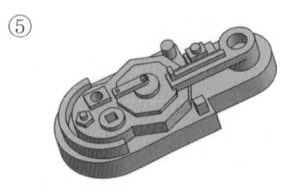

20 ①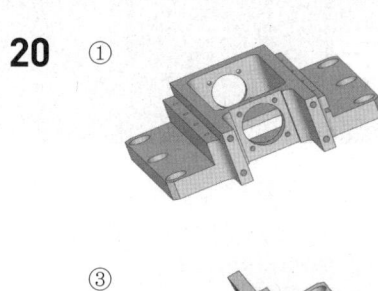
②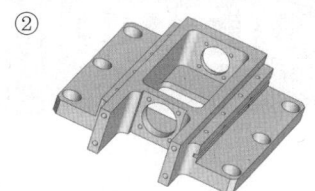
③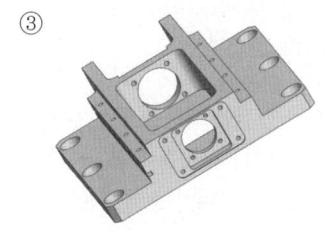
④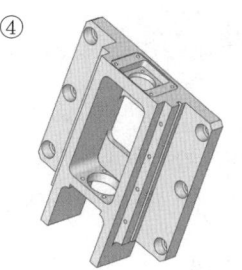
⑤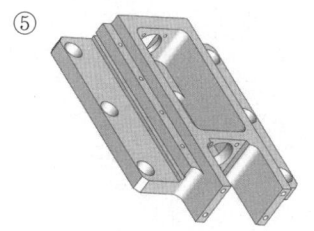

CHAPTER 05 | 기초영어 핵심이론

01 ▶ 어휘의 관계

제시된 단어와 상관 관계를 파악하고, 유의·반의·종속 등의 관계를 갖는 적절한 어휘를 찾는 문제이다. 일반적으로 제시된 한 쌍의 단어와 같은 관계를 가진 단어를 찾는 문제, 보기 중 다른 관계를 가진 단어를 찾는 등의 문제가 출제된다. 어휘의 의미를 정확하게 이해하고 주어진 어휘와의 관계를 추리하는 능력을 길러야 한다.

1. 자주 출제되는 동의어

- account for(=explain) : ~을 설명하다
- at first hand(=directly) : 직접적으로
- at second hand(=indirectly) : 간접적으로
- be in charge of(=be responsible for) : ~에 책임이 있는
- break away(=escape, run away) : 도망가다
- break up(=disperse, scatter) : 해산시키다
- bring up(=rear, educate) : 기르다, 양육하다
- call down(=reprimand, scold, rebuke) : 꾸짖다
- carry out(=accomplish, execute) : 달성하다, 수행하다
- come by(=obtain, get / visit) : 얻다, 잠깐 들르다
- count on(=rely on, depend on, rest on, be dependent upon, fall back on) : ~에 의지하다
- figure out(=make out, understand, grasp, calculate) : ~을 이해하다 / 계산하다
- for one's life(=desperately) : 필사적으로
- get[take] hold of(=grasp) : 붙잡다
- give birth to(=bear, produce, turn out) : 만들다, 생산하다
- have done with(=finish, have no connection with, get through) : ~을 끝내다
- lay aside(=save, lay by, put aside, put by) : 저금하다
- let on(=reveal, disclose) : (비밀을) 누설하다
- look back on(=recall, recollect) : ~을 회상하다
- look forward to(=anticipate) : ~을 기대하다
- look up to(=respect, esteem) : 존경하다
- lose heart(=depressed) : 낙담하다
- make believe(=pretend) : ~인 체하다
- make haste(=hasten, hurry up) : 서두르다
- one and all(=unanimously) : 만장일치로
- once and for all(=finally, decisively) : 마지막으로, 단연코
- pass down(=hand down, pass on) : 전하다, 물려주다
- pass over(=overlook) : 간과하다
- picture to oneself(=imagine) : 상상하다

- prevail on(=persuade) : ~을 설득하다
- put an end to(=cause to end, stop) : 끝내다
- put off(=postpone, holdover) : 연기하다
- put up with(=endure, bear, tolerate, stand) : 참다, 견디다
- run out of(=exhaust, run short of) : 고갈되다
- set up(=establish) : 설립하다
- take after(=resemble) : 닮다
- take in : ① 숙박시키다(=accommodate) ② 속이다(=cheat)
- tell on(=influence / effect on) : ~에 영향을 끼치다
- think over(=ponder, deliberate) : 심사숙고하다
- work on(=influence, affect) : 영향을 끼치다
- yield to(=surrender, give way to, give in) : 항복하다

2. 자주 출제되는 반의어

- antipathy(반감) ↔ sympathy(동정, 동감)
- expense(지출) ↔ income(수입)
- inferiority(열등, 열세) ↔ superiority(우월, 우세)
- mercy(자비) ↔ cruelty(잔인)
- optimism(낙천주의) ↔ pessimism(비관주의)
- synonym(동의어) ↔ antonym(반의어)
- vice(악덕) ↔ virtue(미덕)
- absolute(절대적인) ↔ relative(상대적인)
- abstract(추상적인) ↔ concrete(구체적인)
- arrogant(거만한) ↔ humble(소박한)
- artificial(인공적인) ↔ natural(자연적인)
- doubtful(의심스러운) ↔ obvious(명백한)
- guilty(유죄의) ↔ innocent(무죄의)
- permanent(영구적인) ↔ temporary(일시적인)
- sharp(날카로운) ↔ dull(둔한)
- superior(우월한) ↔ inferior(열등한)
- voluntary(자발적인) ↔ compulsory(강제적인)
- conceal(숨기다) ↔ reveal(폭로하다)
- dismiss(해고하다) ↔ employ(고용하다)
- encourage(격려하다) ↔ discourage(낙담시키다)
- freeze(얼어붙다) ↔ melt(녹다)
- separate(분리하다) ↔ unite(결합하다)
- underestimate(과소평가하다) ↔ overestimate(과대평가하다)
- ability(능력) ↔ inability(무능력)
- literate(글을 아는) ↔ illiterate(문맹의)
- treat(대접하다) ↔ maltreat(푸대접하다)
- nutrition(영양) ↔ malnutrition(영양실조)
- ascent(동의) ↔ dissent(이의)

3. 자주 출제되는 다의어

- account : 계좌, 설명, 이유, 고려, 설명하다
- address : 주소, 연설을 하다
- alternative : 양자택일, 대안
- apply : 지원하다, 적용되다
- appreciate : 알아보다, 환영하다, 인식하다
- apprehend : 염려하다, 체포하다
- article : 기사, 논설, 조항, 조목, 물품, 관사
- attribute : 특성, ~의 탓으로 돌리다
- balance : 균형, 저울, 나머지
- bear : 곰, 낳다, 참다, (생각이나 태도 등을) 품다
- block : 큰 덩어리, 한 구획, 장애(물), (통로를) 막다, 방해하다
- bound : 튀어 오르다, ~로 향하는, 묶인, 꼭 하는, ~해야 하는
- command : 명령하다, (경치가) 내려다보이다, 지배
- convention : 회의, 관습, 인습
- count : 중요성을 지니다, 간주하다, 세다
- dear : 친애하는, 비싼
- decline : 거절하다, 기울다, 쇠퇴하다
- divine : 신성한, 점치다
- domestic : 가정의, 국내의
- even : 평평한, 짝수의, 조차도, 더욱(비교급 앞에서)
- fare : 공평한, 맑은, 아름다운, 박람회
- fine : 훌륭한, 벌금, 미세한
- grave : 무덤, 중대한, 근엄한
- issue : 논쟁점, 발행(물), 발행하다, 발표하다
- lean : 기대다, 구부리다, 마른
- long : 긴, 장황한, 따분한, 열망하다
- matter : 문제, 물질, 중요하다
- mean : 의미하다, 수단, 재산, 중간의, 비열한
- note : 메모, 지폐, 주목, 적다, 주목하다
- object : 물건, 대상, 목적, 반대하다
- observe : 관찰하다, 준수하다, (명절 등을) 쇠다
- odd : 남는, 나머지의, 홀수의, 이상한
- odds : 차이, 승산, 가망성
- present : 참석한, 현재의, 선물, 현재, 제출하다, 소개하다
- rather : 오히려, 차라리, 다소, 약간, 좀
- rear : 뒤(의), 후방(의), 기르다
- second : 초, 두 번째의, 지지하다
- serve : 봉사하다, 근무하다, ~에 쓸모가 있다
- stuff : 재료, 속, ~을 채우다
- tell : 말하다, 구별하다

- utter : 말하다, 발언하다, 완전한, 전적인
- want : 원하다, 부족하다, 결핍
- well : 우물, 건강한, 잘
- yield : 산출하다, 낳다, 양보하다

4. 알아두면 유용한 어휘

- lucrative : 이득이 되는
- red tape : (관공서의) 불필요한 요식
- meet / miss a deadline : 주어진 시한까지 일을 하다 / 못하다
- an outstanding account : 미지불 금액
- close-knit : 긴밀한 유대관계의, 매우 친한
- pecking-order : 서열, 계층
- monotonous : 지루한
- vocational work : 남들을 도와주는 일
- bound for~ : ~을 향하다
- hit-and-run : 뺑소니
- give way : 양보하다
- reckless driving : 난폭운전
- pile-up : 연쇄충돌
- wind-chill effect : 체감온도
- under the weather : 몸이 편치 않은
- precipitation : 강수량
- clear up : (날씨가) 개다

자주 출제되는 유형
- 다음 제시된 단어의 대응 관계로 볼 때 빈칸에 들어갈 알맞은 것은?
- 다음 중 두 단어의 관계가 나머지와 다른 것은?

02 ▶ 문법

문법의 경우 어휘 및 기본적인 문법을 제대로 익히고 있는지 평가하는 부분으로, 가장 다양한 유형으로 문제가 출제된다. 문법의 범위가 굉장히 다양해서 공부를 어떻게 해야 할지 난감할 수도 있지만, 어렵지 않은 수준에서 문제들이 출제되고 있으므로, 숙어를 정리하면서 단어에 부합하는 전치사 및 품사를 정리하는 방법으로 공부를 한다면 그리 어렵지 않게 문제를 풀 수 있다.

> **자주 출제되는 유형**
> • 다음 빈칸에 들어갈 말로 적절한 것은?
> • 다음 밑줄 친 부분이 적절하지 않은 것은?

03 ▶ 회화

영어능력의 경우, 직접 대화하는 것이 아니라면 필기시험만으로 정확한 영어능력을 테스트하기란 사실 어렵다. 최근 들어 회화 문제의 출제비중이 높아지는 것이 이러한 단점을 보완하기 위해서이다. 회화 문제를 통해 독해 및 문법 수준을 복합적으로 테스트할 수 있기 때문이다.

회화 문제는 대화의 흐름상 알맞은 말이 무엇인지, 질문에 대한 대답은 어떤 것인지 등을 질문함으로써, 간단한 생활영어 수준을 테스트하는 문제이다. 주어진 문장에 대한 의미를 정확하게 파악할 수만 있다면 어렵지 않게 풀 수 있으므로, 기본적인 어휘능력 및 독해능력을 바탕으로 문제를 풀면 된다.

1. 인사하기

> • Good (morning / afternoon / evening). : 안녕하세요(아침 / 오후 / 저녁).
> • Good to see you again. : 당신을 다시 만나게 되어 기쁩니다.
> • How are you today? : 당신 오늘 어떻습니까?
> • Long time no see. : 정말 오랜만이다.

2. 소개하기

> • I'd like to introduce myself(=Let me introduce myself to you). : 저를 소개하겠습니다.
> • This is my friend, Mike. : 이 사람은 제 친구 마이크입니다.
> • How do you do? : 처음 뵙겠습니다.
> • Nice (glad / pleased / happy) to meet you. : 당신을 만나서 반갑습니다.
> • I've been looking forward to meeting you. : 당신을 만나고 싶었습니다.

3. 안부 묻기

- How are you(=How are doing=What's up)? : 어떻게 지내세요?
- How's your family? : 가족들은 어떻게 지냅니까?
- How have you been (doing)? : 어떻게 지냈습니까?
- I'm fine, thanks(=I'm very well=Pretty good). : 좋습니다.
- Please give my best regards to your parents(=Please remember me to your parents). : 부모님께 안부 전해주세요.

4. 건강 상태 묻고 답하기

- What's wrong with you(=What's the matter with you)? : 무슨 일이 있습니까?
- You look (a little) pale. : 당신 안색이 창백해 보입니다.
- You'd better (see / consult) a doctor. : 의사의 진찰을 받는 게 좋겠습니다.
- Are you feeling well? : 좀 어떻습니까?
- I don't feel very well. : 건강이 매우 좋지 않습니다.
- I'm in good shape. : 나는 건강이 좋습니다.
- What do you do to stay in shape? : 당신은 건강을 유지하기 위해 무엇을 합니까?
- I exercise at the health club every day. : 나는 매일 헬스클럽에서 운동을 합니다.

5. 길 묻고 안내하기

- How can I get to the Seoul Station? : 서울역까지 어떻게 갈 수 있습니까?
- Would you show me how to get there? : 그곳으로 가는 방법을 알려 주시겠어요?
- Excuse me, but where is the nearest movie theater? : 실례합니다만, 여기서 가장 가까운 영화관이 어디에 있습니까?
- I'm lost, where am I? : 전 길을 잃었습니다. 여기가 어딥니까?
- I'm looking for the flower shop. : 저는 꽃가게를 찾고 있습니다.
- I'm sorry, but I'm a stranger here myself(= I'm sorry, I'm new around here). : 죄송하지만, 저도 여기 처음입니다.
- Go straight two blocks and turn left. : 두 블록을 곧장 가서 왼쪽으로 도세요.
- Did you get it? : 이해했습니까?
- You can't miss it. : 당신은 틀림없이 찾을 수 있을 겁니다.

6. 전화하기와 받기

- Hello, may I speak to Candice? : 여보세요, 캔디스 좀 바꿔주세요.
- Who's calling(speaking), please[=Who is this]? : 전화하신 분은 누구세요?
- This is he (speaking)[=Speaking]. : 접니다.
- There's no one here by that name. : 그런 사람은 여기에 없습니다.
- May I take a message? : 메시지를 남기시겠어요?
- I'll call him back later. : 제가 그에게 다시 전화하겠습니다.
- I'm sorry she's not. : 죄송하지만, 그녀는 없습니다.
- You've got the wrong number. : 전화 잘못 거셨습니다.

7. 약속 제안하기

- How about going to the movies[=Why don't (Shall) we go to the movies]? : 영화 보러 가는 게 어때?
- I'd like to invite you to my birthday party. : 너를 내 생일파티에 초대하고 싶어.
- Would you like to come to my birthday party? : 내 생일파티에 와 주겠니?
- What time shall we make it? : 몇 시에 만날까?
- OK[=Sure=Yes, I'd like(love) to]. : 좋아.
- Sorry, I can't(=I'd like to, but I can't=I'm afraid not). : 미안하지만, 안 되겠어.
- I'm sorry, but I have an appointment. : 미안하지만, 난 약속이 있어.
- That sounds great. : 좋은 의견이에요.

8. 요청하기

- May(Can) I ask you a favor? : 제가 부탁을 드려도 될까요?
- Would you do me a favor(=Would you give me a hand)? : 저를 도와주실 수 있습니까?
- Sure, I can(=Certainly=Of course). : 예, 물론이죠.
- I'm afraid not. : 유감스럽지만 안 됩니다.
- Would you mind my opening(=If I open) the window? : 제가 창문을 열어도 될까요?
- Of course not(=Go ahead=Certainly not=Not at all). : 예, 그러세요.

9. 음식 주문하기

- May(Can) I take your order(=Are you ready to order)? : 주문하시겠어요?
- What would you like to have? : 무엇을 드시겠습니까?
- How would you like your steak? : 스테이크를 어떻게 해드릴까요?
- (Well done / Medium / Rare), please. : (바싹 익혀 / 반만 익혀 / 살짝 익혀) 주세요.
- (Is there) Anything else? / Will that be all? : 더 주문하실 것 있습니까? / 그게 전부입니까?
- (For) Here or to go? : 여기서 드시겠어요? 아니면 가져가시겠어요?
- I'll have a Pineapple pizza, please. : 파인애플 피자 주세요.
- I'd like a hamburger, please. : 햄버거 주세요.

10. 음식 권하기

- Would you like something to drink(=Can I get you something to drink)? : 뭔가 좀 더 마시겠습니까?
- How about some more cake(=Do you want some more cake)? : 케이크를 좀 더 드시겠어요?
- Yes, please(=Sure=It's so good=I'd love some). : 물론입니다. 좋아요.
- No, thanks. I've had enough(=I'm full). : 아뇨, 고맙지만 충분히 먹었습니다(배가 부릅니다).

11. 물건 사기

- May I help you? : 도와드릴까요?
- May I ask what you are looking for? : 무엇을 찾는지 여쭤봐도 될까요?
- I'm looking for a white shirt. : 전 흰색 셔츠를 찾고 있습니다.
- I want to buy an a smart phone. : 스마트폰을 사려고 합니다.
- How about this one? : 이건 어때요?
- How much is it(=What's the price)? : 가격이 얼마에요?
- Would you like to try it on? : 한번 입어보세요.
- It's on sale. : 그것은 지금 판매 중입니다.
- (It's) Too expensive. : 너무 비싸군요.
- I'll take it. : 그걸로 할게요.
- Could you wrap it for me, please? : 포장 좀 해주시겠어요?

12. 경험 묻고 말하기

- Have you ever tried Korean food? : 한국 음식을 먹어본 적 있니?
- Have you ever been to Itaewon? : 이태원에 가본 적 있니?
- I went climbing at Seoraksan last year. : 나는 작년에 설악산에 갔다.
- Did you have a good time? : 즐거운 시간 보냈니?

13. 좋아하는 것 묻고 말하기

- What kind of music do you like best? : 넌 어떤 음악을 가장 좋아하니?
- I'm into classical music. : 난 클래식 음악에 열중해 있어.
- I'm fond of action movies. : 난 액션영화를 좋아해.

14. 병원에서 말하기

- I have terrible back pains. : 등에 심한 통증이 있습니다.
- How long have you had it? : 언제부터 그랬습니까?
- Let me examine you. : 검사해 보겠습니다.
- I hope you'll get well soon. : 곧 회복되기를 바랍니다.
- What's the problem? : 어떤 문제가 있습니까?
- My nose keeps running. : 콧물이 계속 흐릅니다.
- I have a fever. : 나는 열이 있습니다.
- Take this medicine. : 이 약을 복용하십시오.

15. 날씨 물어보기

- What's the weather like? : 날씨가 어떻습니까?
- What's the weather forecast for the weekend? : 주말 일기예보는 어떻습니까?
- It is really hot, isn't it? : 정말 덥다, 그렇지?
- It's pouring(=It's stormy). : 비가 퍼붓는다(폭풍우가 친다).
- The weatherman said it's going to rain. : 일기예보관은 비가 올 거라고 말했다.

16. 사과하기

- I'm sorry for everything. : 여러 가지로 죄송합니다.
- I can't tell you how sorry I am. : 당신에게 어떻게 사과드려야 할지 모르겠습니다.
- That's all right. : 괜찮습니다.
- It can happen to anyone. : 누구에게나 일어날 수 있는 일인걸요.

17. 놀람 표현하기

- What a surprise(=How surprising)! : 놀랍구나!
- That surprises me! : 놀라운 일이다.
- My goodness! : 어머나!
- You're kidding! : 농담하고 있는 거지.
- I couldn't believe my eyes. : 내 눈을 믿을 수 없어.

18. 소망 말하기

- May you succeed! : 당신이 성공하기를 바랍니다.
- I hope you'll have a better year. : 더 나은 한해가 되기를 바랍니다.
- Good luck to you! : 당신에게 행운이 있기를!
- I wish you all the best. : 당신에게 행운이 있기를 바랍니다.

19. 관심 묻고 답하기

- That's a very interesting photograph. : 그것은 매우 흥미진진한 사진이다.
- I'm really interested in photography. : 나는 사진에 정말 관심이 많다.
- What's your hobbies? : 너의 취미는 무엇이니?
- My favorite is soccer. : 내가 특히 좋아하는 것은 축구야.

20. 은행 · 우체국에서 말하기

- I'd like to open an account. : 계좌를 하나 만들고 싶습니다.
- I want to make a saving account. : 보통예금계좌로 하겠습니다.
- Could you break a ten dollar bill(=Could you give me change for a ten dollar bill)? : 10달러짜리 지폐를 잔돈으로 바꿔주시겠어요?
- How would you like to have it? : 어떻게 바꿔드릴까요?
- I wish to cash this check. : 이 수표를 현금으로 바꾸고 싶어요.
- I'd like to send this parcel to Paris. : 이 소포를 파리에 보내고 싶어요.

자주 출제되는 유형
- 다음 질문의 대답으로 적절하지 않은 것은?
- 다음 질문의 가장 적절한 답은?
- 다음 대화의 빈칸에 들어갈 가장 적절한 말은?
- 다음 중 어색한 대화는?

04 ▶ 독해

1. 직업 고르기

글에서 제시되는 특정 직업을 묘사하는 어구나 특정 직업과 관계되는 어휘를 통하여 하나의 직업을 유추하는 문제이다. 다양한 직업에 해당하는 영어 단어를 숙지하고, 각각의 직업의 특징을 대표할 만한 어휘를 미리 파악해 두는 것이 좋다.

- minister : 목사
- scholar : 학자
- biologist : 생물학자
- physician : 내과의사
- chemist : 화학자
- mechanic : 기능공
- engineer : 기술자
- custodian : 관리인
- plumber : 배관공
- carpenter : 목수
- gardener : 정원사
- assembler : 조립공
- actor : 배우
- actress : 여배우
- clerk : 점원
- businessman : 사업가
- manager : 경영자
- merchant : 상인
- writer : 작가
- vice-president : 부통령
- president : 대통령
- statesman : 정치인
- mayor : 시장

- professor : 교수
- journalist : 신문기자
- prosecutor : 검사
- electrician : 전기공
- editor : 편집자
- official : 공무원
- veterinarian : 수의사
- minister : 장관
- architect : 건축가
- musician : 음악가
- cashier : 출납원
- salesperson : 판매원
- lawyer : 변호사
- fisher : 어부
- inspector : 조사관
- hairdresser : 미용사
- magician : 마술사
- counselor : 상담원
- director : 감독
- novelist : 소설가
- sailor : 선원
- mailman : 우체부

2. 심경 · 태도 묘사에 자주 쓰이는 어휘

- active : 능동적인
- positive : 긍정적인
- approving : 찬성하는
- encouraging : 격려하는
- conservative : 보수적인
- understanding : 이해심 많은
- stubborn : 완고한

- pessimistic : 비관적인
- benevolent : 호의적인
- progressive : 진보적인
- careless : 부주의한
- ambitious : 야심 많은
- selfish : 이기적인
- diligent : 근면한

- sincere : 진지한
- easy-going : 느긋한
- hot-tempered : 화를 잘 내는
- thoughtful : 사려 깊은
- greedy : 탐욕스러운
- timid : 소심한
- liberal : 개방적인
- cautious, prudent : 신중한
- humble : 겸손한
- passionate : 열성적인
- courteous : 예의 바른
- patient : 참을성 있는
- earnest : 진지한, 열렬한
- self-satisfied : 자기만족의
- antipathic : 반감을 갖는
- solemn : 엄숙한
- envious : 시기하는
- sympathetic : 동정적인
- indifferent : 무관심한
- respectful : 정중한, 경의를 표하는
- optimistic : 낙천적인
- generous : 관대한
- passive : 소극적인
- self-critical : 자기 비판적인
- bitter : 신랄한

3. 태도·분위기 묘사에 자주 쓰이는 어휘

- 긍정·확신 : affirmative, positive
- 의심 : dubious
- 냉소 : cynical, scornful, sarcastic, satirical
- 편견 : partial, prejudiced
- 성급 : impatient, rash, reckless
- 활기 : exuberant, vigorous, high-spirited
- 황량 : desolate
- 해학 : witty
- 단조로움 : monotonous, prosaic
- 엄숙 : solemn
- 부정 : dissenting
- 비판 : disparaging
- 동감 : sympathetic
- 냉담 : callous, indifferent
- 우울 : gloomy, melancholy
- 단호함 : stern, strict, rigorous
- 설명 : descriptive, explanatory
- 유익 : informative, instructive, didactic
- 명료함 : articulate

4. 자주 출제되는 속담

- A buddy from my old stomping grounds. : 죽마고우
- A black hen lays a white egg. / A rags to riches story. : 개천에서 용 난다.
- After the storm comes the calm. : 비 온 뒤에 땅이 더 굳어진다.
- A journey of a thousand miles begins with a single step. / Step by step one goes a long way. : 천리 길도 한 걸음부터
- A little knowledge is dangerous. : 선무당이 사람 잡는다.
- A loaf of bread is better than the song of many birds. : 금강산도 식후경
- A stitch in time saves nine. : 호미로 막을 데 가래로 막는다.
- As the tree is bent, so grows the tree. : 될성부른 나무는 떡잎부터 알아본다.

- Birds of a feather flock together. : 유유상종
- Blood is thicker than water. : 피는 물보다 진하다.
- Born is barn. : 꼬리가 길면 잡힌다.
- Claw me and I'll claw thee. : 오는 말이 고우면 가는 말도 곱다.
- Cut off your nose to spite your face. : 누워서 침 뱉기
- Don't count your chickens before they are hatched. : 김칫국부터 마시지 말라.
- Don't mount a dead horse. : 이미 엎질러진 물이다.
- Even a worm will turn. : 지렁이도 밟으면 꿈틀댄다.
- Even homer nods. / Even the greatest make mistakes. : 원숭이도 나무에서 떨어질 때가 있다.
- Face the music. : 울며 겨자 먹기
- Go home and kick the dog. : 종로에서 뺨맞고 한강에서 화풀이한다.
- Habit is (a) second nature. : 세 살 버릇 여든 간다.
- Heaven helps those who help themselves. : 하늘은 스스로 돕는 자를 돕는다.
- He bit off more than he can chew. : 송충이는 솔잎을 먹어야 한다.
- Icing on the cake. : 금상첨화
- Ignorance is bliss. : 모르는 게 약이다.
- I'll news flies. : 발 없는 말이 천리 간다.
- It's a piece of cake. : 누워서 떡 먹기
- It takes two to tango. : 손뼉도 마주쳐야 소리가 난다.
- Little drops of water make the mighty ocean. : 티끌 모아 태산
- Many hands make light work. : 백지장도 맞들면 낫다.
- Match made in heaven. : 천생연분
- Mend the barn after the horse is stolen. : 소 잃고 외양간 고친다.
- No smoke without fire. : 아니 땐 굴뚝에 연기 날까.
- One man sows and another man reaps. : 재주는 곰이 넘고 돈은 되놈이 번다.
- Pie in the sky. : 그림의 떡
- Rome was not built in a day. : 첫 술에 배부르랴.
- Strike while the iron is hot. : 쇠뿔도 단김에 빼라.
- Talking to the wall. : 소귀에 경 읽기
- The pot calls the kettle black. : 똥 묻은 개가 겨 묻은 개 나무란다.
- The grass is greener on the other side of the fence. : 남의 떡이 커 보인다.
- The sparrow near a school sings the primer. : 서당 개 삼 년이면 풍월을 읊는다.
- Walls have ears. : 낮말은 새가 듣고 밤말은 쥐가 듣는다.
- Well begun is half done. : 시작이 반이다.
- Where there is a will, there is a way. : 뜻이 있는 곳에 길이 있다.

자주 출제되는 유형
- 다음 글의 분위기는?
- 다음 글에 나타난 사람의 직업은?

05 ▶ 지칭 추론

앞 문장에서 나온 인물이나 사물, 행위의 목적과 결과, 장소, 수치, 시간 등을 지칭하는 지시어나 대명사의 관계를 올바르게 파악하고 찾아내는 문제이다.
문맥의 흐름 파악을 통해 지시어가 가리키는 대상을 구체적으로 찾아야 한다. 글의 내용을 잘못 파악하게 되면 지시어나 대명사가 원래 가리키는 것을 찾는 데 혼동을 가져오기 쉬우므로 글을 읽을 때 주의한다. 대상이 사람일 경우 단수인지 복수인지, 남성인지 여성인지 정확하게 구분하는 것도 잊어서는 안 된다.

> **자주 출제되는 유형**
> • 다음 글을 읽고 밑줄 친 (A), (B)가 가리키는 것은?

06 ▶ 문장 나열하기

앞에 제시된 문장에 이어지는 글의 순서를 정하는 문제로, 글의 논리적 흐름과 연결사, 시간 및 공간적 순서에 따른 적절한 나열을 요구한다.

1. 제시된 문장이 있는 경우

제시된 문장을 읽고 다음에 이어질 내용을 추론한다. 연결사, 지시어, 대명사, 시간 표현 등을 활용하여 문장의 순서를 논리적으로 결정한다.
① 지시어 : this, that, these, those 등
② 연결사 : but, and, or, so, yet, unless 등
③ 접속부사 : in addition(게다가), afterwards(나중에), as a result(결과적으로), for example(예를 들어), fortunately(운 좋게도), otherwise(그렇지 않으면), therefore(그러므로), however(그러나), moreover(더욱이) 등
④ 부정대명사 : one(사람이나 사물의 불특정 단수 가산명사를 대신 받음), some(몇몇의, 약간의), another(지칭한 것 외의 또 다른 하나), other(지칭한 것 외의 몇몇) 등

2. 제시된 문장이 없는 경우

대개 일반적 사실이 글의 서두에 나오고, 이어서 앞에서 언급했던 사실에 대한 부가적 내용이나 개념 정리 등이 나올 수 있다. 대신 지시어나 대명사가 출제되는 문장이나 앞뒤 문장의 상반된 내용을 연결하는 역접 연결사 및 예를 설명하는 연결사가 포함된 문장은 글의 서두에 나오기 어렵다. 이밖에 문맥의 흐름과 상관없거나 문맥상 어색한 문장을 고르는 문제 유형이 나올 수도 있다.
문맥의 흐름과 상관없는 문장을 고르는 문제는 주제문과 이를 뒷받침하는 문장들의 관계에 있어 글의 흐름상 통일성이 결여된 문장을 찾아낸 후, 그 문장을 제외한 후에도 글의 내용이 자연스럽게 흘러가는지 살펴봐야 한다.

문맥상 어색한 문장을 고르는 문제의 경우 우선적으로 글을 꼼꼼하게 읽어 볼 필요가 있으며, 그다음에 주제문을 파악한 후 이와 어울리지 않는 내용을 골라내는 순서로 문제를 해결한다.

> **자주 출제되는 유형**
> • 글의 흐름상 주어진 문장 뒤에 이어질 내용을 순서대로 바르게 나열한 것은?
> • 다음 글에서 전체 흐름과 관계없는 문장은?

07 ▶ 중심 내용과 제목 유추하기

글의 중심어를 포함하면서 간결하게 나타낸 것이 글의 주제나 제목이 되는데, 필자가 이야기하려는 핵심 목적을 파악하는 것이 중요하다.

글의 중심 사건을 바탕으로 주제와 핵심 어휘를 파악한다. 글을 읽다가 모르는 단어가 나와도 당황하지 말고 우선 넘기고 나서 문장의 전체적인 의미를 이해한 후에 어휘의 구체적 의미를 유추한다.

제목은 제시된 글의 내용의 범위보다 지나치게 넓거나 좁아서는 안 된다. 또한 제시된 내용에 근거하지 않고 상식적인 정황을 바탕으로 추측에 의해 성급하게 내린 결론은 결코 제목이 될 수 없다.

지문에 해당하는 질문을 먼저 읽고 해당 내용을 글에서 찾아 이를 위주로 읽어나가는 것도 시간을 절약하는 좋은 방법이다.

> **자주 출제되는 유형**
> • 다음 글의 제목으로 가장 적절한 것은?
> • 다음 글의 요지로 가장 적절한 것은?

08 ▶ 세부 내용 유추하기

글의 도입, 전개, 결론 등의 흐름을 올바르게 파악하고, 세부적인 사항까지 기억해야 하는 문제이다. 글을 읽으면서 중요 어휘에는 표시를 해두거나, 반대로 보기 문항을 먼저 읽어보고 글을 읽으면서 질문에 부합하는지 따져보는 것도 하나의 방법이다.

글의 내용과 일치하지 않는 것을 고르는 문제는 글의 내용과 반대로 말하거나 글에서 언급하지 않은 것을 골라내야 한다. 객관성에 근거하여 판단하도록 하고, 섣부른 추측은 금물이다.

> **자주 출제되는 유형**
> • 다음 글의 내용으로 적절하지 않은 것은?
> • 다음 글의 내용으로 가장 적절한 것은?

CHAPTER 05 | 기초영어 적중예상문제

정답 및 해설 p.017

대표유형 1 **어휘**

다음 제시된 자동차 부품의 명칭을 영어로 바르게 옮긴 것은?

주차 브레이크

① Hold Brake
② Stop Brake
③ Stop Break
④ Parking Break
⑤ Parking Brake

| 해설 | 주차 브레이크(Parking Brake)는 주차 시 차량을 움직이지 않게 하는 제동장치로 사이드 브레이크라고도 한다.

정답 ⑤

※ 다음 제시된 단어의 의미로 가장 적절한 것을 고르시오. [1~3]

01

invent

① 추적하다
② 소개하다
③ 합격하다
④ 지불하다
⑤ 발명하다

02

neglect

① 조각나다
② 고소하다
③ 소홀히 하다
④ 구별하다
⑤ 감시하다

03

vague

① 다양한　　② 특이한
③ 모호한　　④ 대중적이지 않은
⑤ 유명한

04 다음 제시된 자동차 부품의 명칭을 영어로 바르게 옮긴 것은?

윈드실드

① Windsheild　　② Windseat
③ Windsheed　　④ Windsuit
⑤ Windshield

05 다음 중 자동차와 관련된 단어의 한글 명칭과 영어 명칭이 바르게 연결된 것은?

① 후진 – Drive　　② 와이퍼 – Waper
③ 트렁크 – Trank　　④ 현가장치 – Pump Jack
⑤ 엔진오일 – Engine Oil

※ 다음 문장에서 밑줄 친 부분의 뜻으로 가장 적절한 것을 고르시오. [6~7]

06

You should take off your hat in this room.

① 입다　　② 쓰다
③ 벗다　　④ 먹다
⑤ 버리다

07

Mom is good at English, but she is poor at French.

① ~에 서투르다　　② ~에 익숙하다
③ ~을 선호하다　　④ ~을 숙달하다
⑤ ~을 포기하다

※ 다음 제시된 단어와 반대되는 의미를 가진 것을 고르시오. [8~10]

08

lack

① rack ② stack
③ abundance ④ allowance
⑤ provision

09

appear

① vanish ② remain
③ contain ④ require
⑤ trace

10

obvious

① distinct ② unclear
③ certain ④ conservative
⑤ familiar

대표유형 2 회화

다음 대화에서 제시카가 온 이유로 가장 적절한 것은?

A : What did Jessica come here for?
B : She said she would appreciate having you come to her party.

① 자신의 파티에 초청하기 위해
② 파티에 대해 항의하기 위해
③ 자신의 파티에 온 것에 감사하기 위해
④ 파티 파트너를 구하기 위해
⑤ 자신의 파티를 홍보하기 위해

| 해설 | | 해석 |
A : 제시카가 여기에 왜 왔어?
B : 네가 자신의 파티에 와줘서 감사하다고 말하더군.

정답 ③

11 다음 대화에서 두 사람의 관계로 가장 적절한 것은?

A : Hello? Can I help you?
B : Yes. I'm calling to reserve a single room.
A : Sure. How long do you want to stay?
B : For six nights.

① 경찰 – 시민
② 교수 – 학생
③ 호텔 직원 – 고객
④ 택시 기사 – 승객
⑤ 사장 – 직원

12 다음 대화에서 알 수 있는 A의 심경으로 가장 적절한 것은?

A : I shouldn't have bought a cap.
B : Do you mean you don't like the cap?
A : I don't need it. I should have been more careful when spending money.

① bored
② joyful
③ scared
④ regretful
⑤ happy

13 두 사람의 대화 중 가장 어색한 것은?

① A : What time are we having lunch?
　 B : It'll be ready before noon.
② A : I called you several times. Why didn't you answer?
　 B : Oh, I think my cell phone was turned off.
③ A : Are you going to take a vacation this winter?
　 B : I might. I haven't decided yet.
④ A : Hello. Sorry I missed your call.
　 B : Would you like to leave a message?
⑤ A : Hey, where are you headed?
　 B : We are off to the grocery store.

14 다음 대화의 빈칸에 들어갈 문장으로 가장 적절한 것은?

> A : Jane, shall we go to the park?
> B : _____. I have to finish my homework.
> A : All right. Maybe next time.

① I'm afraid I can't
② I agree with you
③ Certainly, I'd like to
④ You did a good job
⑤ Of course

15 다음 대화의 빈칸에 들어갈 단어로 가장 적절한 것은?

> A : I'm worried about making a kite.
> B : Don't worry. It's a piece of cake.
> A : What do you mean by that?
> B : I mean it's very _____ to do.

① easy
② hard
③ strange
④ complicated
⑤ dangerous

대표유형 3 **독해**

다음 글을 읽고 'Martin'에 대한 설명으로 가장 적절한 것은?

> Martin, aged 3, and his mother went visiting friend's last Sunday. A window was left open. Martin fell forty feet from the 2nd floor. Fortunately, he suffered nothing more than a few cuts.

① 생후 3개월이다.
② 할머니 집에 갔다.
③ 혼자 창문을 열었다.
④ 2층에서 떨어졌다.
⑤ 사고로 중상을 입었다.

| 해설 | | 어휘 |
- be left open : 열린 채 남겨지다
- suffer : 시달리다, 고통받다

| 해석 |
3살인 Martin과 그의 엄마는 지난 일요일 친구 집을 방문했다. 창문은 열려 있었고, Martin은 2층 40피트 높이에서 떨어졌다. 다행스럽게도, 그는 몇몇의 찰과상 말고는 더 다친 곳이 없었다.

정답 ④

16 다음 글의 주제로 가장 적절한 것은?

> Man has built his world: he has built factories and houses, he produces cars and clothes, he grows grain and fruit, and so on. But he is not really the master any more of the world he has built; on the contrary, this manmade world has become his master, before whom he bows down, and whom he tries to please as best he can. The work of his own hands has become his master. He seems to be driven by self-interest, but in reality he has become an instrument for the purposes of the very machine his hands have built.

① 새로운 생산물에 대한 인간의 끊임없는 도전
② 물질 문명에 대한 인간의 무한한 욕구
③ 인간과 기계 문명의 상호 보완적 관계
④ 자신이 만든 생산물에 종속된 인간
⑤ 인간의 탐욕이 사회에 미치는 영향

17 다음 글의 내용으로 가장 적절한 것은?

> When my printer's type began to go faint, I called a local repair shop where a friendly man informed me that the printer probably needed only to be cleaned. Because the shop charged $50 for such cleanings, he told me, I might be better off reading the printer's manual and trying the job myself. Pleasantly surprised by his candor, I asked, "Does your boss know that you discourage business?" "Actually it's my boss' idea." the employee replied sheepishly. "We usually make more money on repairs if we let people try to fix things themselves first."

① 수리점은 고객의 편의보다 이익을 앞세운다.
② 필자는 50달러를 지불하고 프린터를 고쳤다.
③ 수리점 점원은 사장의 방침을 따르지 않았다.
④ 필자는 점원의 충고를 듣지 않았다.
⑤ 필자의 프린트는 청소가 필요하지 않다.

18 다음 글의 밑줄 친 (A), (B)가 가리키는 것은?

> Because of the visual media, some people may become discontented with the reality of their own lives. To them, everyday life does not seem as exciting as the roles actors play in movies or TV dramas. (A) <u>They</u> realize they aren't having as much fun as (B) <u>them</u>. Also media watchers might get depressed when they can't handle situations in real life as well as TV stars seem to.

	(A)	(B)
①	the visual media	media watchers
②	the visual	media actors
③	some people	media watchers
④	some people	actors
⑤	the visual	actors

※ 다음 글의 내용으로 적절하지 않은 것을 고르시오. [19~20]

19

Dormitory Rules For Students
- All students must :
  1. get up at 6:00 a.m.
  2. go to bed at 10:00 p.m.
- Students may :
  1. have visitors twice a month.
  2. have a pet except dogs.
- Students may not :
  1. go outside after 6:00 p.m.
  2. have cellular phones.

① 개를 키울 수 없다.
② 기상 시간은 오전 6시이다.
③ 휴대전화를 가질 수 없다.
④ 한 달에 한 번 친구가 방문할 수 있다.
⑤ 오후 6시 이후에는 외출할 수 없다.

20

I have often seen horses standing quietly, sometimes several together. I always supposed that they were sleeping. But now I understand that they were not exactly sleeping but dozing. Scientists have studied sleep in people and in many animals, including horses. They record electrical signals that can be measured on the outside of the body, and these signals in turn show what is going on inside the brain. The scientists found that a horse's brain makes the pattern of complete sleep only when the horse is lying down on its side. The horse sleeps like this in several short periods, each often only a half hour long. In the wild, horses had to watch out for predators, like lions and other big cats. So it's understandable that they learned to sleep deeply in short naps. And that may be why we seldom see horses really sleeping.

① 서서 조는 모습을 종종 볼 수 있다.
② 누운 자세로 숙면을 취한다.
③ 여러 번 짧게 나누어 잔다.
④ 좀처럼 숙면을 취하지 않는다.
⑤ 전기신호로 말의 뇌를 관찰할 수 있다.

PART 2
최종점검 모의고사

제1회 최종점검 모의고사

제2회 최종점검 모의고사

기아 KIA 생산직 온라인 적성검사	
도서 동형 온라인 실전연습 서비스	ATPY-00000-3DCE5

제1회 최종점검 모의고사

☑ 문항 수 : 50문항 정답 및 해설 p.022

☑ 제한시간 30초

01 다음 중 차선을 유지할 수 있도록 전자식 동력 조향장치와 연동되어 작동하여 스스로 차선을 유지할 수 있는 장치는?

① Lane Keeping Anywhere System
② Lane Keeping Auto System
③ Lane Keeping Alignment System
④ Lane Keeping Assist System
⑤ Lane Keeping Approach System

☑ 제한시간 30초

02 다음 제시된 문자와 같은 것의 개수는?

bait

bait	beat	bear	bare	bean	beak	bald	back	blow	bare	beat	bare
beak	back	bean	beat	back	blow	bean	bald	bear	bean	back	bear
bean	bear	beak	bald	ba	bear	bald	beat	blow	beak	bait	beak
bare	bald	back	bait	bald	back	bare	blow	bean	bear	bald	beat

① 2개 ② 3개
③ 4개 ④ 5개
⑤ 6개

☑ 제한시간 30초

03 다음 글의 빈칸에 들어갈 내용으로 가장 적절한 것은?

> _____ 최근 몇 년 동안 서울을 비롯한 수도권을 중심으로 자전거 도로가 많이 늘어난 덕분이다. 자전거 도로는 강을 따라 뻗어나갔다. 한강시민공원을 따라 서쪽 행주대교에서, 동쪽 강동구 암사동까지 37km가 이어져 있다. 북쪽은 중랑천변 자전거 도로가 의정부 끝까지 달린다.

① 자전거 도로의 확충이 필요하다.
② 자전거 시대가 열리고 있다.
③ 자전거 시대를 열어야 한다.
④ 자동차 시대가 도래 한다.
⑤ 자전거는 자동차보다 효율적이다.

☑ 제한시간 30초

04 남학생 5명과 여학생 3명이 운동장에 있다. 남학생 중 2명을 뽑고, 여학생 중 2명을 뽑아 한 줄로 세우는 경우의 수는?

① 120가지
② 240가지
③ 360가지
④ 480가지
⑤ 720가지

☑ 제한시간 30초

05 라임이와 아버지의 나이 차는 28세이다. 아버지의 나이가 라임이의 나이의 3배일 때, 현재 아버지의 나이는?

① 40세
② 42세
③ 44세
④ 46세
⑤ 48세

06 다음 상황의 K씨에게 충고할 내용으로 가장 적절한 것은?

> K씨는 매일 1시간 단위로 자신이 해야 할 일을 계획하여 실천하고 있다. 그런데 오늘 K씨는 갑자기 예상하지 못한 외부 일정이 생겨 자신의 계획대로 업무를 진행하지 못했고, 이로 인하여 담당 업무에 큰 차질이 생겼다.

① 무리한 계획을 세우지 않으며, 실현 가능한 현실적인 계획을 세워야 한다.
② 계획한 일을 미루지 않는 자세가 필요하다.
③ 어느 일을 가장 우선적으로 처리해야 할 것인지를 결정해야 한다.
④ 다양한 상황이 발생할 수 있다는 것을 염두에 두고 계획을 세워야 한다.
⑤ 계획 실천에 방해가 되는 외부 요소를 의도적으로 차단해야 한다.

07 다음과 같은 모양을 만드는 데 사용된 블록의 개수는?(단, 보이지 않는 곳의 블록은 있다고 가정한다)

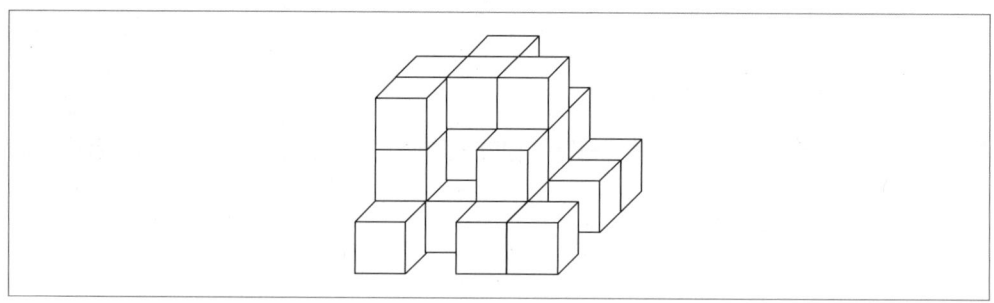

① 25개　　② 26개
③ 27개　　④ 28개
⑤ 29개

08 어떤 가게에서 사과 10개들이 한 상자를 9,500원에 판매하고 있다. 이 가게에서 사과를 낱개로 구매하려면 개당 1,000원을 지불해야 한다. 50,000원으로 이 가게에서 살 수 있는 사과의 최대 개수는?(단, 사과는 한 상자에 10개가 들어 있다)

① 48개　　② 50개
③ 52개　　④ 54개
⑤ 56개

09 다음 표에 제시되지 않은 문자는?

tall	term	tote	team	time	this	turn	tiny	ties	tape	thin	then
talk	thus	tame	taco	tile	toss	term	temp	test	thew	take	time
then	tune	thin	ties	tail	tuna	thor	tune	term	time	toss	tame
tiny	ties	test	task	thew	talk	taco	temp	than	tote	tail	type

① thor   ② tate
③ team   ④ tall
⑤ take

10 다음 명제가 모두 참일 때, 바르게 추론한 것은?

- 어떤 학생은 책 읽기를 좋아한다.
- 책 읽기를 좋아하는 사람의 대부분은 어린이다.
- 모든 어린이는 유치원에 다닌다.

① 모든 학생은 어린이다.
② 모든 학생은 유치원에 다닌다.
③ 책 읽기를 좋아하는 사람 모두가 어린이는 아니다.
④ 책 읽기를 좋아하는 사람 모두 학생이다.
⑤ 모든 어린이는 책 읽기를 좋아한다.

11 다음 제시된 자동차 부품의 명칭을 영어로 바르게 옮긴 것은?

방향 지시등

① Change Signal   ② Shift Signal
③ Shift Indicator   ④ Turn Signal
⑤ Turn Indicator

☑ 제한시간 30초

12 다음 제시된 도형의 규칙을 보고 ?에 들어갈 도형으로 알맞은 것은?

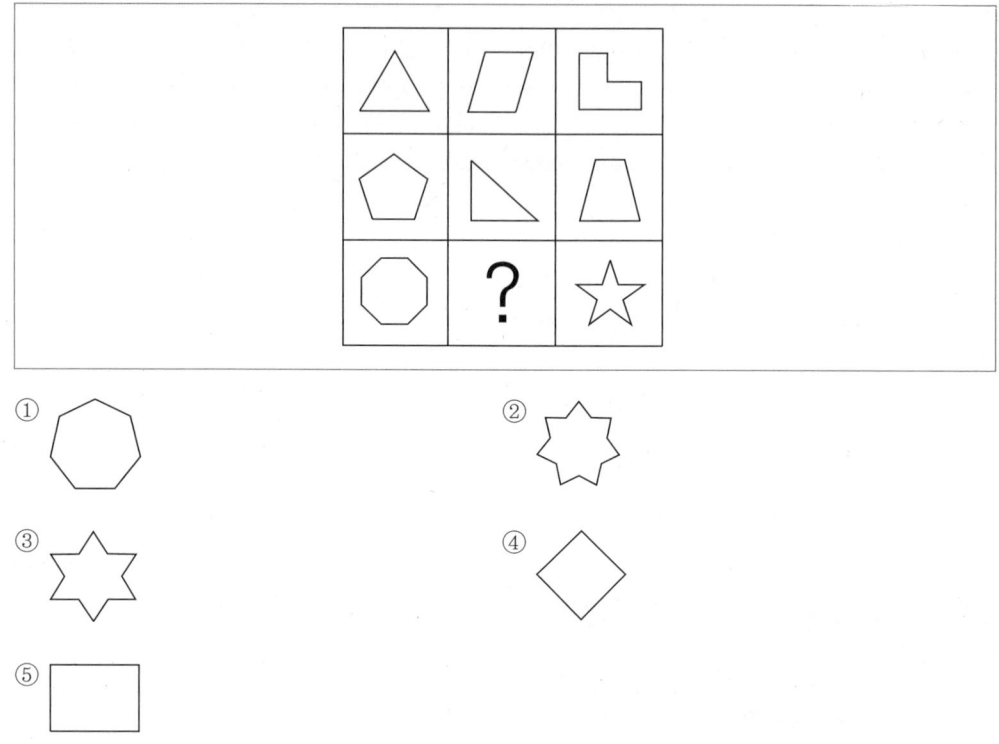

☑ 제한시간 30초

13 다음 글의 주제로 가장 적절한 것은?

우리 민족은 처마 끝의 곡선, 버선발의 곡선 등 직선보다는 곡선을 좋아했고, 그러한 곡선의 문화가 곳곳에 배어있다. 이것은 민요의 경우도 마찬가지이다. 서양 음악에서 '도'가 한 박이면 한 박, 두 박이면 두 박, 길든 짧든 같은 음이 곧게 지속되는데 우리 음악은 '시김새'에 의해 음을 곧게 내지 않고 흔들어 낸다. 시김새는 어떤 음높이의 주변에서 맴돌며 가락에 멋을 더하는 역할을 하는 장식음이다. 시김새란 '삭다'라는 말에서 나왔다. 그렇기 때문에 시김새라는 단어가 김치 담그는 과정에서 생겨났다고 볼 수 있다. 김치를 담글 때 무나 배추를 소금에 절여 숨을 죽이고 갖은 양념을 해서 일정 기간 숙성시켜 맛을 내듯, 시김새 역시 음악가가 손과 마음으로 삭여냈을 때 맛이 드는 것과 비슷하기 때문이다. 이 때문에 시김새가 '삭다.'라는 말에서 나온 것으로 본다. 더욱이 같은 재료를 썼는데도 집집마다 김치 맛이 다르고, 지방에 따라 양념을 고르는 법이 달라 다른 맛을 내듯 시김새는 음악 표현의 질감을 달리하는 핵심 요소이다.

① 민요에서 볼 수 있는 우리 민족의 곡선 문화
② 시김새에 의한 민요의 특징
③ 시김새의 정의와 어원
④ 시김새와 김치의 공통점
⑤ 시김새에서 김치의 역할

14 다음은 같은 반 학생인 A~E 5명의 영어 단어 시험 결과이다. 이를 바탕으로 바르게 추론한 것은?

> • A는 이번 시험에서 1문제의 답을 틀렸다.
> • B는 이번 시험에서 10문제의 답을 맞혔다.
> • C만 유일하게 이번 시험에서 20문제 중 답을 다 맞혔다.
> • D는 이번 시험에서 B보다 많은 문제의 답을 틀렸다.
> • E는 지난 시험에서 15문제의 답을 맞혔고, 이번 시험에서는 지난 시험보다 더 많은 문제의 답을 맞혔다.

① A는 E보다 많은 문제의 답을 틀렸다.
② C는 가장 많이 답을 맞혔고, B는 가장 많이 답을 틀렸다.
③ B는 D보다 많은 문제의 답을 맞혔지만, E보다는 적게 답을 맞혔다.
④ D는 E보다 많은 문제의 답을 맞혔다.
⑤ E는 이번 시험에서 5문제 이상의 답을 틀렸다.

15 1에서 10까지 적힌 숫자카드에서 임의로 두 장을 동시에 뽑을 때, 뽑은 두 카드에 적힌 수의 곱이 홀수일 확률은?

① $\dfrac{5}{7}$
② $\dfrac{7}{8}$
③ $\dfrac{5}{9}$
④ $\dfrac{2}{9}$
⑤ $\dfrac{1}{9}$

16 다음 밑줄 친 단어의 반의어로 적절하지 않은 것은?

> 〈깊다〉
> • 물이 <u>깊다</u>.
> • 역사가 <u>깊다</u>.
> • 그림자가 <u>깊다</u>.
> • 생각이 <u>깊다</u>.
> • 사이가 <u>깊다</u>.

① 얕다
② 가볍다
③ 옅다
④ 가깝다
⑤ 짧다

⏱ 제한시간 30초

17 다음 글의 빈칸에 들어갈 속담으로 가장 적절한 것은?

> 현대 자본주의 사회에서 대중은 예술미보다 상품미에 더 민감하다. 상품미란 이윤을 얻기 위해 대량으로 생산하는 상품이 가지는 아름다움을 의미한다. _____라고, 요즈음 생산자는 상품을 많이 팔기 위해 디자인과 색상에 신경을 쓰고, 소비자는 같은 제품이라도 겉모습이 화려하거나 아름다운 것을 사려고 한다. 결국, 우리가 주위에서 보는 거의 모든 상품은 상품미를 추구하고 있다. 그래서인지 모든 것을 다 상품으로 취급하는 자본주의 사회에서는 돈벌이를 위해서라면 모든 사물, 심지어는 인간까지도 상품미를 추구하는 대상으로 삼는다.

① 같은 값이면 다홍치마
② 술 익자 체 장수 지나간다
③ 원님 덕에 나팔 분다
④ 구슬이 서 말이라도 꿰어야 보배
⑤ 바늘 가는 데 실 간다

⏱ 제한시간 30초

18 다음 중 나머지 도형과 다른 것은?

①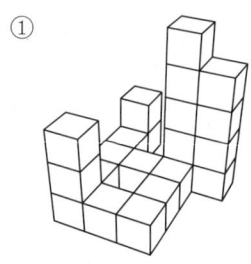
②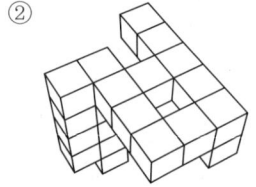
③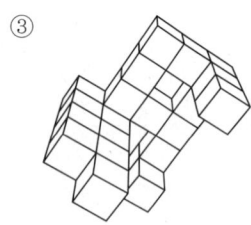
④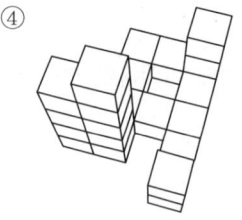
⑤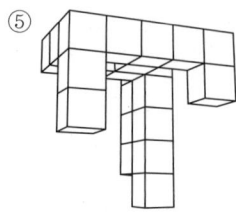

19 다음 글의 밑줄 친 'two basic things'가 가리키는 것은?

> Driving can be fun. However, most of drivers ignore two basic things when they drive : They forget to keep enough distance from the car in front, and they don't wear seat belts.

① 차선 지키기, 신호 지키기
② 안전거리 확보, 차선 지키기
③ 안전거리 확보, 좌석벨트 착용
④ 좌석벨트 착용, 규정 속도 유지
⑤ 차선 지키기, 규정 속도 유지

20 소금 농도가 4%인 미역국 450g이 싱거워 소금을 더 넣어 농도 10%의 미역국을 만들었다. 이때 넣은 소금의 양은?(단, 미역국의 농도는 소금으로만 조절하며, 나머지는 변하지 않는다)

① 25g
② 30g
③ 33g
④ 35g
⑤ 37g

21 다음은 유럽 3개국 수도의 30년간 인구수 변화를 나타낸 자료이다. 이에 대한 설명으로 옳지 않은 것은?

〈유럽 3개국 수도 인구수〉
(단위 : 천 명)

구분	1993년	2003년	2013년	2023년
A도시	9,725	10,342	10,011	9,860
B도시	6,017	8,305	12,813	20,384
C도시	30,304	33,587	35,622	38,001

① 세 도시 중 조사기간 동안 인구가 감소한 도시가 있다.
② 2013년을 기점으로 인구수가 2번째로 많은 도시가 바뀐다.
③ B도시는 조사기간 동안 언제나 세 도시 중 가장 높은 인구 증가율을 보인다.
④ 연도별 인구가 최소인 도시의 인구수 대비 인구가 최대인 도시의 인구수의 비는 계속 감소한다.
⑤ 해당 기간 동안 인구가 최대인 도시와 인구가 최소인 도시의 인구의 차는 계속적으로 증가한다.

☑ 제한시간 60초

22 다음 중 제시된 도형과 같은 것은?

①  ②

③ 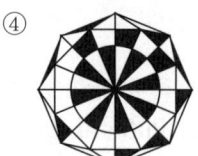 ④

⑤

☑ 제한시간 60초

23 정사각형 종이가 1장이 있고, 이 종이를 접어서 같은 모양의 직사각형 128개를 만들려고 한다. 접는 횟수를 가장 최소로 하려고 할 때, 종이를 접은 횟수는?

① 3번　　　　　　　　　　② 4번
③ 5번　　　　　　　　　　④ 6번
⑤ 7번

24 다음 명제가 모두 참일 때, 반드시 참인 것은?

- 집 주변에 카페, 슈퍼, 꽃집, 학교가 있다.
- 집과 카페의 거리는 집과 슈퍼의 거리보다 멀다.
- 집과 꽃집의 거리는 집과 슈퍼의 거리보다 가깝다.
- 집과 학교의 거리는 집과 카페의 거리보다 멀다.

① 슈퍼는 꽃집보다 집에서 가깝다.
② 집과 가장 가까운 곳은 슈퍼이다.
③ 카페는 집에서 두 번째로 가깝다.
④ 학교는 집에서 가장 멀다.
⑤ 꽃집은 카페보다 학교에 가깝다.

25 다음 제시된 문자와 같은 것의 개수는?

farm

film	face	film	fast	farm	fall	fail	face	fast	fall	face	farm
fast	fail	fall	face	film	fast	farm	fella	film	film	fall	fail
face	film	farm	fella	fail	face	fast	farm	fella	fail	fast	film
fail	fall	fella	farm	face	film	fall	fella	face	fella	farm	farm

① 7개 ② 8개
③ 9개 ④ 10개
⑤ 11개

☑ 제한시간 60초

26 다음 대화에서 빈칸에 들어갈 표현으로 가장 적절한 것은?

> A : I'm sorry to have kept you waiting.
> B : That's OK. _____
> A : I got stuck in a traffic jam.

① What's up? ② Exactly.
③ Excuse me? ④ That's too bad.
⑤ It's good.

☑ 제한시간 60초

27 일정한 규칙으로 수를 나열할 때, 빈칸에 들어갈 알맞은 수는?

| −6 50 18 10 −54 ( ) 162 |

① 2   ② −1
③ 32   ④ −18
⑤ 81

☑ 제한시간 60초

28 K사에 근무하는 R부장은 현재 자신의 부서에 부족한 팀워크를 해결하기 위해 아침회의 전에 부서 사원들에게 훌륭한 팀워크를 위해 조언을 해주고자 한다. 다음 중 조언 내용으로 가장 적절한 것은?

① 자기중심적인 개인주의가 필요합니다.
② 사원들 간의 사고방식 차이는 있을 수 없습니다.
③ 강한 자신감보다는 신중함이 필요합니다.
④ 솔직한 대화로 서로를 이해해야 합니다.
⑤ 조직에 대한 이해보다는 나 자신을 이해해야 합니다.

☑ 제한시간 60초

29 다음 명제가 모두 참일 때, 바르게 추론한 것은?

> • 철수의 성적은 영희보다 낮고, 수연이보다 높다.
> • 영희의 성적은 90점이고, 수연이의 성적은 85점이다.
> • 수연이와 윤수의 성적은 같다.

① 철수의 성적은 윤수보다 낮다.
② 철수의 성적은 90점 이상이다.
③ 철수의 성적은 85점 이하이다.
④ 영희의 성적은 수연이보다 낮다.
⑤ 철수의 성적은 86점 이상 89점 이하이다.

☑ 제한시간 60초

30 다음 중 나머지 도형과 다른 것은?

①    ②

③    ④

⑤

31 다음은 기업 집중도에 대한 자료이다. 이에 대한 내용으로 옳지 않은 것은?

〈기업 집중도 현황〉

구분	2021년	2022년	2023년	전년 대비
상위 10대 기업	25.0%	26.9%	25.6%	▽ 1.3%p
상위 50대 기업	42.2%	44.7%	44.7%	-
상위 100대 기업	48.7%	51.2%	51.0%	▽ 0.2%p
상위 200대 기업	54.5%	56.9%	56.7%	▽ 0.2%p

① 2023년의 상위 10대 기업의 점유율은 전년도에 비해 낮아졌다.
② 2021년 상위 101∼200대 기업이 차지하고 있는 비율은 5% 미만이다.
③ 전년 대비 2023년에는 상위 50대 기업을 제외하고 모두 점유율이 감소했다.
④ 전년 대비 2023년의 상위 100대 기업이 차지하고 있는 점유율은 약간 하락했다.
⑤ 2022∼2023년까지 전년 대비 상위 10대 기업의 등락률과 상위 200대 기업의 등락률은 같은 방향을 보인다.

32 다음 글에서 제시한 주의사항이 아닌 것은?

> Power drills are great tools for making holes in many materials, like wood, stone, and metal. But if you don't follow safety rules, you could have a serious accident.
> To stay safe, wear clothes that fit well and avoid loose clothing or gloves. These things can get caught in the rotating drill and hurt you. Also, drilling makes a lot of noise, so wear earplugs to protect your hearing.
> It's really important to choose the right drill bit for the material you're working with. The use of incorrect drill bits can damage the material and the user, so you should use the drill bits that fit the material. And always make sure your workpiece is securely held in place with clamps.

① 재료를 클램프로 단단히 고정해야 한다.
② 재료에 맞는 드릴 비트를 사용해야 한다.
③ 사용 전 헐렁한 옷이나 장갑을 제거해야 한다.
④ 사용 전 사고 방지를 위해 주변을 정리해야 한다.
⑤ 청각 손상을 방지하기 위해 귀마개를 착용해야 한다.

33 A매장에서는 직원 6명이 마감 청소를 하는 데 5시간이 걸린다. 만약 리모델링 작업을 진행하기 위해 3시간 만에 마감 청소를 끝낼 수 있도록 단기 직원을 추가로 고용하려고 한다면, 몇 명의 단기 직원이 추가로 필요한가?(단, 모든 직원의 능률은 동일하다)

① 2명 ② 3명
③ 4명 ④ 5명
⑤ 6명

34 다음 두 블록을 합쳤을 때, 나올 수 없는 형태는?

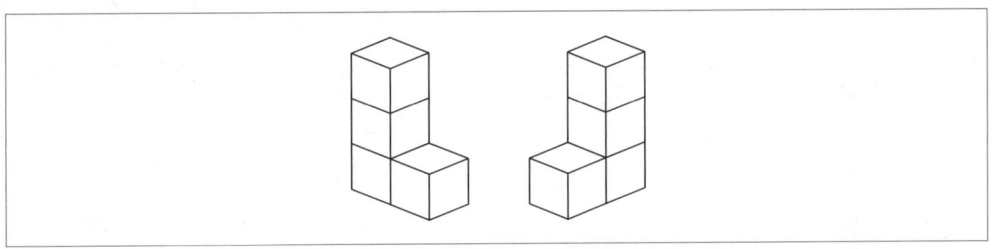

① 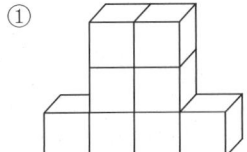 ②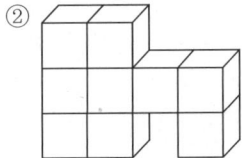

③ 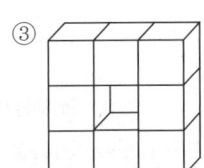 ④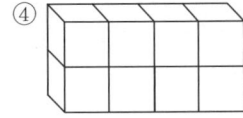

⑤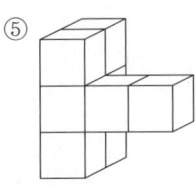

35. 다음 명제가 모두 참일 때, 추론할 수 없는 것은?

- 정리정돈을 잘하는 사람은 집중력이 좋다.
- 주변이 조용할수록 집중력이 좋다.
- 깔끔한 사람은 정리정돈을 잘한다.
- 집중력이 좋으면 성과 효율이 높다.

① 깔끔한 사람은 집중력이 좋다.
② 주변이 조용할수록 성과 효율이 높다.
③ 깔끔한 사람은 성과 효율이 높다.
④ 성과 효율이 높지 않은 사람은 주변이 조용하지 않다.
⑤ 깔끔한 사람은 주변이 조용하다.

36. 일정한 규칙으로 수를 나열할 때, 빈칸에 들어갈 알맞은 수는?

$$\frac{1}{2} \quad \frac{2}{3} \quad \frac{3}{4} \quad \frac{1}{2} \quad 1 \quad \frac{1}{3} \quad \frac{5}{4} \quad \frac{1}{6} \quad (\ \ )$$

① $\frac{9}{2}$ ② $\frac{7}{2}$
③ $\frac{5}{2}$ ④ $\frac{3}{2}$
⑤ $\frac{1}{2}$

37. 지하철이 A역에는 3분마다 오고, B역에는 2분마다 오고, C역에는 4분마다 온다. 지하철이 오전 4시 30분에 처음으로 A, B, C역에 동시에 도착했다면, 5번째로 세 지하철역에서 지하철이 동시에 도착하는 시각은 언제인가?

① 4시 45분 ② 5시
③ 5시 15분 ④ 5시 18분
⑤ 5시 20분

38 다음 제시된 그림에서 찾을 수 없는 도형은?

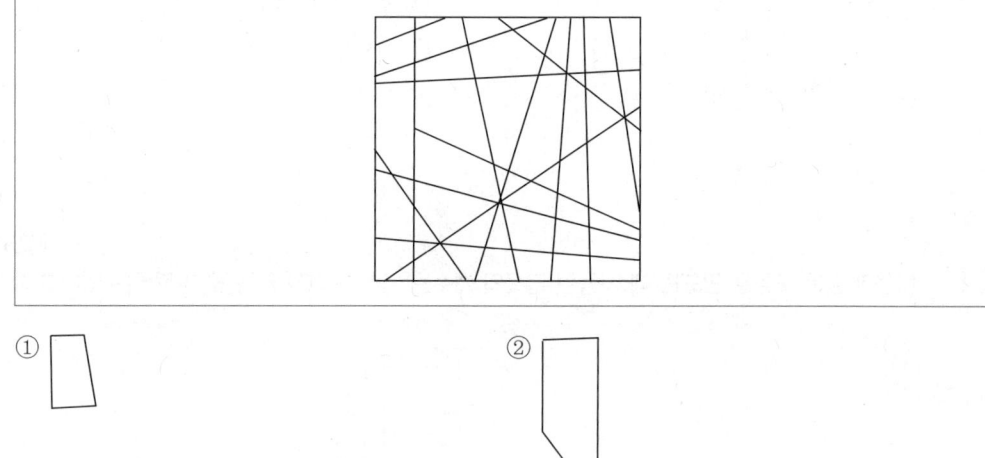

① 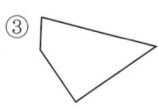 ②

③ 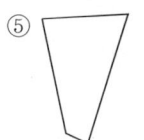 ④

⑤

39 다음 중 브레이크액 내부에 기포가 발생하여 제동력을 제대로 전달받지 않는 현상을 뜻하는 단어는?

① Steam Lock ② Vapor Lock
③ Brake Lock ④ Air Binding
⑤ Gas Binding

40 다음 중 맞춤법이 옳지 않은 것은?

① 과녁에 화살을 맞추다.
② 오랜만에 친구를 만났다.
③ 그는 저기에 움츠리고 있었다.
④ 단언컨대 내 말이 맞다.
⑤ 저건 정말 희한하다.

41 다음과 같은 모양을 만드는 데 사용된 블록의 개수는?(단, 보이지 않는 곳의 블록은 있다고 가정한다)

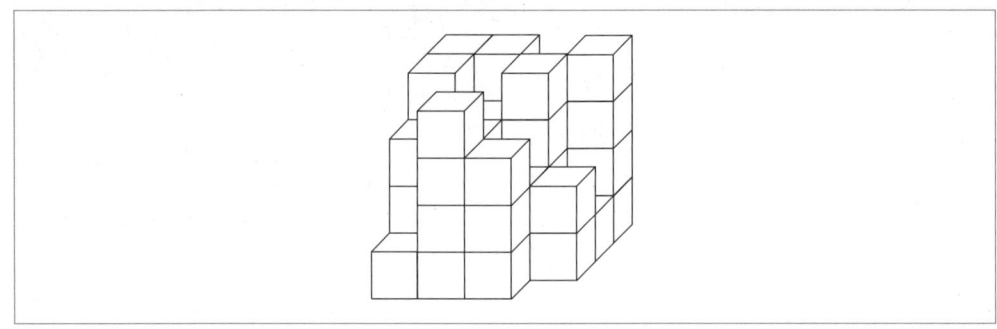

① 43개
② 44개
③ 45개
④ 46개
⑤ 47개

42 K회사에서는 업무효율을 높이기 위해 근무여건 개선방안에 대하여 논의하고자 한다. 다음은 전 직원의 야간근무 현황을 조사한 자료이다. 이에 대한 설명으로 옳지 않은 것은?

〈야간근무 현황(주 단위)〉
(단위 : 일, 시간)

구분	임원	부장	과장	대리	사원
평균 야간근무 빈도	1.2	2.2	2.4	1.8	1.4
평균 야간근무 시간	1.8	3.3	4.8	6.3	4.2

※ 60분의 2/3 이상을 채울 시 1시간으로 야간근무수당을 계산함

① 과장은 한 주에 평균적으로 2.4일 정도 야간근무를 한다.
② 전 직원의 주 평균 야간근무 빈도는 1.8일이다.
③ 사원은 한 주 동안 평균 4시간 12분 정도 야간근무를 하고 있다.
④ 1회 야간근무 시 평균적으로 가장 긴 시간 동안 일하는 직원은 대리이다.
⑤ 야간근무수당이 시간당 10,000원이라면 과장은 주 평균 50,000원을 받는다.

43 다음 글의 내용으로 적절하지 않은 것은?

> Aesop was a man who lived in Greece from about 620 to 560 B.C. He told fables that were about different animals. Fables are short stories that have a moral or lesson. After Aesop died, many other people told his tales and added new ones. These tales have become known as Aesop's fables. They are the most famous fables in the world. Although Aesop's fables are usually stories about animals, they help teach humans how to live their lives well.

① 이솝은 기원전에 그리스에 살았다.
② 이솝은 동물에 관한 우화를 들려주었다.
③ 우화는 재미있지만 교훈과는 거리가 있다.
④ 이솝 우화는 인간에게 잘 사는 법을 가르쳐 준다.
⑤ 많은 사람들이 그의 이야기를 들려주었다.

44 실제 시간보다 10분 더 느린 시계가 있다. A가 시계를 보았을 때, 오전 10시 15분이었다. 이때 실제 시간이 가리키는 시침과 분침의 이루는 작은 각도는 얼마인가?

① 155.5°
② 157.5°
③ 162.5°
④ 164.5°
⑤ 168.5°

45 A전자 영업부에 근무하는 귀하는 제품에 대한 불만이 있는 고객의 전화를 받았다. 제품에 문제가 있어 담당부서에 고장수리를 요청했으나 연락이 없어 고객이 화가 많이 난 상태였다. 이때 직원으로서 귀하의 응대로 가장 적절한 것은?

① 고객에게 사과하여 고객의 마음을 진정시키고 전화를 상사에게 연결한다.
② 고객의 불만을 들어준 후, 고객에게 제품수리에 대해 담당부서로 다시 전화할 것을 권한다.
③ 화를 가라앉히시라고 말하고 그렇지 않으면 전화응대를 하지 않겠다고 한다.
④ 고객의 불만을 듣고 지금 사장님과 전화연결은 어렵고 다시 연락을 드리겠다고 답한 후, 사장님께 메모를 전한다.
⑤ 회사를 대표해서 미안하다는 사과를 하고, 고객의 불만을 메모한 후 담당부서에 먼저 연락하여 해결해 줄 것을 의뢰한다.

46 다음 제시된 단면과 일치하는 입체도형은?

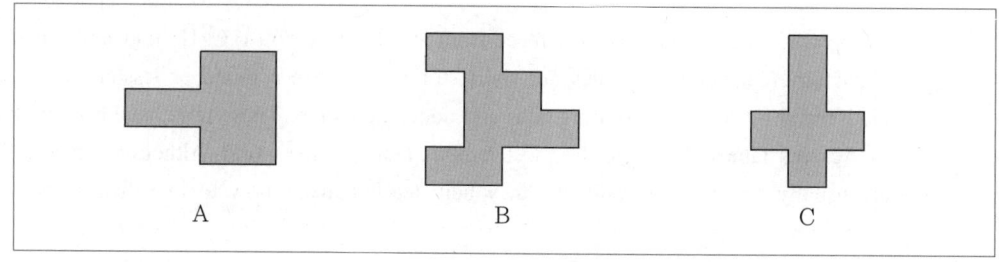

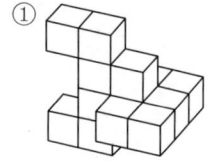
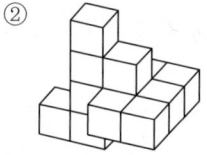
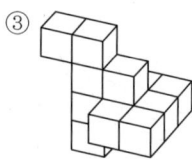
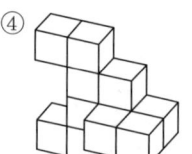
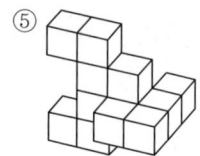

47 다음 명제를 근거로 결론을 내릴 때, 참인지 거짓인지 알 수 없는 것은?

- 월계 빌라의 주민들은 모두 A의 친척이다.
- B는 자식이 없다.
- C는 A의 오빠이다.
- D는 월계 빌라의 주민이다.
- A의 아들은 미국에 산다.

① A의 아들은 C와 친척이다. ② D는 A와 친척 간이다.
③ B는 월계 빌라의 주민이다. ④ A와 D는 둘 다 남자이다.
⑤ C는 A의 아들의 이모이다.

48 다음 글의 주제로 가장 적절한 것은?

> 동양 사상이라 해서 언어와 개념을 무조건 무시하는 것은 결코 아니다. 만약 그렇다면 동양 사상은 경전이나 저술을 통해 언어화되지 않고 순전히 침묵 속에서 전수되어 왔을 것이다. 물론 이것은 사실이 아니다. 동양 사상도 끊임없이 언어적으로 다듬어져 왔으며 논리적으로 전개되어 왔다. 흔히 동양 사상은 신비주의적이라고 말하지만, 이것은 동양 사상의 한 면만을 특정 지우는 것이지 결코 동양의 철인(哲人)들이 사상을 전개함에 있어 논리를 무시했다거나 항시 어떤 신비적인 체험에 호소해서 자신의 주장들을 폈다는 것을 뜻하지는 않는다. 그러나 역시 동양 사상은 신비주의적임에 틀림없다. 거기서는 지고(至高)의 진리란 언제나 언어화될 수 없는 어떤 신비한 체험의 경지임이 늘 강조되어 왔기 때문이다. 최고의 진리는 언어 이전, 혹은 언어 이후의 무언(無言)의 진리이다. 엉뚱하게 들리겠지만, 동양 사상의 정수(精髓)는 말로써 말이 필요 없는 경지를 가리키려는 데에 있다고 해도 과언이 아니다. 말이 스스로를 부정하고 초월하는 경지를 나타내도록 사용된 것이다. 언어로써 언어를 초월하는 경지를 나타내고자 하는 것이야말로 동양 철학이 지닌 가장 특징적인 정신이다. 동양에서는 인식의 주체를 심(心)이라는 매우 애매하면서도 포괄적인 말로 이해해 왔다. 심(心)은 물(物)과 항시 자연스러운 교류를 하고 있으며, 이성은 단지 심(心)의 일면일 뿐인 것이다. 동양은 이성의 오만이라는 것을 모른다. 지고의 진리, 인간을 살리고 자유롭게 하는 생동적 진리는 언어적 지성을 넘어선다는 의식이 있었기 때문일 것이다. 언어는 언제나 마음을 못 따르며 둘 사이에는 항시 괴리가 있다는 생각이 동양인들의 의식 저변에 깔려 있는 것이다.

① 동양 사상은 신비주의적인 요소가 많다.
② 언어와 개념을 무시하면 동양 사상을 이해할 수 없다.
③ 동양 사상은 언어적 지식을 초월하는 진리를 추구한다.
④ 인식의 주체를 심(心)으로 표현하는 동양 사상은 이성적이라 할 수 없다.
⑤ 동양 사상에서는 언어는 마음을 따르므로 진리는 마음속에 있다고 주장한다.

49 다음은 전자인증서 인증수단 방법 중 선호도를 조사한 자료이다. 이에 대한 설명으로 옳지 않은 것은?(단, 평균점수는 소수점 첫째 자리에서 반올림한다)

〈전자인증서 인증 수단별 선호도 현황〉

(단위 : 점)

구분	실용성	보안성	간편성	유효기간
공인인증서 방식	16	( )	14	1년
ID/PW 방식	18	10	16	없음
OTP 방식	15	18	14	1년 6개월
이메일 및 SNS 방식	18	8	10	없음
생체인증 방식	20	19	18	없음
i-PIN 방식	16	17	15	2년

※ 선호도는 실용성, 보안성, 간편성 점수를 합한 값임
※ 유효기간이 1년 이하인 방식은 보안성 점수에 3점을 가산함

① 생체인증 방식의 선호도는 OTP 방식과 i-PIN 방식의 합보다 38점 낮다.
② 실용성 전체 평균점수보다 높은 방식은 총 4가지이다.
③ 유효기간이 '없음'인 인증수단 방식의 간편성 평균점수는 15점이다.
④ 공인인증서 방식의 선호도가 51점일 때, 빈칸에 들어갈 값은 18점이다.
⑤ 유효기간이 '없음'인 인증수단 방식의 실용성 점수는 모두 18점 이상이다.

50 다음 글의 빈칸에 들어갈 내용으로 가장 적절한 것은?

Compared to past generations, we are quite well off. In the past fifty years, the average buying power has more than tripled. We own a lot of electronic devices that are designed to make our lives easire, but still, as sociologists are eager to point out, there is no end to the list of things to do in our daily lives. We work as hard as our grandparents did, and the result is flawlessness but not freedom. The curtain edges are free of dirt, the picture hooks on the wall are firmly in place, and our eggs come out just the way we like them. The more we havem the more we want. The result is an apparent scarcity of time, a dilemma that seems to grow with each passing year, even though there is plenty of time to go around. _____ is the price we pay for an abundance of options.

① Feeling pressed for time
② Being exposed to danger
③ A widening generation gap
④ Boredom out of convenience
⑤ Economic imbalance among social groups

제2회 최종점검 모의고사

☑ 문항 수 : 50문항　　　　　　　　　　　　　　　　　　　　　　정답 및 해설 p.032

☑ 제한시간 30초

01　일정한 규칙으로 수를 나열할 때, 빈칸에 들어갈 알맞은 수는?

1　2　3　5　8　( )

① 12　　　　　　　　　　　② 13
③ 14　　　　　　　　　　　④ 15
⑤ 16

☑ 제한시간 60초

02　다음 제시된 숫자와 같은 것의 개수는?

809

976	301	759	619	904	792	361	298	104	580	479	179
984	591	817	482	478	147	235	549	872	567	293	163
482	479	104	984	549	361	976	591	759	904	478	147
301	817	235	298	619	179	872	809	567	293	792	580

① 1개　　　　　　　　　　　② 2개
③ 3개　　　　　　　　　　　④ 4개
⑤ 5개

☑ 제한시간 30초

03 다음 제시된 도형을 만들기 위해 필요하지 않은 조각은?

☑ 제한시간 60초

04 다음 제시된 도형의 규칙을 보고 ?에 들어갈 도형으로 알맞은 것은?

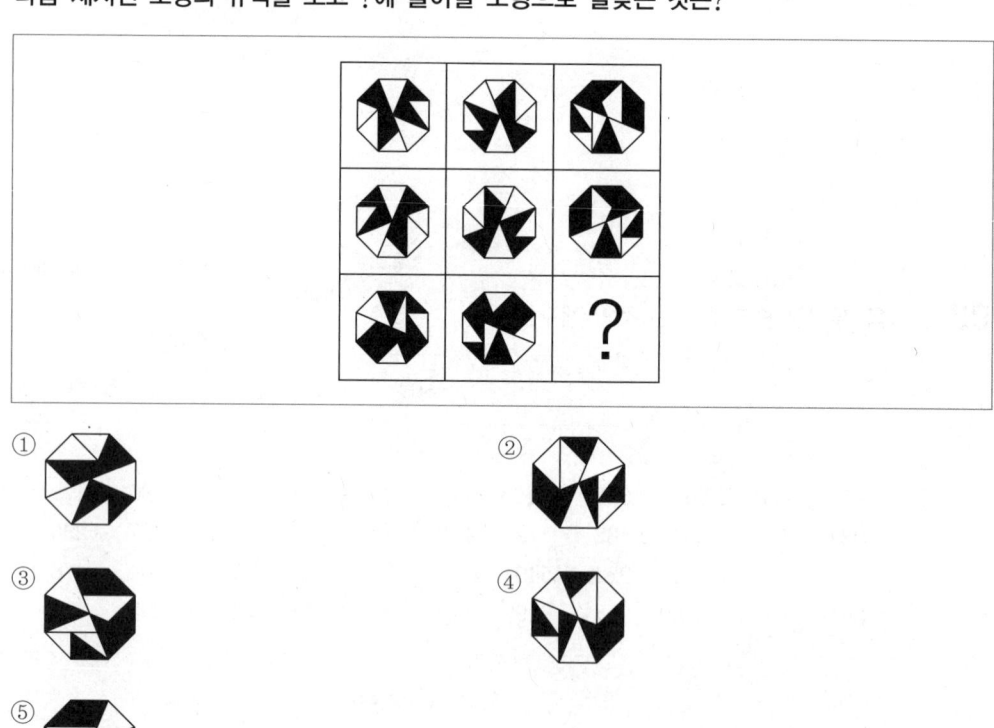

⏱ 제한시간 30초

05 다음 제시된 자동차 부품의 명칭을 영어로 바르게 옮긴 것은?

> 후방 카메라

① Low Camera ② Lead Camera
③ Read Camera ④ Reer Camera
⑤ Rear Camera

⏱ 제한시간 30초

06 사내 체육대회의 응원단장 투표를 홈페이지에서 진행하려고 한다. 부서별로 1명씩 총 8명의 후보 중 3명을 선출하는 경우는 몇 가지인가?

① 56가지 ② 58가지
③ 60가지 ④ 62가지
⑤ 64가지

⏱ 제한시간 30초

07 다음과 같은 모양을 만드는 데 사용된 블록의 개수는?(단, 보이지 않는 곳의 블록은 있다고 가정한다)

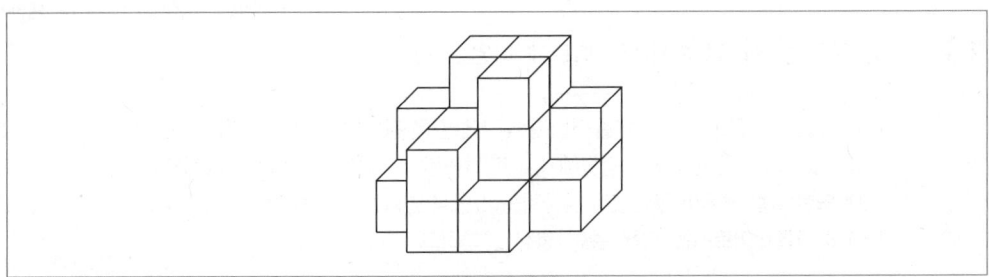

① 23개 ② 22개
③ 21개 ④ 20개
⑤ 19개

✓ 제한시간 30초

08 테니스 동아리에서 테니스장 사용료를 내려고 한다. 모두 같은 금액으로 한 명당 5,500원씩 내면 3,000원이 남고 5,200원씩 내면 300원이 부족하다. 테니스장 사용료는 얼마인가?

① 37,500원　　　　　　　　② 47,500원
③ 57,500원　　　　　　　　④ 67,500원
⑤ 77,500원

✓ 제한시간 30초

09 다음 명제가 모두 참일 때, 빈칸에 들어갈 명제로 가장 적절한 것은?

- 영양소는 체내에서 에너지원 역할을 한다.
- 탄수화물은 영양소이다.
- 그러므로 _____

① 탄수화물은 체내에서 에너지원 역할을 한다.
② 에너지원 역할을 하는 것은 탄수화물이다.
③ 탄수화물은 체내에 필요하다.
④ 에너지원 역할을 하는 것은 영양소이다.
⑤ 탄수화물을 제외한 영양소는 에너지원 역할을 하지 않는다.

✓ 제한시간 30초

10 다음 문장을 논리적 순서대로 바르게 나열한 것은?

(가) 새로운 강물이 끊임없이 흘러들기 때문에 같은 강물에 다시 들어가는 것은 불가능하다는 것이다.
(나) 그는 그 믿음을 "같은 강물에 두 번 들어갈 수 없다."란 말로 표현했다.
(다) 또한 그는 불꽃이 끊임없이 흔들리듯이 항상 변화하고 있는 '불'을 세계의 근원적 요소로 보았다.
(라) 헤라클레이토스는 모든 것이 항상 변화하고 있다고 믿었다.

① (나) – (가) – (라) – (다)　　　② (나) – (다) – (가) – (라)
③ (나) – (라) – (다) – (가)　　　④ (라) – (나) – (가) – (다)
⑤ (라) – (다) – (나) – (가)

11 다음 제시된 단어의 반의어로 옳은 것은?

anxious

① shaky
② static
③ afraid
④ solid
⑤ calm

12 다음 중 직장생활에서 인간관계를 잘하는 방법에 대한 설명으로 적절하지 않은 것은?

① 상사나 동료의 의견에 일단 수긍을 하는 자세를 보인다.
② 업무능력보다는 인간관계가 더 중요하다는 점을 명심한다.
③ 동료가 일이 많으면 내 일이 아니더라도 도와준다.
④ 상대방에게 호감을 줄 수 있도록 항상 웃는 얼굴로 대한다.
⑤ 적극적인 마인드를 가지고 업무에 임하고 자신을 강하게 어필할 수 있도록 한다.

13 다음 표에 제시되지 않은 문자는?

gold	gene	gate	gell	give	golf	goat	grow	get	gap	gilt	girl
gist	geek	ghost	gite	girth	gene	get	give	gilt	gist	geek	goal
gene	give	gite	gap	geek	grow	gell	girl	goat	goal	girth	gilt
gell	girl	ghost	golf	goal	gold	gate	gap	gite	gold	gap	gist

① give
② gate
③ geek
④ grew
⑤ girl

14 다음 명제가 모두 참일 때, 빈칸에 들어갈 명제로 가장 적절한 것은?

- 눈을 자주 깜빡이지 않으면 눈이 건조해진다.
- 스마트폰을 이용할 때는 눈을 자주 깜빡이지 않는다.
- _____

① 눈이 건조해지면 눈을 자주 깜빡이지 않는다.
② 눈이 건조해지지 않으면 눈을 자주 깜빡이지 않는다.
③ 눈을 자주 깜빡이지 않으면 스마트폰을 이용하는 때이다.
④ 스마트폰을 이용할 때는 눈이 건조해진다.
⑤ 눈이 건조해지면 눈을 자주 깜빡인 것이다

15 다음 글의 내용으로 적절하지 않은 것은?

브이로그(Vlog)란 비디오(Video)와 블로그(Blog)의 합성어로, 블로그처럼 자신의 일상을 영상으로 기록하는 것을 말한다. 이전까지 글과 사진을 중심으로 남기던 일기를 이제는 한 편의 영상으로 남기는 것이다.
1인 미디어 시대는 포털 사이트의 블로그 서비스, 싸이월드가 제공했던 '미니홈피' 서비스 등을 통해 시작되었다. 사람들은 자신만의 공간에서 일상을 기록하거나 특정 주제에 대한 의견을 드러냈다. 그러다 동영상 공유 사이트인 유튜브(Youtube)가 등장하였고, 스마트폰 사용이 보편화됨에 따라 일상생활을 담은 브이로그가 인기를 얻기 시작했다.
'브이로거'는 이러한 브이로그를 하는 사람으로, 이들은 다른 사람들과 같이 공유하고 싶거나 기억하고 싶은 일상의 순간들을 영상으로 남겨 자신의 SNS에 공유한다. 이를 통해 영상을 시청하는 사람들은 '저들도 나와 다르지 않다.'는 공감을 하고, 자신이 경험하지 못한 일을 간접적으로 경험하면서 대리만족을 느낀다.

① 브이로그란 이전에 문자로 기록한 일상을 영상으로 기록하는 것이다.
② 자신의 일상을 기록한 영상을 다른 사람들과 공유하는 사람을 브이로거라고 한다.
③ 유튜브의 등장과 스마트폰의 보편화가 브이로그의 인기를 높였다.
④ 브이로거는 공감과 대리만족을 느끼기 위해 브이로그를 한다.
⑤ 블로그 서비스 등을 통해 1인 미디어 시대가 시작되었다.

16 다음은 자동차 판매현황에 대한 자료이다. 이에 대한 〈보기〉의 설명 중 옳은 것을 모두 고르면?

〈자동차 판매현황〉
(단위 : 천 대)

구분	2020년	2021년	2022년
소형	30	50	40
준중형	200	150	180
중형	400	200	250
대형	200	150	100
SUV	300	400	200

보기

ㄱ. 2020 ~ 2022년 동안 판매량이 지속적으로 감소하는 차종은 2종류이다.
ㄴ. 2021년 대형 자동차 판매량은 전년 대비 30% 미만 감소했다.
ㄷ. 2020 ~ 2022년 동안 SUV 자동차의 총판매량은 대형 자동차 총판매량의 2배이다.
ㄹ. 2021년 대비 2022년에 판매량이 증가한 차종 중 증가율이 가장 높은 차종은 준중형이다.

① ㄱ, ㄷ
② ㄴ, ㄷ
③ ㄴ, ㄹ
④ ㄱ, ㄴ, ㄹ
⑤ ㄱ, ㄷ, ㄹ

17 물 200g에 소금 100g과 농도 20% 소금물 200g을 넣으면 농도 몇 %의 소금물이 되는가?

① 22%
② 24%
③ 26%
④ 28%
⑤ 30%

18 다음 대화가 이루어지는 장소로 가장 적절한 곳은?

> A : I like this shirt. Can I try it on?
> B : Sure. The fitting room is over there.
> A : It fits me well. I will buy it.

① 식당
② 소방서
③ 경찰서
④ 옷가게
⑤ 도서관

19 다음 글의 주제로 가장 적절한 것은?

> 멸균이란 곰팡이, 세균, 박테리아, 바이러스 등 모든 미생물을 사멸시켜 무균 상태로 만드는 것을 의미한다. 멸균 방법에는 물리적, 화학적 방법이 있으며, 멸균 대상의 특성에 따라 적절한 멸균 방법을 선택하여 실시할 수 있다. 먼저 물리적 멸균법에는 열이나 화학약품을 사용하지 않고 여과기를 이용하여 세균을 제거하는 여과법, 병원체를 불에 태워 없애는 소각법, 100℃에서 10~20분간 물품을 끓이는 자비소독법, 미생물을 자외선에 직접 노출시키는 자외선 소독법, 160~170℃의 열에서 1~2시간 동안 건열 멸균기를 사용하는 건열법, 포화된 고압증기 형태의 습열로 미생물을 파괴시키는 고압증기 멸균법 등이 있다. 다음으로 화학적 멸균법은 화학약품이나 가스를 사용하여 미생물을 파괴하거나 성장을 억제하는 방법을 말한다. 여기에는 E.O 가스, 알코올, 염소 등 여러 가지 화학약품이 사용된다.

① 멸균의 중요성
② 뛰어난 멸균 효과
③ 다양한 멸균 방법
④ 멸균 시 발생할 수 있는 부작용
⑤ 멸균 시 사용하는 약품의 종류

☑ 제한시간 30초

20 진희가 자전거 뒷좌석에 동생을 태우고 10km/h의 속력으로 회사에 가고 있었다. 회사 가는 길에 있는 어린이집에 동생을 내려주고, 아까의 1.4배의 속력으로 회사에 갔다. 진희의 집에서 회사까지의 거리는 12km이고, 진희가 8시에 집에서 나와 9시에 도착했다면, 진희가 어린이집에서 출발한 시각은 언제인가?

① 8시 25분 ② 8시 30분
③ 8시 35분 ④ 8시 40분
⑤ 8시 45분

☑ 제한시간 60초

21 다음 중 나머지 도형과 다른 것은?

①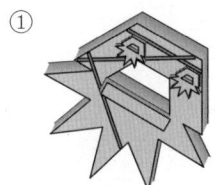

②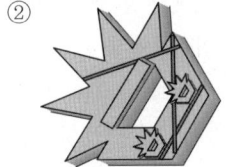

③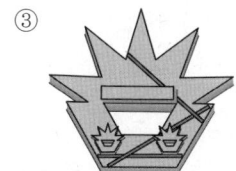

④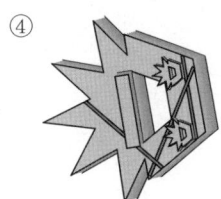

⑤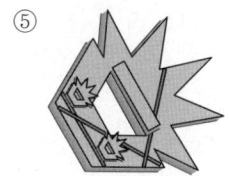

22 다음 글의 밑줄 친 부분의 수정방안으로 적절하지 않은 것은?

> 옛것을 <u>본받는</u> 사람은 옛 자취에 <u>얽메이는</u> 것이 문제다. 새것을 만드는 사람은 이치에 <u>합당지</u> 않은 것이 걱정이다. 진실로 능히 옛것을 <u>변화할줄</u> 알고, 새것을 만들면서 법도에 맞을 수만 있다면 지금 글도 <u>옛글 만큼</u> 훌륭하게 쓸 수 있을 것이다.

① 본받는 → 본 받는   ② 얽메이는 → 얽매이는
③ 합당지 → 합당치   ④ 변화할줄 → 변화할 줄
⑤ 옛글 만큼 → 옛글만큼

23 다음 글의 내용으로 적절하지 않은 것은?

> One Sunday morning, Jane and her sister Mary were talking about Christmas in the living room. Then their mother came into the room with a box. It was a very big box. "This box is a present from your aunt in Seoul," she said. There were two pretty Korean dolls in it. Mary cried, "How happy we are!" Their mother said to Jane and Mary, "Write a letter to her immediately."

① Jane과 Mary는 거실에서 이야기를 나누고 있었다.
② 매우 큰 상자에는 예쁜 한국 인형이 두 개 들어 있었다.
③ Jane과 Mary는 어머니에게 감사의 편지를 썼다.
④ 숙모는 크리스마스 선물을 Jane과 Mary에게 주었다.
⑤ 선물은 서울에 계신 숙모에게서 왔다.

24 다음 중 엔진 내부 이상으로 점화플러그에서 스파크를 일으키기 전에 폭발이 발생하는 현상을 뜻하는 단어는?

① Knocking   ② Sparking
③ Preexplosion   ④ Flaming
⑤ Shooting

25 다음은 K사 서비스 센터에서 A지점의 만족도를 조사한 자료이다. 이에 대한 설명으로 옳지 않은 것은?

〈서비스 만족도 조사 결과〉

구분	응답자 수(명)	비율(%)
매우 만족	(A)	20%
만족	33	22%
보통	(B)	(C)
불만족	24	16%
매우 불만족	15	(D)
합계	150	100%

① 방문 고객 150명을 대상으로 A지점의 서비스 만족도를 조사하였다.
② 응답한 고객 중 30명이 본 지점의 서비스를 '매우 만족'한다고 평가하였다.
③ 내방 고객의 약 $\frac{1}{3}$이 본 지점의 서비스 만족도를 '보통'으로 평가하였다.
④ '불만족' 이하 구간이 26%의 비중을 차지하고 있다.
⑤ 고객 중 $\frac{1}{5}$이 '매우 불만족'으로 평가하였다.

26 일정한 규칙으로 수를 나열할 때, 빈칸에 들어갈 알맞은 수는?

11　19　8　−14　(　)　16　−3　8　11

① 2　　　　　　　　　　② 8
③ 12　　　　　　　　　　④ 18
⑤ 20

27 다음 글을 읽고 추론한 내용으로 적절하지 않은 것은?

> 레이저 절단 가공은 고밀도, 고열원의 레이저를 절단하고자 하는 소재로 쏘아 절단 부위를 녹이고 증발시켜 소재를 절단하는 최첨단 기술이다. 레이저 절단 가공은 일반 가공법으로는 작업이 불가능한 절단면 및 복잡하고 정교한 절단 형상을 신속하고 정확하게 절단하여 가공할 수 있고, 절단하고자 하는 소재의 제약도 일반 가공법에 비해 자유롭다. 또한, 재료와 직접 접촉하지 않으므로 절단 소재의 물리적 변형이 적어 깨지기 쉬운 소재도 다루기 쉽고, 다른 열 절단 가공에 비해 열변형의 우려가 적다. 이런 장점으로 반도체 소자가 나날이 작아지고 더욱 정교해지면서 레이저 절단 가공은 반도체 산업에서는 이제 없어서는 안 될 필수적인 과정이 되었다.

① 레이저 절단 가공은 절단 부위를 녹이므로 열변형의 우려가 큰 가공법이다.
② 레이저 절단 가공 작업 중에는 기체가 발생한다.
③ 두께가 얇아 깨지기 쉬운 반도체 웨이퍼는 레이저 절단 가공으로 가공하여야 한다.
④ 과거 반도체 소자의 정교함은 현재 반도체 소자에 미치지 못하였을 것이다.
⑤ 현재 기술력으로는 다른 가공법을 사용하여 반도체 소자를 다루기 힘들 것이다.

28 다음 글을 읽고 리더(Leader)의 입장에서 이해한 내용으로 가장 적절한 것은?

> 존 맥스웰(John Maxwell)의 저서 『121가지 리더십 불변의 법칙』 중 첫 번째 법칙으로 '뚜껑의 법칙'을 살펴볼 수 있다. 뚜껑의 법칙이란 용기(容器)를 키우려면 뚜껑의 크기도 그에 맞게 키워야만 용기로써의 역할을 제대로 할 수 있으며, 그렇지 않으면 병목 현상이 생겨 제 역할을 할 수 없다는 것이다.

① 리더는 자신에 적합한 인재를 등용할 수 있어야 한다.
② 참된 리더는 부하직원에게 기회를 줄 수 있어야 한다.
③ 리더는 부하직원의 실수도 포용할 수 있어야 한다.
④ 크고 작은 조직의 성과는 리더의 역량에 달려 있다.
⑤ 리더의 재능이 용기의 크고 작음을 결정한다.

29 수학, 영어 점수의 평균이 85점이고, 수학, 국어 점수의 평균이 91점일 때, 영어와 국어 점수의 차이는 몇 점인가?

① 12점 ② 13점
③ 15점 ④ 16점
⑤ 17점

30 다음 제시된 도형의 규칙을 보고 ?에 들어갈 도형으로 알맞은 것은?

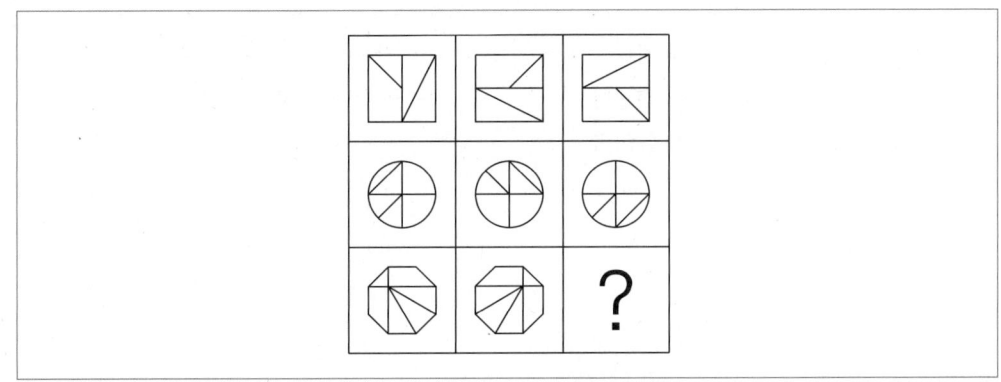

①    ②

③ 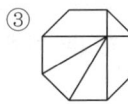   ④

⑤

31 다음 제시된 자동차 부품의 명칭을 영어로 바르게 옮긴 것은?

차대

① Chassis ② Cassis
③ Cheasis ④ Sheasis
⑤ Shassis

32 제시된 명제가 모두 참일 때, 빈칸에 들어갈 명제로 가장 적절한 것은?

- 경찰에 잡히지 않으면 도둑질을 하지 않은 것이다.
- _____
- 그러므로 감옥에 안 가면 도둑질을 하지 않은 것이다.

① 도둑질을 하면 감옥에 간다. ② 감옥에 가면 도둑질을 한다.
③ 도둑질을 하면 경찰에 잡힌다. ④ 경찰에 잡히면 감옥에 간다.
⑤ 경찰은 도둑질을 하지 않는다.

33 K회사에서 근무하는 갑, 을, 병은 고객설문조사 업무를 맡았다. 갑이 혼자 할 경우 12일 걸리고, 을은 18일, 병은 36일이 걸린다고 한다. 3명이 함께 업무를 진행한다고 할 때, 걸리는 기간은 며칠인가?

① 8일 ② 7일
③ 6일 ④ 5일
⑤ 4일

34 다음 명제가 모두 참일 때, 바르게 추론한 것은?

- 영서는 연수보다 크다.
- 연수는 수희보다 작다.
- 주림이는 가장 작지는 않지만, 수희보다는 작다.
- 수희는 두 번째로 크다.
- 키가 같은 사람은 아무도 없다.

① 연수가 가장 작다.   ② 연수가 세 번째로 크다.
③ 연수는 주림이보다 크다.   ④ 영서는 주림이보다 작다.
⑤ 연수가 가장 크다.

35 다음 제시된 단면과 일치하는 입체도형은?

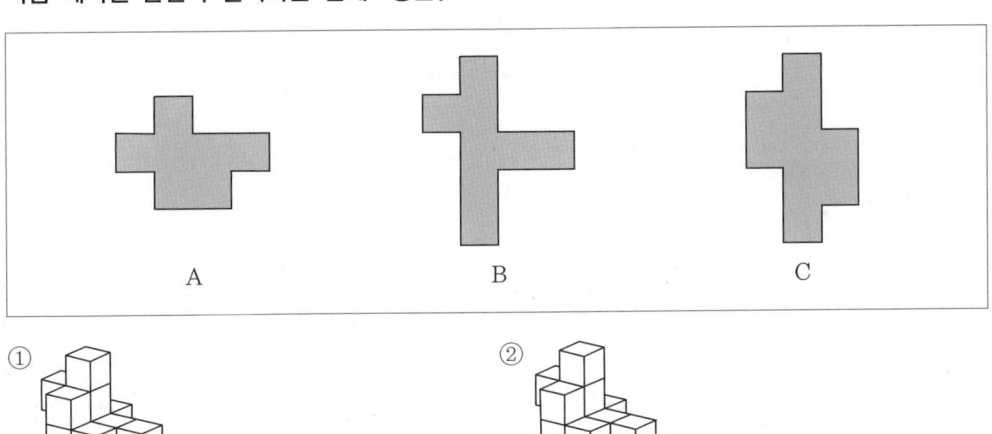

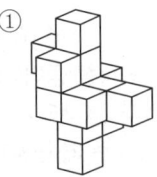   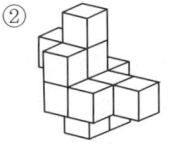

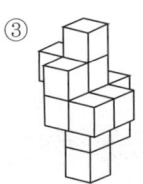   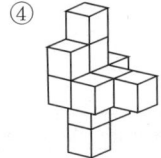

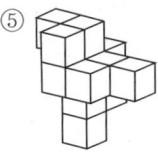

36 다음은 갑국의 총인구수와 인구성장률 추이를 나타낸 그래프이다. 이에 대한 설명으로 옳은 것은?

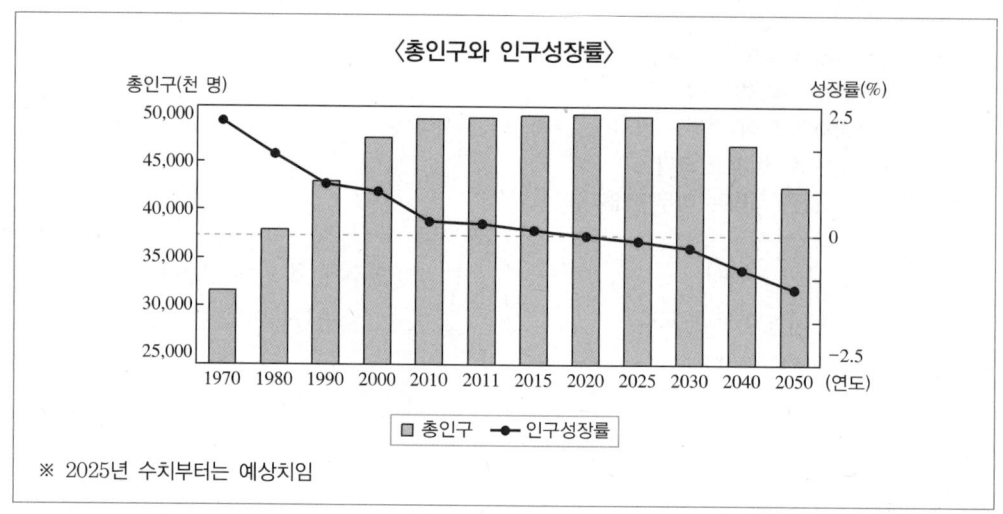

① 인구성장률은 2025년에 잠시 증가하다가 다시 감소할 것이다.
② 2011년부터 총인구는 감소할 것이다.
③ 2000~2010년 기간보다 2011~2015년 기간의 인구증가가 덜할 것이다.
④ 2040년의 총인구는 1990년 총인구보다 적을 것이다.
⑤ 총인구수는 2000년부터 감소세를 보이고 있다.

37 자동차 제조 회사에서 근무하는 황대리는 T중형차 매출현황에 대한 보고서를 작성 중이었다. 그런데 실수로 커피를 쏟아 월별 매출 일부분과 평균 매출 부분이 얼룩지게 되었다. 황대리가 기억하는 연 매출액은 246억 원이고, 3분기까지의 평균 매출은 22억 원이었다. 남아있는 매출현황을 통해 구한 4분기의 평균 매출은?

〈월별 매출현황〉
(단위 : 억 원)

1월	2월	3월	4월	5월	6월	7월	8월	9월	10월	11월	12월	평균
-	-	-	16	-	-	12	-	18	-	20	-	-

① 14억 원   ② 16억 원
③ 18억 원   ④ 20억 원
⑤ 22억 원

38 다음 표에 제시되지 않은 문자는?

홍	경	묘	청	래	이	재	순	조	사	고	종
방	김	삿	랑	인	시	갓	구	대	위	충	절
보	은	속	리	대	청	한	타	국	금	아	태
짬	탕	짜	단	짠	고	감	래	진	상	왕	전

① 홍　　　　② 속
③ 무　　　　④ 짠
⑤ 탕

39 다음 중 나머지 도형과 다른 것은?

①
②
③
④
⑤

40 다음 글의 빈칸에 들어갈 단어로 가장 적절한 것은?

> People say that there are two types of people: "big picture people" and "details people". Big picture people tend to be creative and strategic, but they can also be disorganized and forgetful. On the other hand, details people are precise and well-organized, but can lack perspective or fail to do important things first. These two types tend to _____ each other and work well together. Most people are naturally more skilled at one or the other. Whether you have good attention to details or whether you can see the big picture easily and clearly is generally part of your personality. But either of the tratis can be learned.

① constitute
② complement
③ compliment
④ contemplate
⑤ compromise

41 K사는 회사 복지 프로그램인 A, B, C안에 대한 투표를 진행했다. 총 50명의 직원이 1표씩 행사했고, 지금까지의 개표 결과는 다음과 같다. 무효표 없이 모두 정상적으로 투표했다고 할 때, A, B안의 득표수와 상관없이 C안이 선정되려면 최소 몇 표가 더 필요한가?

〈개표 중간 결과〉

A안	B안	C안
15표	8표	6표

① 12표
② 13표
③ 14표
④ 15표
⑤ 16표

42 다음 제시된 그림에서 찾을 수 없는 조각은?

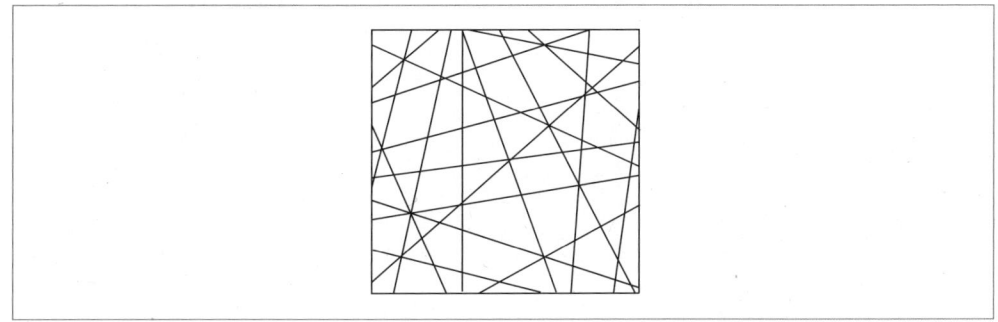

① 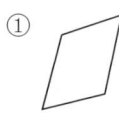   ②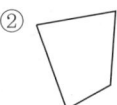

③   ④

⑤

☑ 제한시간 60초

43 A주머니에는 흰 공 1개와 검은 공 3개가 들어있고, B주머니에는 흰 공 2개가 들어있다. 두 주머니 중에 어느 하나를 택하여 1개의 공을 꺼낼 때, 그 공이 흰 공일 확률은?

① $\dfrac{1}{4}$ ② $\dfrac{3}{8}$

③ $\dfrac{1}{2}$ ④ $\dfrac{5}{8}$

⑤ $\dfrac{3}{4}$

☑ 제한시간 60초

44 다음 글의 내용으로 적절하지 않은 것은?

> Microscope is an instrument used to magnify tiny objects that are invisible to the naked eye.
> A commonly used optical microscope consists of an objective lens and an eyepiece. The objective lens, positioned close to the object being observed, magnifies the object. The eyepiece, located near the observer's eye, further magnifies the image produced by the objective lens, allowing for observation. By utilizing the principle of light refraction and magnification through these two lenses, we can observe microorganisms and other small objects.
> On the other hand, an electron microscope uses an electron beam to observe objects. It supports much higher magnification compared to optical microscopes. Therefore, it is used to observe extremely small objects such as the cells and viruses.

① 광학 현미경은 대물렌즈와 접안렌즈로 구성된다.
② 바이러스를 관찰하려면 광학 현미경이 필요하다.
③ 전자 현미경은 전자 빔을 사용하여 물체를 관찰한다.
④ 광학 현미경은 전자 현미경보다 높은 배율을 지원한다.
⑤ 광학 현미경으로 물체를 보기 위해 빛의 굴절과 확대의 원리를 이용한다.

45 다음 글의 제목으로 가장 적절한 것은?

영양분이 과도하게 많은 물에서는 오히려 물고기의 생존이 어렵다. 농업용 비료나 하수 등에서 배출되는 질소와 인 등으로 영양분이 많아진 하천의 수온이 상승하면 식물성 플랑크톤이 대량으로 증식하게 된다. 녹색을 띠는 플랑크톤이 수면을 뒤덮으면 물속으로 햇빛이 닿지 못하고 결국 물속의 산소가 고갈되어 물고기는 숨을 쉬기 어려워진다. 즉, 물속의 과도한 영양분이 오히려 물고기의 생존을 위협하는 것이다.

이처럼 부영양화된 물에서의 플랑크톤 증식으로 인한 녹조 현상은 경제발전과 각종 오염물질 배출량의 증가로 인해 심각한 사회문제가 되고 있다. 녹조는 냄새를 유발하는 물질과 함께 독소를 생성하여 수돗물의 수질을 저하시킨다. 특히 독성물질을 배출하는 녹조를 유해 녹조로 지정하여 관리하고 있는 현실을 고려하면 이제 녹조는 생태계뿐만 아니라 먹는 물의 안전까지도 위협한다.

하천의 생태계를 보호하고 우리가 먹는 물을 보호하기 위해서는 녹조의 발생 원인을 사전에 제거해야 한다. 이를 위해서는 무엇보다 생활 속에서의 작은 실천이 중요하다. 질소나 인이 첨가되지 않은 세제를 사용하고, 농가에서는 화학 비료 사용을 최소화하며 하천에 오염된 물이 흘러 들어가지 않도록 철저히 관리하는 노력을 기울여야 한다.

① 물고기의 생존을 위협하는 하천의 수질 오염
② 녹조를 가속화하는 이상 기온 현상
③ 물고기와 인간의 안전을 위협하는 하천의 부영양화
④ 녹조 예방을 위한 정부의 철저한 관리 필요성
⑤ 수돗물 수질 향상을 위한 기술 개발의 필요성

☑ 제한시간 60초

46 다음 중 나머지 도형과 다른 것은?

①

②

③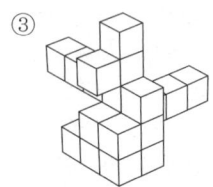

④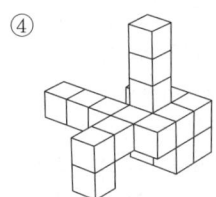

⑤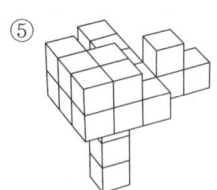

☑ 제한시간 60초

47 다음 명제가 모두 참일 때, 바르게 추론한 것은?

- 효주는 지영이보다 나이가 많다.
- 효주와 채원이는 같은 회사에 다니고, 그 회사는 나이 많은 사람이 승진을 더 빨리 한다.
- 효주는 채원이보다 승진을 빨리 했다.

① 효주는 나이가 가장 많다.
② 채원이는 지영이보다 나이가 많다.
③ 채원이는 효주보다 나이가 많다.
④ 지영이는 채원이보다 나이가 많다.
⑤ 효주와 채원이는 나이가 같다.

48 다음 글의 빈칸에 들어갈 내용으로 가장 적절한 것은?

> 키는 유전적인 요소가 크다. 그러나 이러한 한계를 극복할 수 있는 강력한 수단이 있다. 바로 영양이다. 키 작은 유전자를 갖고 태어나도 잘 먹으면 키가 커질 수 있다는 것이다. 핵심은 단백질과 칼슘이다. 이를 가장 손쉽게 섭취할 수 있는 것은 우유다. 가격도 생수보다 저렴하다. 물론 우유의 효과에 대한 부정적 견해도 존재한다. 아토피 피부염과 빈혈·골다공증 등 각종 질병이 생길 수 있다는 주장이다. 그러나 이는 일부 학계의 의견이 침소봉대(針小棒大)되었다고 본다. 당뇨가 생기니 밥을 먹지 말고, 바다가 오염됐다고 생선을 먹지 않을 순 없지 않은가. _____

① 아이들의 건강을 위해 우유 소비를 줄여야 한다.
② 키에 관한 유전적 요소를 극복하는 방법으로는 수술밖에 없다.
③ 키는 물론 건강까지 생각한다면 자녀들에게 우유를 먹여야 한다.
④ 우유는 아이들의 혀를 담백하게 길들이는 데 중요한 역할을 한다.
⑤ 아이들의 건강 상태에 따라 우유를 먹여야 할지 말아야 할지 결정해야 한다.

49 다음은 K지역 전체 가구를 대상으로 원자력발전소 사고 전·후 식수 조달원 변경에 대해 사고 후 설문조사한 결과이다. 이에 대한 설명으로 옳은 것은?

〈원자력발전소 사고 전·후 K지역 조달원별 가구 수〉

(단위 : 가구)

사고 전 조달원 \ 사고 후 조달원	수돗물	정수	약수	생수
수돗물	40	30	20	30
정수	10	50	10	30
약수	20	10	10	40
생수	10	10	10	40

※ K지역 가구의 식수 조달원은 수돗물, 정수, 약수, 생수로 구성되며, 각 가구는 한 종류의 식수 조달원만 이용함

① 사고 전에 식수 조달원으로 정수를 이용하는 가구 수가 가장 많다.
② 사고 전에 비해 사고 후에 이용 가구 수가 감소한 식수 조달원의 수는 3개이다.
③ 사고 전·후 식수 조달원을 변경한 가구 수는 전체 가구 수의 60% 이하이다.
④ 사고 전에 식수 조달원으로 정수를 이용하던 가구는 모두 사고 후에도 정수를 이용한다.
⑤ 각 식수 조달원 중에서 사고 전·후에 이용 가구 수의 차이가 가장 큰 것은 생수이다.

50 다음 글에서 제시한 외장 하드디스크 사용 시 주의사항이 아닌 것은?

☑ 제한시간 60초

> An external hard disk is an important storage device that holds valuable data. In order to use it safely, certain precautions must be taken.
> First, physical shock must be avoided. Dropping it from a height or applying strong impact can damage the stored data, so it should always be kept in a safe place.
> Next, dusty environments should be avoided. Dust can enter the hard drive and degrade its performance. Therefore, it's advisable to cover it when not in use.
> Also, after using an external hard disk, it must be disconnected from the computer using the 'Safely Remove' function to prevent data loss.
> Lastly, to prevent data loss from external hard drive failure, it is recommended to create backups of your important data on a different storage device.

① 습기가 많은 환경을 피해야 한다.
② 물리적 충격으로부터 보호되어야 한다.
③ 사용 후에는 덮개를 덮어 먼지로부터 보호해야 한다.
④ 외장 하드디스크의 고장을 대비하여 다른 저장장치에 백업해야 한다.
⑤ 외장 하드디스크를 컴퓨터에서 분리할 때는 '안전하게 제거' 기능을 사용해야 한다.

PART 3

인성검사

PART 3 인성검사

개인이 업무를 수행하면서 성과물을 능률적으로 만들기 위해서는 개인의 능력과 경험 그리고 회사의 교육 및 훈련 등이 필요하지만, 개인의 성격이나 성향 역시 중요하다. 여러 직무분석 연구에서 나온 결과들에 따르면, 직무에서의 성공과 관련된 특성들 중 최고 70% 이상이 능력보다는 성격과 관련이 있다고 한다. 그래서 기업들은 최근 인성검사의 비중을 높이고 있는 추세이다.

현재 기업들은 인성검사를 KIRBS(한국행동과학연구소)나 SHR(에스에이치알) 등의 전문기관에 의뢰해서 시행하고 있다. 전문기관에 따라서 인성검사 방법에 차이가 있고, 보안을 위해서 인성검사를 의뢰한 기업을 공개하지 않을 수 있기 때문에 특정 기업의 인성검사를 정확하게 판단할 수 없지만, 지원자들이 후기에 올린 문제를 통해 유형을 예상할 수 있다.

여기에서는 기아자동차의 인성검사와 수검요령 및 검사 시 유의사항에 대해 간략하게 정리하였으며, 인성검사 모의연습을 통해 실제 시험 유형을 확인할 수 있도록 하였다.

01 ▶ 기아 KIA 인성검사

기아 KIA의 인재상과 적합한 인재인지 평가하는 테스트로, 지원자의 개인 성향이나 인성에 관한 질문으로 구성되어 있다. 적성검사와 마찬가지로 문항별로 제한 시간이 있으며, 이전 문제로 돌아갈 수 없으므로 큰 고민 없이 솔직하고 일관적인 답변을 하는 것이 중요하다.

(1) **문항 수** : 280문항
(2) **시간** : 문항별 제한 시간 8~10초
(3) **유형** : 각 문항에 대해 자신의 성격에 맞게 '① 전혀 그렇지 않다, ② 그렇지 않다, ③ 그렇다, ④ 매우 그렇다'를 선택하는 문제가 출제된다.

02 ▶ 인성검사 수검 요령

인성검사에서 가장 중요한 것은 솔직한 답변이다. 지금까지 경험을 통해서 축적되어 온 생각과 행동을 허구 없이 솔직하게 기재하는 것이다. 예를 들어, "나는 타인의 물건을 훔치고 싶은 충동을 느껴본 적이 있다."라는 질문에 지원자는 많은 생각을 하게 된다. 유년기에 또는 성인이 되어서도 타인의 물건을 훔치는 일을 한 적이 없더라도, 훔치고 싶은 마음의 충동은 누구나 조금이라도 느껴 보았을 것이다. 그런데 이 질문에 고민을 하는 지원자는 "예"라고 답하면 검사결과에 자신이 사회적으로 문제가 있는 사람으로 나오지 않을까 하는 생각에 "아니요"라는 답을 기재하게 된다. 이런 솔직하지 않은 답은 답안의 신뢰와 타당성 척도에 좋지 않은 점수를 주게 된다.

일관성 있는 답 역시 중요하다. 인성검사의 수많은 문항 중에는 비슷한 내용의 질문이 여러 개 숨어 있는 경우가 많다. 이러한 질문들은 지원자의 솔직한 답변과 심리적인 상태를 알아보기 위한 것이다. 가령 "나는 유년시절 타인의 물건을 훔친 적이 있다."라는 질문에 "예"라고 답했는데, "나는 유년시절 타인의 물건을 훔쳐보고 싶은 충동을 느껴본 적이 있다."라는 질문에는 "아니요"라고 답을 기재한다면 어떻겠는가. 일관성 없이 '대충 기재하자.'라는 식의 무성의한 답안이 되거나, 정신적으로 문제가 있는 사람으로 보일 수 있다.

03 ▶ 인성검사 시 유의사항

(1) 충분한 휴식으로 불안을 없애고 정서적인 안정을 취한다. 심신이 안정되어야 자신의 마음을 표현할 수 있다.
(2) 생각나는 대로 솔직하게 응답한다. 자신을 너무 과대포장하지도, 너무 비하시키지도 마라. 답변을 꾸며서 하면 앞뒤가 맞지 않게끔 구성돼 있어 불리한 평가를 받게 되므로 솔직하게 답하도록 한다.
(3) 검사문항에 대해 지나치게 생각해서는 안 된다. 지나치게 몰두하면 엉뚱한 답변이 나올 수 있으므로 불필요한 생각은 삼간다.
(4) 검사시간에 너무 신경 쓸 필요는 없다. 인성검사는 시간제한이 없는 경우가 많으며 시간제한이 있다 해도 충분한 시간이다.
(5) 인성검사는 대개 문항 수가 많기에 자칫 건너뛰는 경우가 있는데, 가능한 한 모든 문항에 답해야 한다. 응답하지 않은 문항이 많을 경우 평가자가 정확한 평가를 내리지 못해 불리한 평가를 내릴 수 있기 때문이다.

04 ▶ 인성검사 모의연습

※ 인성검사는 정답이 따로 없는 유형의 검사이므로 결과지를 제공하지 않습니다.

※ 다음 문항을 읽고 ①~④ 중 자신에게 해당하는 것을 고르시오(① 전혀 그렇지 않다, ② 그렇지 않다, ③ 그렇다, ④ 매우 그렇다). [1~280]

번호	문항	응답
01	타박을 받아도 위축되거나 기가 죽지 않는다.	① ② ③ ④
02	몸이 피곤할 때도 명랑하게 행동한다.	① ② ③ ④
03	익숙지 않은 집단이나 장소로 옮겨가는 것이 꺼려진다.	① ② ③ ④
04	타인의 지적을 순수하게 받아들일 수 있다.	① ② ③ ④
05	매일의 목표가 있는 생활을 하고 있다.	① ② ③ ④
06	실패했던 기억을 되새기면서 고민하는 편이다.	① ② ③ ④
07	언제나 생기가 있고 열정적이다.	① ② ③ ④
08	상품을 선택하는 취향이 오랫동안 바뀌지 않는다.	① ② ③ ④
09	자신을 과시하다가 으스댄다는 핀잔을 듣곤 한다.	① ② ③ ④
10	동료가 될 사람을 1명만 택한다면 자기유능감이 높은 사람을 뽑겠다.	① ② ③ ④
11	열등감으로 자주 고민한다.	① ② ③ ④
12	많은 사람들을 만나는 것을 좋아한다.	① ② ③ ④
13	새로운 것에 대한 호기심이 잘 생기지 않는다.	① ② ③ ④
14	사람들을 쉽게 믿고 그들을 이해하려 노력한다.	① ② ③ ④
15	무엇이든 꾸준히 하면 스스로 해낼 수 있다고 믿는다.	① ② ③ ④
16	남에게 무시당하면 화가 치밀어 주체할 수 없다.	① ② ③ ④
17	과묵하고 소극적이라는 평가를 받곤 한다.	① ② ③ ④
18	상상보다는 사실지향성에 무게를 두는 편이다.	① ② ③ ④
19	남의 의견을 호의적으로 받아들이고 협조적이다.	① ② ③ ④
20	별로 반성하지 않으며, 게으름을 부리곤 한다.	① ② ③ ④
21	물건을 살 때 꼭 필요한 것인지 따져보며 충동구매를 하지 않는다.	① ② ③ ④
22	일부 특정한 사람들하고만 교제를 하는 편이다.	① ② ③ ④
23	일반적이고 확실한 것이 아니라면 거절하는 편이다.	① ② ③ ④
24	남에게 자신의 진심을 표현하기를 주저하는 편이다.	① ② ③ ④
25	임무를 달성하기 위해 목표를 분명하게 세운다.	① ② ③ ④
26	사고 싶은 것이 있으면 따지지 않고 바로 사곤 한다.	① ② ③ ④
27	낯선 사람에게도 친근하게 먼저 말을 건네는 편이다.	① ② ③ ④

28	다양성을 존중해 새로운 의견을 수용하는 편이다.	① ② ③ ④
29	남의 말을 들을 때 진위를 의심하곤 한다.	① ② ③ ④
30	시험 전에도 노는 계획을 세우곤 한다.	① ② ③ ④
31	주변 상황에 따라 기분이 수시로 변하곤 한다.	① ② ③ ④
32	몸담고 있는 동호회나 모임이 여러 개이다.	① ② ③ ④
33	익숙한 것만을 선호하다가 변화에 적응하지 못할 때가 많다.	① ② ③ ④
34	나를 비판하는 사람의 진짜 의도를 의심해 공격적으로 응수한다.	① ② ③ ④
35	도중에 실패해도 소임을 다하기 위해 끝까지 추진한다.	① ② ③ ④
36	고민이 있어도 지나치게 걱정하지 않는다.	① ② ③ ④
37	많은 사람들 앞에서 말하는 것이 서툴다.	① ② ③ ④
38	지적 흥미에 관심이 많고, 새로운 지식에 포용적이다.	① ② ③ ④
39	사람들을 믿지 못해 불편할 때가 많다.	① ② ③ ④
40	자신의 책임을 잊고 경솔하게 행동하곤 한다.	① ② ③ ④
41	기분 나쁜 일은 금세 잊는 편이다.	① ② ③ ④
42	다과회, 친목회 등의 소모임에서 책임을 자주 맡는다.	① ② ③ ④
43	부모님의 권위를 존중해 그분들의 말씀에 거의 순종한다.	① ② ③ ④
44	나의 이익을 지키려면 반드시 타인보다 우위를 점해야 한다고 생각한다.	① ② ③ ④
45	언행이 가볍다고 자주 지적받는다.	① ② ③ ④
46	슬럼프에 빠지면 좀처럼 헤어나지 못한다.	① ② ③ ④
47	자신이 기력이 넘치며 사교적이라고 생각한다.	① ② ③ ④
48	익숙한 일·놀이에 진부함을 잘 느끼고, 새로운 놀이·활동에 흥미를 크게 느낀다.	① ② ③ ④
49	친구들을 신뢰해 그들의 말을 잘 듣는 편이다.	① ② ③ ④
50	인생의 목표와 방향이 뚜렷하며 부지런하다는 평가를 받곤 한다.	① ② ③ ④
51	감정을 잘 조절해 여간해서 흥분하지 않는 편이다.	① ② ③ ④
52	느긋하고 서두르지 않으며 여유로운 편이다.	① ② ③ ④
53	새로운 유행이 시작되면 다른 사람보다 먼저 시도해 보는 편이다.	① ② ③ ④
54	친구와 다투면 먼저 손을 내밀어 화해하지 못해 친구를 잃곤 한다.	① ② ③ ④
55	자신이 유능하다고 믿기 때문에 자신감이 넘친다.	① ② ③ ④
56	걱정거리가 머릿속에서 쉽사리 잊히지 않는 편이다.	① ② ③ ④
57	혼자 있을 때가 편안하다.	① ② ③ ④
58	비유적·상징적인 것보다는 사실적·현실적인 표현을 선호한다.	① ② ③ ④
59	모르는 사람은 믿을 수 없으므로 경계하는 편이다.	① ② ③ ④

60	책임감, 신중성 등 자신에 대한 주위의 평판이 좋다고 생각한다.	① ② ③ ④
61	슬픈 일만 머릿속에 오래 남는다.	① ② ③ ④
62	꾸물대는 것이 싫어 늘 서두르는 편이다.	① ② ③ ④
63	예술가가 된 나의 모습을 상상하곤 한다.	① ② ③ ④
64	칭찬도 나쁘게 받아들이는 편이다.	① ② ③ ④
65	경솔한 언행으로 분란을 일으킬 때가 종종 있다.	① ② ③ ④
66	삶이 버겁게 느껴져 침울해지곤 한다.	① ② ③ ④
67	윗사람, 아랫사람 가리지 않고 쉽게 친해져 어울린다.	① ② ③ ④
68	상상 속에서 이야기를 잘 만들어 내는 편이다.	① ② ③ ④
69	손해를 입지 않으려고 약삭빠르게 행동하는 편이다.	① ② ③ ④
70	기왕 일을 한다면 꼼꼼하게 하는 편이다.	① ② ③ ④
71	비난을 받으면 몹시 신경이 쓰이고 자신감을 잃는다.	① ② ③ ④
72	주위 사람들에게 인사하는 것이 귀찮다.	① ② ③ ④
73	창의력과 상상력이 풍부하다는 이야기를 자주 듣는다.	① ② ③ ④
74	자기중심적인 관점에서 남을 비판하곤 한다.	① ② ③ ④
75	지나치게 깔끔하고 싶은 강박증이 있다.	① ② ③ ④
76	세밀한 계획을 세워도 과도한 불안을 느낄 때가 많다.	① ② ③ ④
77	항상 바쁘게 살아가는 편이다.	① ② ③ ④
78	타인이 예상하지 못한 엉뚱한 행동, 생각을 할 때가 자주 있다.	① ② ③ ④
79	의견이 어긋날 때는 먼저 한발 양보하는 편이다.	① ② ③ ④
80	어떤 일을 시도하다가 잘 안되면 금방 포기한다.	① ② ③ ④
81	긴박한 상황에 맞닥뜨리면 자신감을 잃을 때가 많다.	① ② ③ ④
82	처음 만난 사람과 이야기하는 것이 피곤하다.	① ② ③ ④
83	이것저것 새로운 것에 관심이 많고 새로운 것을 배우고 싶다.	① ② ③ ④
84	싫은 사람과도 충분히 협력할 수 있다고 생각한다.	① ② ③ ④
85	꾸준하고 참을성이 있다는 말을 자주 듣는다.	① ② ③ ④
86	신호 대기 중에도 조바심이 난다.	① ② ③ ④
87	남들보다 우월한 지위에서 영향력을 행사하고 싶다.	① ② ③ ④
88	'왜?'라는 질문을 자주 한다.	① ② ③ ④
89	좋아하지 않는 사람이라도 친절하고 공손하게 대한다.	① ② ③ ④
90	세부적인 내용을 일목요연하게 정리해 공부한다.	① ② ③ ④
91	상대가 통화 중이면 다급해져 연속해서 전화를 건다.	① ② ③ ④

92	쾌활하고 자신감이 강하며 남과의 교제에 적극적이다.	① ② ③ ④
93	궁금한 점이 있으면 꼬치꼬치 따져서 반드시 궁금증을 풀고 싶다.	① ② ③ ④
94	사람들은 누구나 곤경을 회피하려고 거짓말을 한다.	① ② ③ ④
95	물건을 분실하거나 어디에 두었는지 기억 못할 때가 많다.	① ② ③ ④
96	충동적인 행동을 하지 않는 편이다.	① ② ③ ④
97	상대방이 말을 걸어오기를 기다리는 편이다.	① ② ③ ④
98	새로운 생각들을 수용해 자신의 관점을 쉽게 수정하는 편이다.	① ② ③ ④
99	기분을 솔직하게 드러내는 편이어서 남들이 나의 기분을 금방 알아채곤 한다.	① ② ③ ④
100	의지와 끈기가 강한 편이다.	① ② ③ ④
101	어떤 상황에서든 만족할 수 있다.	① ② ③ ④
102	모르는 사람에게 말을 걸기보다는 혼자 있는 게 좋다.	① ② ③ ④
103	어떤 일이든 새로운 방향에서 이해할 수 있다고 생각한다.	① ② ③ ④
104	부모님이나 친구들에게 진심을 잘 고백하는 편이다.	① ② ③ ④
105	참을성이 있지만 융통성이 부족하다는 말을 듣곤 한다.	① ② ③ ④
106	깜짝 놀라면 몹시 당황하는 편이다.	① ② ③ ④
107	아는 사람이 많아져 대인관계를 넓히는 것을 선호한다.	① ② ③ ④
108	자신의 감수성, 지적 흥미에 충실하며 내면세계에 관심이 많다.	① ② ③ ④
109	사람들은 이득이 된다면 옳지 않은 방법이라도 쓸 것이다.	① ② ③ ④
110	세밀하게 설정된 계획표를 성실하게 실천하려 노력하는 편이다.	① ② ③ ④
111	난처한 헛소문에 휘말려도 개의치 않는다.	① ② ③ ④
112	매사에 진지하려고 노력한다.	① ② ③ ④
113	급진적인 변화를 선호한다.	① ② ③ ④
114	주변 사람들의 감정과 욕구를 잘 이해하는 편이다.	① ② ③ ④
115	대체로 먼저 할 일을 해 놓고 나서 노는 편이다.	① ② ③ ④
116	긴급 사태에도 당황하지 않고 행동할 수 있다.	① ② ③ ④
117	일할 때 자신의 생각대로 하지 못할 때가 많다.	① ② ③ ④
118	새로운 변화를 싫어한다.	① ② ③ ④
119	다른 사람의 감정에 민감하다.	① ② ③ ④
120	시험을 보기 전에 먼저 꼼꼼하게 공부 계획표를 짠다.	① ② ③ ④
121	삶에는 고통을 주는 것들이 너무 많다고 생각한다.	① ② ③ ④
122	내성적인 성격 때문에 윗사람과의 대화가 꺼려진다.	① ② ③ ④
123	새로운 물건에서 신선한 아름다움을 느낄 때가 많다.	① ② ③ ④

124	사람들이 정직하게 행동하는 것은 타인의 비난이 두렵기 때문이다.	① ② ③ ④
125	계획에 따라 규칙적인 생활을 하는 편이다.	① ② ③ ④
126	걱정거리가 있으면 잠을 잘 수가 없다.	① ② ③ ④
127	자기주장만 지나치게 내세워 소란을 일으키곤 한다.	① ② ③ ④
128	예술 작품에서 큰 감동을 받곤 한다.	① ② ③ ④
129	싹싹하고 협조적이라는 평가를 받곤 한다.	① ② ③ ④
130	소지품을 잘 챙기지 않아 잃어버리곤 한다.	① ② ③ ④
131	즐거운 일보다는 괴로운 일이 더 많다.	① ② ③ ④
132	누가 나에게 말을 걸기 전에는 내가 먼저 말을 걸지 않는다.	① ② ③ ④
133	기본에 얽매이는 정공법보다는 창의적인 변칙을 선택하곤 한다.	① ② ③ ④
134	쉽게 양보를 하는 편이다.	① ② ③ ④
135	신발이나 옷이 떨어져도 무관심해 단정하지 못할 때가 종종 있다.	① ② ③ ④
136	사소한 일에도 긴장해 위축되곤 한다.	① ② ③ ④
137	타인과 어울리는 것보다는 혼자 지내는 것이 즐겁다.	① ② ③ ④
138	직업을 선택할 때 창조력과 심미안이 필요한 것을 선호한다.	① ② ③ ④
139	자기 것을 이웃에게 잘 나누어주는 편이다.	① ② ③ ④
140	몇 번이고 생각하고 검토한다.	① ② ③ ④
141	어떤 일을 실패하면 두고두고 생각한다.	① ② ③ ④
142	친구와 웃고 떠드는 것을 별로 좋아하지 않는다.	① ② ③ ④
143	창조적인 일을 하고 싶다.	① ② ③ ④
144	자기 것을 덜 주장하고, 덜 고집하는 편이다.	① ② ③ ④
145	일단 결정된 것은 완수하기 위해 자신의 능력을 총동원한다.	① ② ③ ④
146	수줍음이 많아서 사람들 앞에서 너무 위축되곤 한다.	① ② ③ ④
147	비교적 말이 없고 무난한 것을 선호하는 편이다.	① ② ③ ④
148	새로운 것을 고안하는 일에서 큰 즐거움을 느낀다.	① ② ③ ④
149	나의 이익에 직접적인 영향을 주는 사안에 대해서는 고집을 꺾지 않는다.	① ② ③ ④
150	사회적 규범을 지키려 애쓰고 목표 의식이 뚜렷한 편이다.	① ② ③ ④
151	나를 기분 나쁘게 한 사람을 쉽게 잊지 못한다.	① ② ③ ④
152	내성적이어서 낯선 이와 만나는 것을 꺼리는 편이다.	① ② ③ ④
153	예술적 감식안이 있는 편이다.	① ② ③ ④
154	남의 명령이 듣기 싫고 자기 본위적인 편이다.	① ② ③ ④
155	규율을 따르느라 때로는 융통성이 부족해지곤 한다.	① ② ③ ④

156	나를 힘들게 하는 일들이 너무 많다고 여긴다.	① ② ③ ④
157	마음을 터놓고 지내는 친구들이 적은 편이다.	① ② ③ ④
158	창조력은 부족하지만 실용적인 사고에 능숙한 편이다.	① ② ③ ④
159	남이 일하는 방식이 못마땅해 공격적으로 참견하곤 한다.	① ② ③ ④
160	여러 번 생각한 끝에 결정을 내린다.	① ② ③ ④
161	주변 사람이 잘되는 것을 보면 상대적으로 내가 실패한 것 같다.	① ② ③ ④
162	대중의 주목을 받는 연예인이 되고 싶은 마음은 조금도 없다.	① ② ③ ④
163	예술제나 미술전 등에 관심이 많다.	① ② ③ ④
164	조화로운 신뢰 관계를 유지하기 위해 타인의 이름을 기억하려 노력하는 편이다.	① ② ③ ④
165	도서실 등에서 책을 정돈하고 관리하는 일을 싫어하지 않는다.	① ② ③ ④
166	남의 비난에도 스트레스를 잘 받지 않는다.	① ② ③ ④
167	여럿이 모여서 얘기하는 데 잘 끼어들지 못한다.	① ② ③ ④
168	공상이나 상상을 많이 하는 편이다.	① ② ③ ④
169	예절은 가식처럼 느껴지기 때문에 잘 신경 쓰지 않는 편이다.	① ② ③ ④
170	선입견으로 섣불리 단정하지 않기 위해 주의 깊게 살피는 편이다.	① ② ③ ④
171	불확실한 미래에 대한 염려는 불필요하다고 생각한다.	① ② ③ ④
172	처음 보는 사람들과 쉽게 얘기하고 친해지는 편이다.	① ② ③ ④
173	참신한 물건을 개발하는 일이 적성에 맞는 것 같다.	① ② ③ ④
174	의기양양하며 공격적인 사람보다는 겸손하며 이해심이 많은 사람이 되고 싶다.	① ② ③ ④
175	주어진 일을 매듭짓기 위해 끝까지 매달리는 편이다.	① ② ③ ④
176	기분 나쁜 일은 오래 생각하지 않는다.	① ② ③ ④
177	모르는 사람들이 많이 있는 곳에서도 활발하게 행동하는 편이다.	① ② ③ ④
178	새로운 아이디어를 생각해내는 일이 좋다.	① ② ③ ④
179	대인관계에서 상황을 빨리 파악하는 편이다.	① ② ③ ④
180	전표 계산 또는 장부 기입 같은 일을 싫증내지 않고 할 수 있다.	① ② ③ ④
181	근심이 별로 없고, 정서적인 반응이 무딘 편이다.	① ② ③ ④
182	모임에서 말을 많이 하고 적극적으로 행동한다.	① ② ③ ④
183	사건 뒤에 숨은 본질을 생각해 보기를 좋아한다.	① ② ③ ④
184	나는 이해득실에 밝은 현실주의자라고 생각한다.	① ② ③ ④
185	자신의 장래를 위해 1년, 5년, 10년 등 장단기 목표를 세운다.	① ② ③ ④
186	자신이 처한 환경에서 불안, 분노, 우울, 절망 등을 잘 느끼지 않는다.	① ② ③ ④
187	여기저기에 친구나 아는 사람들이 많이 있다.	① ② ③ ④

188	색채 감각이나 미적 센스가 풍부한 편이다.	① ② ③ ④
189	남의 감정을 잘 이해하는 편이라서 남이 나에게 고민 상담을 요청할 때가 많다.	① ② ③ ④
190	신중하고 주의 깊다는 평가를 받곤 한다.	① ② ③ ④
191	대체로 걱정하거나 고민하지 않는다.	① ② ③ ④
192	활발하고 적극적이라는 말을 자주 듣는다.	① ② ③ ④
193	엉뚱한 일을 하기 좋아하고 발상도 개성적이다.	① ② ③ ④
194	남들과 껄끄러운 상황을 되도록 회피하려고 한다.	① ② ③ ④
195	일을 완료하기 전에는 쉬어도 마음이 편하지 않다.	① ② ③ ④
196	일반적으로 낙담할 일을 당해도 쉽게 상처받지 않는다.	① ② ③ ④
197	혼자 조용히 있기보다는 사람들과 어울리려고 한다.	① ② ③ ④
198	지적 흥미를 충족하기 위해 책과 신문을 많이 읽는다.	① ② ③ ④
199	타인과 더불어 살려면 반드시 법을 지켜야 한다.	① ② ③ ④
200	실패하든 성공하든 장래를 위해 그 원인을 반드시 분석한다.	① ② ③ ④
201	화가 날 법한 상황을 잘 참는 편이다.	① ② ③ ④
202	활동이 많으면서도 무난하고 점잖다는 말을 듣곤 한다.	① ② ③ ④
203	패션과 아름다움에 대한 감각이 둔한 편이다.	① ② ③ ④
204	타인을 잘 믿는 편이며, 남을 돕기를 주저하지 않는다.	① ② ③ ④
205	매사에 충분히 준비되어 있다는 자신감이 든다.	① ② ③ ④
206	비관적이고 무기력한 상황을 견디기 힘들다.	① ② ③ ④
207	앞에 나서서 통솔하기보다는 다른 이의 지휘에 잘 따르는 편이다.	① ② ③ ④
208	자신의 감수성을 발휘하면 좋은 에세이를 쓸 수 있을 것 같다.	① ② ③ ④
209	상대방의 기분을 잘 이해한다.	① ② ③ ④
210	과업을 이루려면 준법정신이 반드시 필요하다.	① ② ③ ④
211	실수를 하면 하루 종일 기분이 좋지 않다.	① ② ③ ④
212	혼자서 일하기를 좋아한다.	① ② ③ ④
213	낯선 곳에서 생소한 풍취를 즐길 수 있는 여행이 좋다.	① ② ③ ④
214	공식적인 요청이 없더라도 회사의 행사에는 참여해야 한다.	① ② ③ ④
215	성공하기 위해서는 반드시 자신을 통제해야 한다고 생각한다.	① ② ③ ④
216	화가 나면 주변에 있는 물건을 집어던지곤 한다.	① ② ③ ④
217	조용하고 명상적인 분위기를 좋아한다.	① ② ③ ④
218	박람회 등에서 견학을 하며 지식을 넓히는 일을 좋아한다.	① ② ③ ④
219	집단의 협동을 위해서 월간 정보, 공지 사항을 꼼꼼하게 확인하는 편이다.	① ② ③ ④

220	시간을 시, 분 단위로 세밀하게 나눠 쓴다.	① ② ③ ④
221	욕구를 느끼면 기존의 것을 무시하고 충동적으로 행동하는 편이다.	① ② ③ ④
222	친구를 잘 바꾸지 않는다.	① ② ③ ④
223	상품을 고를 때 디자인과 색에 신경을 많이 쓴다.	① ② ③ ④
224	다른 사람과 싸워도 쉽게 화해할 수 있다.	① ② ③ ④
225	삶의 목표를 이루려면 정성스럽고 참된 행동이 가장 중요하다고 생각한다.	① ② ③ ④
226	예기치 못한 일이 발생해도 침착함을 유지한다.	① ② ③ ④
227	모든 일에 앞장서는 편이다.	① ② ③ ④
228	한때는 예술가를 꿈꾸며 습작에 매달린 적이 있다.	① ② ③ ④
229	부서의 협력을 위해 상사의 명령은 반드시 수행해야 한다고 생각한다.	① ② ③ ④
230	큰일을 이루고 싶은 야망을 위해 자신을 닦아세우는 편이다.	① ② ③ ④
231	자신에 대한 주위의 잘못된 소문에도 크게 화를 내지 않는다.	① ② ③ ④
232	남을 지배하는 사람이 되고 싶다.	① ② ③ ④
233	실내 장식품이나 액세서리 등에 관심이 많다.	① ② ③ ④
234	자신의 행동이 타인에게 무례하게 보이지는 않는지 살피는 편이다.	① ② ③ ④
235	걸리지만 않는다면 융통성을 위해 법을 조금은 어겨도 괜찮다.	① ② ③ ④
236	감정에 휘둘려 섣부른 판단을 하지 않으려고 애쓴다.	① ② ③ ④
237	외딴 곳보다는 사람들이 북적거리는 곳에 살고 싶다.	① ② ③ ④
238	지자체에서 개최하는 각종 예술제 소식에 관심이 많다.	① ② ③ ④
239	인간은 착한 본성을 가지고 태어났다고 생각한다.	① ② ③ ④
240	마감이 다가오기 전에 미리 업무를 마무리하는 편이다.	① ② ③ ④
241	누군가 내 험담을 하는 것은 아닌지 괜스레 불안할 때가 있다.	① ② ③ ④
242	혼자서 하는 일보다는 여러 사람을 두루 만나는 일이 더 마음에 든다.	① ② ③ ④
243	무슨 감정이든 쉽게 몰입하며 낯선 것에 흥미를 느끼는 편이다.	① ② ③ ④
244	대화를 할 때 남을 더 배려하는 편이다.	① ② ③ ④
245	어떻게 일해야 더 효율적일지 늘 고민한다.	① ② ③ ④
246	나쁜 일이 일어나도 쉽게 떨쳐낼 수 있다.	① ② ③ ④
247	바쁜 도시보다는 한적한 자연에 묻혀 느긋하게 살고 싶다.	① ② ③ ④
248	추운 지역에 사는 주민들에게 냉장고를 파는 방법처럼 상식의 틀을 깨는 사고방식을 선호한다.	① ② ③ ④
249	모임이 있을 때 주로 남들에게 맞춰주는 편이다.	① ② ③ ④
250	주위를 항상 청결하게 하려고 노력하는 편이다.	① ② ③ ④
251	화가 나도 적당히 조절하며 남에게 화풀이를 하지 않는다.	① ② ③ ④

252	휴일에 집에만 머물지 않고 외출해 나를 찾는 친구들과 어울리는 편이다.	① ② ③ ④
253	생활 주변에 있는 설치미술 작품을 보면서 깊은 감명을 받는다.	① ② ③ ④
254	남을 도울 때 큰 보람을 느낀다.	① ② ③ ④
255	일을 추진하기 전에 새로운 방법은 없는지 찾아보는 편이다.	① ② ③ ④
256	무기력을 자주 느끼며, 그럴 때마다 열등감 때문에 속을 썩인다.	① ② ③ ④
257	조직 내에서 주목을 받을 때는 난처함을 느낀다.	① ② ③ ④
258	기존의 종교적·정치적 가치는 언제든 재검토될 수 있다고 생각한다.	① ② ③ ④
259	타인이 나를 돕는 것에는 다른 뜻이 숨어 있다고 생각한다.	① ② ③ ④
260	조직의 실패를 비판할 때 자책감을 자주 느낀다.	① ② ③ ④
261	자질구레한 일로 갑자기 화를 잘 내는 편이다.	① ② ③ ④
262	잘하지는 못하지만 발표를 마다하지 않는다.	① ② ③ ④
263	현실적인 것, 실용적인 것, 익숙한 것을 선호한다.	① ② ③ ④
264	타인의 행복에 관심이 적고, 타인에게 상냥하지 않은 편이다.	① ② ③ ④
265	목표를 세웠으나 흐지부지되는 경우가 많은 편이다.	① ② ③ ④
266	일을 그르쳤을 때 그 원인을 알아내지 못하면 크게 불안하다.	① ② ③ ④
267	모르는 사람과 이야기하는 것은 용기가 필요하다.	① ② ③ ④
268	잘하지 못하더라도 자신의 창의성을 바탕으로 끝까지 해내려 한다.	① ② ③ ④
269	남의 생일이나 명절 때 선물을 사러 다니는 일이 귀찮게 느껴진다.	① ② ③ ④
270	다른 사람들이 하지 못하는 일을 하고 싶다.	① ② ③ ④
271	집에서 가만히 있으면 기분이 우울해진다.	① ② ③ ④
272	번잡한 인간관계를 잠시 접어두고 혼자서 여행을 떠나고 싶을 때가 자주 있다.	① ② ③ ④
273	지적 호기심이 별로 없고, 감정이 건조한 편이다.	① ② ③ ④
274	반대에 부딪혀도 자신의 의견을 끝까지 고집한다.	① ② ③ ④
275	일을 할 때는 노력한 만큼 명시적인 결과를 내는 것이 중요하다고 생각한다.	① ② ③ ④
276	지금까지 후회를 하면서 마음을 썩인 적이 거의 없다.	① ② ③ ④
277	다른 사람과 몸을 많이 부딪치는 거친 운동에 도전하는 편이다.	① ② ③ ④
278	여행을 가서 새로운 자극을 경험하는 것을 선호한다.	① ② ③ ④
279	남들이 반대해도 내 생각을 절대 바꾸지 않는다.	① ② ③ ④
280	어려움에 빠져도 좌절하지 않고 정성스럽게 행동한다.	① ② ③ ④

PART 4 면접

CHAPTER 01 면접 유형 및 실전 대책

CHAPTER 02 기아 KIA 실제 면접

CHAPTER 01 면접 유형 및 실전 대책

01 ▶ 면접 주요사항

면접의 사전적 정의는 면접관이 지원자를 직접 만나보고 인품(人品)이나 언행(言行) 따위를 시험하는 일로, 흔히 필기시험 후에 최종적으로 심사하는 방법이다.

최근 주요 기업의 인사담당자들을 대상으로 채용 시 면접이 차지하는 비중을 설문조사했을 때, 50 ~ 80% 이상이라고 답한 사람이 전체 응답자의 80%를 넘었다. 이와 대조적으로 지원자들을 대상으로 취업 시험에서 면접을 준비하는 기간을 물었을 때, 대부분의 응답자가 2 ~ 3일 정도라고 대답했다.

지원자가 일정 수준의 스펙을 갖추기 위해 자격증 시험과 토익을 치르고 이력서와 자기소개서까지 쓰다 보면 면접까지 챙길 여유가 없는 것이 사실이다. 그리고 서류전형과 인적성검사를 통과해야만 면접을 볼 수 있기 때문에 자연스럽게 면접은 취업시험 과정에서 그 비중이 작아질 수밖에 없다. 하지만 아이러니하게도 실제 채용 과정에서 면접이 차지하는 비중은 절대적이라고 해도 과언이 아니다.

기업들은 채용 과정에서 토론 면접, 인성 면접, 프레젠테이션 면접, 역량 면접 등의 다양한 면접을 실시한다. 1차 커트라인이라고 할 수 있는 서류전형을 통과한 지원자들의 스펙이나 능력은 서로 엇비슷하다고 판단되기 때문에 서류상 보이는 자격증이나 토익 성적보다는 지원자의 인성을 파악하기 위해 면접을 더욱 강화하는 것이다. 일부 기업은 의도적으로 압박 면접을 실시하기도 한다. 지원자가 당황할 수 있는 질문을 던져서 그것에 대한 지원자의 반응을 살펴보는 것이다.

면접은 다르게 생각한다면 '나는 누구인가?'에 대한 물음에 해답을 줄 수 있는 가장 현실적이고 미래적인 경험이 될 수 있다. 취업난 속에서 자격증을 취득하고 토익 성적을 올리기 위해 앞만 보고 달려온 지원자들은 자신에 대해서 고민하고 탐구할 수 있는 시간을 평소 쉽게 가질 수 없었을 것이다. 자신을 잘 알고 있어야 자신에 대해서 자신감 있게 말할 수 있다. 대체로 사람들은 자신에게 관대한 편이기 때문에 자신에 대해서 어떤 기대와 환상을 가지고 있는 경우가 많다. 하지만 면접은 제삼자에 의해 개인의 능력을 객관적으로 평가받는 시험이다. 어떤 지원자들은 다른 사람에게 자신을 표현하는 것을 어려워한다. 평소에 잘 사용하지 않는 용어를 내뱉으면서 거창하게 자신을 포장하는 지원자도 많다. 면접에서 가장 기본은 자기 자신을 면접관에게 알기 쉽게 표현하는 것이다.

이러한 표현을 바탕으로 자신이 앞으로 하고자 하는 것과 그에 대한 이유를 설명해야 한다. 최근에는 자신감을 향상시키거나 말하는 능력을 높이는 학원도 많기 때문에 얼마든지 자신의 단점을 극복할 수 있다.

1. 자기소개의 기술

자기소개를 시키는 이유는 면접자가 지원자의 자기소개서를 압축해서 듣고, 지원자의 첫인상을 평가할 시간을 가질 수 있기 때문이다. 면접을 위한 워밍업이라고 할 수 있으며, 첫인상을 결정하는 과정이므로 매우 중요한 순간이다.

(1) 정해진 시간에 자기소개를 마쳐야 한다.

쉬워 보이지만 의외로 지원자들이 정해진 시간을 넘기거나 혹은 빨리 끝내서 면접관에게 지적을 받는 경우가 많다. 본인이 면접을 받는 마지막 지원자가 아닌 이상, 정해진 시간을 지키지 않는 것은 수많은 지원자를 상대하기에 바쁜 면접관과 대기 시간에 지친 다른 지원자들에게 불쾌감을 줄 수 있다.

또한 회사에서 시간관념은 절대적인 것이므로 반드시 자기소개 시간을 지켜야 한다. 말하기는 1분에 200자 원고지 2장 분량의 글을 읽는 만큼의 속도가 가장 적당하다. 이를 A4 용지에 10point 글자 크기로 작성하면 반 장 분량이 된다.

(2) 간단하지만 신선한 문구로 자기소개를 시작하자.

요즈음 많은 지원자가 이 방법을 사용하고 있기 때문에 웬만한 소재의 문구가 아니면 면접관의 관심을 받을 수 없다. 이러한 문구는 시대적으로 유행하는 광고 카피를 패러디하는 경우와 격언 등을 인용하는 경우, 그리고 지원한 회사의 CI나 경영이념, 인재상 등을 사용하는 경우 등이 있다. 지원자는 이러한 여러 문구 중에 자신의 첫인상을 북돋아 줄 수 있는 것을 선택해서 말해야 한다. 자신의 이름을 문구 속에 적절하게 넣어서 말한다면 좀 더 효과적인 자기소개가 될 것이다.

(3) 무엇을 먼저 말할 것인지 고민하자.

면접관이 많이 던지는 질문 중 하나가 지원동기이다. 그래서 성장기를 바로 건너뛰고, 지원한 회사에 들어오기 위해 대학에서 어떻게 준비했는지를 설명하는 자기소개가 대세이다.

(4) 면접관의 호기심을 자극해 관심을 불러일으킬 수 있게 말하라.

면접관에게 질문을 많이 받는 지원자의 합격률이 반드시 높은 것은 아니지만, 질문을 전혀 안 받는 것보다는 좋은 평가를 기대할 수 있다.

지원한 분야와 관련된 수상 경력이나 프로젝트 등을 말하는 것도 좋다. 이는 지원자의 업무 능력과 직접 연결되는 것이므로 효과적인 자기 홍보가 될 수 있다. 일부 지원자들은 자신만의 특별한 경험을 이야기하는데, 이때는 그 경험이 보편적으로 사람들의 공감대를 얻을 수 있는 것인지 다시 생각해봐야 한다.

(5) 마지막 고개를 넘기가 가장 힘들다.

첫 단추도 중요하지만, 마지막 단추도 중요하다. 하지만 왠지 격식을 따지는 인사말은 지나가는 인사말 같고, 다르게 하자니 예의에 어긋나는 것 같은 기분이 든다. 이때는 처음에 했던 자신만의 문구를 다시 한 번 말하는 것도 좋은 방법이다. 자연스러운 끝맺음이 될 수 있도록 적절한 연습이 필요하다.

2. 1분 자기소개 시 주의사항

(1) 자기소개서와 자기소개가 똑같다면 감점일까?

아무리 자기소개서를 외워서 말한다 해도 자기소개가 자기소개서와 완전히 똑같을 수는 없다. 자기소개서의 분량이 더 많고 회사마다 요구하는 필수 항목들이 있기 때문에 굳이 고민할 필요는 없다. 오히려 자기소개서의 내용을 잘 정리한 자기소개가 더 좋은 결과를 만들 수 있다. 하지만 자기소개서와 상반된 내용을 말하는 것은 적절하지 않다. 지원자의 신뢰성이 떨어진다는 것은 곧 불합격을 의미하기 때문이다.

(2) 말하는 자세를 바르게 익혀라.

지원자가 자기소개를 하는 동안 면접관은 지원자의 동작 하나하나를 관찰한다. 그렇기 때문에 바른 자세가 중요하다는 것은 우리가 익히 알고 있다. 하지만 문제는 무의식적으로 나오는 습관 때문에 자세가 흐트러져 나쁜 인상을 줄 수 있다는 것이다. 이러한 습관을 고칠 수 있는 가장 좋은 방법은 캠코더 등으로 자신의 모습을 담는 것이다. 거울을 사용할 경우에는 시선이 자꾸 자기 눈과 마주치기 때문에 집중하기 힘들다. 하지만 촬영된 동영상은 제삼자의 입장에서 자신을 볼 수 있기 때문에 많은 도움이 된다.

(3) 정확한 발음과 억양으로 자신 있게 말하라.

지원자의 모양새가 아무리 뛰어나도, 목소리가 작고 발음이 부정확하면 큰 감점을 받는다. 이러한 모습은 지원자의 좋은 점에까지 악영향을 끼칠 수 있다. 직장을 흔히 사회생활의 시작이라고 말하는 시대적 정서에서 사람들과 의사소통을 하는 데 문제가 있다고 판단되는 지원자는 부적절한 인재로 평가될 수밖에 없다.

3. 대화법

전문가들이 말하는 대화법의 핵심은 '상대방을 배려하면서 이야기하라.'는 것이다. 대화는 나와 다른 사람의 소통이다. 내용에 대한 공감이나 이해가 없다면 대화는 더 진전되지 않는다.

『카네기 인간관계론』이라는 베스트셀러의 작가인 철학자 카네기가 말하는 최상의 대화법은 자신의 경험을 토대로 이야기하는 것이다. 즉, 살아오면서 직접 겪은 경험이 상대방의 관심을 끌 수 있는 가장 좋은 이야깃거리인 것이다. 특히, 어떤 일을 이루기 위해 노력하는 과정에서 겪은 실패나 희망에 대해 진솔하게 얘기한다면 상대방은 어느새 당신의 편에 서서 그 이야기에 동조할 것이다.

독일의 사업가이자, 동기부여 트레이너인 위르겐 힐러의 연설법 중 가장 유명한 것은 '시즐(Sizzle)'을 잡는 것이다. 시즐이란, 새우튀김이나 돈가스가 기름에서 지글지글 튀겨질 때 나는 소리이다. 즉, 자신의 말을 듣고 시즐처럼 반응하는 상대방의 감정에 적절하게 대응하라는 것이다.

말을 시작한 지 10∼15초 안에 상대방의 '시즐'을 알아차려야 한다. 자신의 이야기에 대한 상대방의 첫 반응에 따라 말하기 전략도 달라져야 한다. 첫 이야기의 반응이 미지근하다면 가능한 한 그 이야기를 빨리 마무리하고 새로운 이야깃거리를 생각해내야 한다. 길지 않은 면접 시간 내에 몇 번 오지 않는 대답의 기회를 살리기 위해서 보다 전략적이고 냉철해야 하는 것이다.

4. 차림새

(1) 구두

면접에 어떤 옷을 입어야 할지를 며칠 동안 고민하면서 정작 구두는 면접 보는 날 현관을 나서면서 즉흥적으로 신고 가는 지원자들이 많다. 특히, 남자 지원자들이 이러한 실수를 많이 한다. 구두를 보면 그 사람의 됨됨이를 알 수 있다고 한다. 면접관 역시 이러한 것을 놓치지 않기 때문에 지원자는 자신의 구두에 더욱 신경을 써야 한다. 스타일의 마무리는 발끝에서 이루어지는 것이다. 아무리 멋진 옷을 입고 있어도 구두가 어울리지 않는다면 전체 스타일이 흐트러지기 때문이다.

정장용 구두는 디자인이 깔끔하고, 에나멜 가공처리를 하여 광택이 도는 페이턴트 가죽 소재 제품이 무난하다. 검정 계열 구두는 회색과 감색 정장에, 브라운 계열의 구두는 베이지나 갈색 정장에 어울린다. 참고로 구두는 오전에 사는 것보다 발이 충분히 부은 상태인 저녁에 사는 것이 좋다. 마지막으로 당연한 일이지만 반드시 면접을 보는 전날 구두 뒤축이 닳지는 않았는지 확인하고 구두에 광을 내 둔다.

(2) 양말

양말은 정장과 구두의 색상을 비교해서 골라야 한다. 특히 검정이나 감색의 진한 색상의 바지에 흰 양말을 신는 것은 시대에 뒤처지는 일이다. 일반적으로 양말의 색깔은 바지의 색깔과 같아야 한다. 또한 양말의 길이도 신경 써야 한다. 바지를 입을 경우, 의자에 바르게 앉거나 다리를 꼬아서 앉을 때 다리털이 보여서는 안 된다. 반드시 긴 정장 양말을 신어야 한다.

(3) 정장

지원자는 평소에 정장을 입을 기회가 많지 않기 때문에 면접을 볼 때 본인 스스로도 옷을 어색하게 느끼는 경우가 많다. 옷을 불편하게 느끼기 때문에 자세마저 불안정한 지원자도 볼 수 있다. 그러므로 면접 전에 정장을 입고 생활해 보는 것도 나쁘지는 않다.

일반적으로 면접을 볼 때는 상대방에게 신뢰감을 줄 수 있는 남색 계열의 옷이나 어떤 계절이든 무난하고 깔끔해 보이는 회색 계열의 정장을 많이 입는다. 정장은 유행에 따라서 재킷의 디자인이나 버튼의 개수가 바뀌기 때문에 너무 오래된 옷을 입어서 다른 사람의 옷을 빌려 입고 나온 듯한 인상을 주어서는 안 된다.

(4) 헤어스타일과 메이크업

헤어스타일에 자신이 없다면 미용실에 다녀오는 것도 좋은 방법이다. 또한 자신에게 어울리는 메이크업을 하는 것도 괜찮다. 메이크업은 상대에 대한 예의를 갖추는 것이므로 지나치게 화려한 메이크업이 아니라면 보다 준비된 지원자처럼 보일 수 있다.

5. 첫인상

취업을 위해 성형수술을 받는 사람들에 대한 이야기는 더 이상 뉴스거리가 되지 않는다. 그만큼 많은 사람이 좁은 취업문을 뚫기 위해 이미지 향상에 신경을 쓰고 있다. 이는 면접관에게 좋은 첫인상을 주기 위한 것으로, 지원서에 올리는 증명사진을 이미지 프로그램을 통해 수정하는 이른바 '사이버 성형'이 유행하는 것과 같은 맥락이다. 실제로 외모가 채용 과정에서 영향을 끼치는가에 대한 설문조사에서도 60% 이상의 인사담당자들이 그렇다고 답변했다.

하지만 외모와 첫인상을 절대적인 관계로 이해하는 것은 잘못된 판단이다. 외모가 첫인상에서 많은 부분을 차지하지만, 외모 외에 다른 결점이 발견된다면 그로 인해 장점들이 가려질 수도 있다. 이러한 현상은 아래에서 다시 논하겠다.

첫인상은 말 그대로 한 번밖에 기회가 주어지지 않으며 몇 초 안에 결정된다. 첫인상을 결정짓는 요소 중 시각적인 요소가 80% 이상을 차지한다. 첫눈에 들어오는 생김새나 복장, 표정 등에 의해서 결정되는 것이다. 면접을 시작할 때 자기소개를 시키는 것도 지원자별로 첫인상을 평가하기 위해서이다. 첫인상이 중요한 이유는 만약 첫인상이 부정적으로 인지될 경우, 지원자의 다른 좋은 면까지 거부당하기 때문이다. 이러한 현상을 심리학에서는 초두효과(Primacy Effect)라고 한다.

그래서 한 번 형성된 첫인상은 여간해서 바꾸기 힘들다. 이는 첫인상이 나중에 들어오는 정보까지 영향을 주기 때문이다. 첫인상의 정보가 나중에 들어오는 정보 처리의 지침이 되는 것을 심리학에서는 맥락효과(Context Effect)라고 한다. 따라서 평소에 첫인상을 좋게 만들기 위한 노력을 꾸준히 해야만 하는 것이다. 좋은 첫인상이 반드시 외모에만 집중되는 것은 아니다. 오히려 깔끔한 옷차림과 부드러운 표정 그리고 말과 행동 등에 의해 전반적인 이미지가 만들어진다. 누구나 이러한 것 중에 한두 가지 단점을 가지고 있다. 요즈음은 이미지 컨설팅을 통해서 자신의 단점들을 보완하는 지원자도 있다. 특히, 표정이 밝지 않은 지원자는 평소 웃는 연습을 의식적으로 하여 면접을 받는 동안 계속해서 여유 있는 표정을 짓는 것이 중요하다. 성공한 사람들은 인상이 좋다는 것을 명심하자.

02 ▶ 면접의 유형 및 실전 대책

1. 면접의 유형

과거 천편일률적인 일대일 면접과 달리 면접에는 다양한 유형이 도입되어 현재는 "면접은 이렇게 보는 것이다."라고 말할 수 있는 정해진 유형이 없어졌다. 그러나 현재까지는 집단 면접과 다대일 면접이 진행되고 있으므로 어느 정도 유형을 파악하여 사전에 대비가 가능하다. 면접의 기본인 단독 면접부터, 다대일 면접, 집단 면접의 유형과 그 대책에 대해 알아보자.

(1) 단독 면접

단독 면접이란 응시자와 면접관이 일대일로 마주하는 형식을 말한다. 면접위원 한 사람과 응시자 한 사람이 마주 앉아 자유로운 화제를 가지고 질의응답을 되풀이하는 방식이다. 이 방식은 면접의 가장 기본적인 방법으로 소요시간은 10~20분 정도가 일반적이다.

① 장점

필기시험 등으로 판단할 수 없는 성품이나 능력을 알아내는 데 가장 적합하다고 평가받아 온 면접방식으로 응시자 한 사람 한 사람에 대해 여러 면에서 비교적 폭넓게 파악할 수 있다. 응시자의 입장에서는 한 사람의 면접관만을 대하는 것이므로 상대방에게 집중할 수 있으며, 긴장감도 다른 면접방식에 비해서는 적은 편이다.

② 단점

면접관의 주관이 강하게 작용해 객관성을 저해할 소지가 있으며, 면접 평가표를 활용한다 하더라도 일면적인 평가에 그칠 가능성을 배제할 수 없다. 또한 시간이 많이 소요되는 것도 단점이다.

> **단독 면접 준비 Point**
>
> 단독 면접에 대비하기 위해서는 평소 일대일로 논리 정연하게 대화를 나눌 수 있는 능력을 기르는 것이 중요하다. 그리고 면접장에서는 면접관을 선배나 선생님 혹은 아버지를 대하는 기분으로 면접에 임하는 것이 부담도 훨씬 적고 실력을 발휘할 수 있는 방법이 될 것이다.

(2) 다대일 면접

다대일 면접은 일반적으로 가장 많이 사용되는 면접방법으로 보통 2~5명의 면접관이 1명의 응시자에게 질문하는 형태의 면접방법이다. 면접관이 여러 명이므로 다각도에서 질문을 하여 응시자에 대한 정보를 많이 알아낼 수 있다는 점 때문에 선호하는 면접방법이다.

하지만 응시자의 입장에서는 질문도 면접관에 따라 각양각색이고 동료 응시자가 없으므로 숨 돌릴 틈도 없게 느껴진다. 또한 관찰하는 눈도 많아서 조그만 실수라도 지나치는 법이 없기 때문에 정신적 압박과 긴장감이 높은 면접방법이다. 따라서 응시자는 긴장을 풀고 한 시험관이 묻더라도 면접관 전원을 향해 대답한다는 기분으로 또박또박 대답하는 자세가 필요하다.

① 장점

면접관이 집중적인 질문과 다양한 관찰을 통해 응시자가 과연 조직에 필요한 인물인가를 완벽히 검증할 수 있다.

② 단점

면접시간이 보통 10~30분 정도로 좀 긴 편이고 응시자에게 지나친 긴장감을 조성하는 면접방법이다.

> **다대일 면접 준비 Point**
>
> 질문을 들을 때 시선은 면접위원을 향하고 다른 데로 돌리지 말아야 하며, 대답할 때에도 고개를 숙이거나 입속에서 우물거리는 소극적인 태도는 피하도록 한다. 면접위원과 대등하다는 마음가짐으로 편안한 태도를 유지하면 대답도 자연스러운 상태에서 좀 더 충실히 할 수 있고, 이에 따라 면접위원이 받는 인상도 달라진다.

(3) 집단 면접

집단 면접은 다수의 면접관이 여러 명의 응시자를 한꺼번에 평가하는 방식으로 짧은 시간에 능률적으로 면접을 진행할 수 있다. 각 응시자에 대한 질문내용, 질문횟수, 시간배분이 똑같지는 않으며, 모두에게 같은 질문이 주어지기도 하고, 각각 다른 질문을 받기도 한다.

또한 어떤 응시자가 한 대답에 대한 의견을 묻는 등 그때그때의 분위기나 면접관의 의향에 따라 변수가 많다. 집단 면접은 응시자의 입장에서는 개별 면접에 비해 긴장감은 다소 덜한 반면에 다른 응시자들과의 비교가 확실하게 나타나므로 응시자는 몸가짐이나 표현력·논리성 등이 결여되지 않도록 자신의 생각이나 의견을 솔직하게 발표하여 집단 속에 묻히거나 밀려나지 않도록 주의해야 한다.

① 장점

집단 면접의 장점은 면접관이 응시자 한 사람에 대한 관찰시간이 상대적으로 길고, 비교 평가가 가능하기 때문에 결과적으로 평가의 객관성과 신뢰성을 높일 수 있다는 점이며, 응시자는 동료들과 함께 면접을 받기 때문에 긴장감이 다소 덜하다는 것을 들 수 있다. 또한 동료가 답변하는 것을 들으며, 자신의 답변 방식이나 자세를 조정할 수 있다는 것도 큰 이점이다.

② 단점

응답하는 순서에 따라 응시자마다 유리하고 불리한 점이 있고, 면접위원의 입장에서는 각각의 개인적인 문제를 깊게 다루기가 곤란하다는 것이 단점이다.

> **집단 면접 준비 Point**
>
> 너무 자기 과시를 하지 않는 것이 좋다. 대답은 자신이 말하고 싶은 내용을 간단명료하게 말해야 한다. 내용이 없는 발언을 한다거나 대답을 질질 끄는 태도는 좋지 않다. 또 말하는 중에 내용이 주제에서 벗어나거나 자기중심적으로만 말하는 것도 피해야 한다. 집단 면접에 대비하기 위해서는 평소에 설득력을 지닌 자신의 논리력을 계발하는 데 힘써야 하며, 다른 사람 앞에서 자신의 의견을 조리 있게 개진할 수 있는 발표력을 갖추는 데에도 많은 노력을 기울여야 한다.
> • 실력에는 큰 차이가 없다는 것을 기억하라.
> • 동료 응시자들과 서로 협조하라.
> • 답변하지 않을 때의 자세가 중요하다.
> • 개성 표현은 좋지만 튀는 것은 위험하다.

(4) 집단 토론식 면접

집단 토론식 면접은 집단 면접과 형태는 유사하지만 질의응답이 아니라 응시자들끼리의 토론이 중심이 되는 면접방법으로 최근 들어 급증세를 보이고 있다. 이는 공통의 주제에 대해 다양한 견해들이 개진되고 결론을 도출하는 과정, 즉 토론을 통해 응시자의 다양한 면에 대한 평가가 가능하다는 집단 토론식 면접의 장점이 널리 확산된 데 따른 것으로 보인다. 사실 집단 토론식 면접을 활용하면 주제와 관련된 지식 정도와 이해력, 판단력, 설득력, 협동성은 물론 리더십, 조직 적응력, 적극성과 대인관계 능력 등을 쉽게 파악할 수 있다.

토론식 면접에서는 자신의 의견을 명확히 제시하면서도 상대방의 의견을 경청하는 토론의 기본자세가 필수적이며, 지나친 경쟁심이나 자기 과시욕은 접어두는 것이 좋다. 또한 집단 토론의 목적이 결론을 도출해 나가는 과정에 있다는 것을 감안하여 무리하게 자신의 주장을 관철시키기보다 오히려 토론의 질을 높이는 데 기여하는 것이 좋은 인상을 줄 수 있다는 점을 알아야 한다. 취업 희망자들은 토론식 면접이 급속도로 확산되는 추세임을 감안해 특히 철저한 준비를 해야 한다. 평소에 신문의 사설이나 매스컴 등의 토론 프로그램을 주의 깊게 보면서 논리 전개방식을 비롯한 토론 과정을 익히도록 하고, 친구들과 함께 간단한 주제를 놓고 토론을 진행해 볼 필요가 있다. 또한 사회·시사문제에 대해 자기 나름대로의 관점을 정립해 두는 것도 꼭 필요하다.

집단 토론식 면접 준비 Point

- 토론은 정답이 없다는 것을 명심한다.
- 내 주장을 강요하지 않는다.
- 남이 말할 때 끼어들지 않는다.
- 필기구를 준비하여 메모하면서 면접에 임한다.
- 주제에 자신이 없다면 첫 번째 발언자가 되지 않는다.
- 자신의 입장을 먼저 밝힌다.
- 상대측의 사소한 발언에 집착하지 않고 전체적인 의미에 초점을 놓치지 않아야 한다.
- 남의 의견을 경청한다.
- 예상 밖의 반론에 당황스럽다 하더라도 유연함을 잃지 않아야 한다.

(5) PT 면접

PT 면접, 즉 프레젠테이션 면접은 최근 들어 집단 토론 면접과 더불어 그 활용도가 점차 커지고 있다. PT 면접은 기업마다 특성이 다르고 인재상이 다른 만큼 인성 면접만으로는 알 수 없는 지원자의 문제해결 능력, 전문성, 창의성, 기본 실무능력, 논리성 등을 관찰하는 데 중점을 두는 면접으로, 지원자 간의 변별력이 높아 대부분의 기업에서 적용하고 있으며, 확산되는 추세이다.

면접 시간은 기업별로 차이가 있지만, 전문지식, 시사성 관련 주제를 제시한 다음, 보통 20~50분 정도 준비하여 5분가량 발표할 시간을 준다. 면접관과 지원자의 단순한 질의응답식이 아닌, 주제에 대해 일정 시간 동안 지원자의 발언과 발표하는 모습 등을 관찰하게 된다. 정확한 답이나 지식보다는 논리적 사고와 의사표현력이 더 중시되기 때문에 자신의 생각을 어떻게 설명하느냐가 매우 중요하다.

PT 면접에서 같은 주제라도 직무별로 평가요소가 달리 나타난다. 예를 들어, 영업직은 설득력과 의사소통 능력에 중점을 둘 수 있겠고, 관리직은 신뢰성과 창의성 등을 더 중요하게 평가한다.

> **PT 면접 준비 Point**
> - 면접관의 관심과 주의를 집중시키고, 발표 태도에 유의한다.
> - 모의 면접이나 거울 면접을 통해 미리 점검한다.
> - PT 내용은 세 가지 정도로 정리해서 말한다.
> - PT 내용에는 자신의 생각이 담겨 있어야 한다.
> - 중간에 자문자답 방식을 활용한다.
> - 평소 지원하는 업계의 동향이나 직무에 대한 전문지식을 쌓아둔다.
> - 부적절한 용어 사용이나 무리한 주장 등은 하지 않는다.

2. 면접의 실전 대책

(1) 면접 대비사항

① 지원 회사에 대한 사전지식을 충분히 준비한다.

필기시험에서 합격 또는 서류전형에서의 합격통지가 온 후 면접시험 날짜가 정해지는 것이 보통이다. 이때 수험자는 면접시험을 대비해 사전에 자기가 지원한 계열사 또는 부서에 대해 폭넓은 지식을 준비할 필요가 있다.

> **지원 회사에 대해 알아두어야 할 사항**
> - 회사의 연혁
> - 회장 또는 사장의 이름, 출신학교, 관심사
> - 회장 또는 사장이 요구하는 신입사원의 인재상
> - 회사의 사훈, 사시, 경영이념, 창업정신
> - 회사의 대표적 상품, 특색
> - 업종별 계열회사의 수
> - 해외지사의 수와 그 위치
> - 신 개발품에 대한 기획 여부
> - 자기가 생각하는 회사의 장단점
> - 회사의 잠재적 능력개발에 대한 제언

② 충분한 수면을 취한다.

충분한 수면으로 안정감을 유지하고 첫 출발의 상쾌한 마음가짐을 갖는다.

③ 얼굴을 생기 있게 한다.

첫인상은 면접에 있어서 가장 결정적인 당락요인이다. 면접관에게 좋은 인상을 줄 수 있도록 화장하는 것도 필요하다. 면접관들이 가장 좋아하는 인상은 얼굴에 생기가 있고 눈동자가 살아 있는 사람, 즉 기가 살아 있는 사람이다.

④ 아침에 인터넷 뉴스를 읽고 간다.

그날의 뉴스가 질문 대상에 오를 수가 있다. 특히 경제면, 정치면, 문화면 등을 유의해서 볼 필요가 있다.

출발 전 확인할 사항

이력서, 자기소개서, 지갑, 신분증(주민등록증), 휴지, 필기도구, 수첩 등을 준비하자.

(2) 면접 시 옷차림

면접에서 옷차림은 간결하고 단정한 느낌을 주는 것이 가장 중요하다. 색상과 디자인 면에서 지나치게 화려한 색상이나, 노출이 심한 디자인은 자칫 면접관의 눈살을 찌푸리게 할 수 있다. 단정한 차림을 유지하면서 자신만의 독특한 멋을 연출하는 것, 지원하는 회사의 분위기를 파악했다는 센스를 보여주는 것 또한 코디네이션의 포인트이다.

복장 점검

- 구두는 잘 닦여 있는가?
- 옷은 깨끗이 다려져 있으며 스커트 길이는 적당한가?
- 손톱은 길지 않고 깨끗한가?
- 머리는 흐트러짐 없이 단정한가?

(3) 면접요령

① 첫인상을 중요시한다.

상대에게 인상을 좋게 주지 않으면 어떠한 얘기를 해도 이쪽의 기분이 충분히 전달되지 않을 수 있다. 예를 들어, '저 친구는 표정이 없고 무엇을 생각하고 있는지 전혀 알 길이 없다.'처럼 생각되면 최악의 상태이다. 우선 청결한 복장, 바른 자세로 침착하게 들어가야 한다. 건강하고 신선한 이미지를 주어야 하기 때문이다.

② 좋은 표정을 짓는다.

얘기를 할 때의 표정은 중요한 사항의 하나다. 거울 앞에서 웃는 연습을 해본다. 웃는 얼굴은 상대를 편안하게 하고, 특히 면접 등 긴박한 분위기에서는 천금의 값이 있다 할 것이다. 그렇다고 하여 항상 웃고만 있어서는 안 된다. 자기의 할 얘기를 진정으로 전하고 싶을 때는 진지한 얼굴로 상대의 눈을 바라보며 얘기한다. 면접을 볼 때 눈을 감고 있으면 마이너스 이미지를 주게 된다.

③ 결론부터 이야기한다.

자기의 의사나 생각을 상대에게 정확하게 전달하기 위해서 먼저 무엇을 말하고자 하는가를 명확히 결정해 두어야 한다. 대답을 할 경우에는 결론을 먼저 이야기하고 나서 그에 따른 설명과 이유를 덧붙이면 논지(論旨)가 명확해지고 이야기가 깔끔하게 정리된다.

한 가지 사실을 이야기하거나 설명하는 데는 3분이면 충분하다. 복잡한 이야기라도 어느 정도의 길이로 요약해서 이야기하면 상대도 이해하기 쉽고 자기도 정리할 수 있다. 긴 이야기는 오히려 상대를 불쾌하게 할 수가 있다.

④ 질문의 요지를 파악한다.

면접 때의 이야기는 간결성만으로는 부족하다. 상대의 질문이나 이야기에 대해 적절하고 필요한 대답을 하지 않으면 대화는 끊어지고 자기의 생각도 제대로 표현하지 못하여 면접자로 하여금 수험생의 인품이나 사고방식 등을 명확히 파악할 수 없게 한다. 무엇을 묻고 있는지, 무슨 이야기를 하고 있는지 그 요점을 정확히 알아내야 한다.

면접에서 고득점을 받을 수 있는 성공요령

1. 자기 자신을 겸허하게 판단하라.
2. 지원한 회사에 대해 100% 이해하라.
3. 실전과 같은 연습으로 감각을 익히라.
4. 단답형 답변보다는 구체적으로 이야기를 풀어나가라.
5. 거짓말을 하지 말라.
6. 면접하는 동안 대화의 흐름을 유지하라.
7. 친밀감과 신뢰를 구축하라.
8. 상대방의 말을 성실하게 들으라.
9. 근로조건에 대한 이야기를 풀어나갈 준비를 하라.
10. 끝까지 긴장을 풀지 말라.

면접 전 마지막 체크 사항

- 기업이나 단체의 소재지(본사·지사·공장 등)를 정확히 알고 있다.
- 기업이나 단체의 정식 명칭(Full Name)을 알고 있다.
- 약속된 면접시간 10분 전에 도착하도록 스케줄을 짤 수 있다.
- 면접실에 들어가서 공손히 인사한 후 또렷한 목소리로 자기 수험번호와 성명을 말할 수 있다.
- 앉으라고 할 때까지는 의자에 앉지 않는다는 것을 알고 있다.
- 자신에 대해 3분간 이야기할 수 있는 준비가 되어 있다.
- 자신의 긍정적인 면을 상대방에게 바르게 전달할 수 있다.

CHAPTER 02 | 기아 KIA 실제 면접

'Sustainable Mobility Solutions Provider' 지속 가능한 모빌리티 솔루션을 제공하는 것을 목표로, 고객과 공동체, 나아가 글로벌 사회에 기여하는 새로운 움직임을 만들고자 하는 기아 KIA는 최고의 인재를 선발하기 위해 집단 면접과 개별 면접을 실시한다.

1. 집단 면접

(1) **면접위원** : 2 ~ 3명
(2) **면접형태** : 다대다 면접
(3) **면접내용** : 2023년과 마찬가지로 2024년 기아 KIA 생산직 집단 면접은 토론 면접으로 시행되었다. 입실하면 면접관이 대략적인 진행순서를 언급한 다음, 토론 면접에 대한 자료를 준다. 특정 주제에 대한 찬성과 반대의 자료가 모두 주어지며, 자료를 보고 약 20분 동안 자신의 의견을 정리한 후 면접이 시작된다. 간단한 자기소개와 함께 자신의 의견을 이야기하고, 모든 지원자들의 의견을 들은 뒤 면접관이 지목하는 순서에 따라 다른 지원자의 의견에 대해 이야기하고 질문하는 의견 교환의 시간을 가진다. 이후 공통 질문을 하고 토론 면접이 마무리된다. 반면, 이전에 시행된 집단 면접에는 토론 면접 외에 미디어 매체를 통한 정보를 토대로 질문에 대한 자기 생각을 정리하여 답하는 방식도 시행되었다.

> **집단 면접 기출질문**
> - 기업의 현 상황에 대한 본인의 생각을 말해 보시오.
> - 기아자동차의 미래 발전 가능성에 대한 생각을 말해 보시오.
>
> **토론 면접 기출질문**
> - 원전 유지에 대한 찬반
> - 야구장 내 술 반입에 대한 찬반
> - 한미 FTA에 대한 찬반
> - 매향리 사격장 설립에 대한 찬반
> - 버스 전용차로의 택시 운행에 대한 찬반
> - 온라인 게임 셧다운제에 대한 찬반
> - 비만세 도입에 대한 찬반
> - 한 방송사의 대형 스포츠 중계권 독점에 대한 찬반
> - 냉난방 온도 제한에 대한 찬반
> - 무상급식 전면 시행에 대한 찬반
> - 비정규직의 수요 사태에 대한 찬반

2. 개별 면접

(1) 면접위원 : 2명

(2) 면접형태 : 다대일 면접

(3) 면접내용 : 개별 면접은 개인당 10~15분 정도 진행되며, 대체로 자기소개서를 바탕으로 질문이 이어지지만 직무의 관한 질문을 받을 수도 있다. 또한 짧은 시간 내에 많은 질문과 답변이 오고가므로 압박면접처럼 느껴질 수 있지만 당황하지 않고 일관된 답변을 하는 것이 중요하다.

개별 면접 기출질문
- 기업의 현 상황에 대한 본인의 생각을 말해 보시오.
- 1지망 지역이 광주인데, 소하리에 배치되어도 상관없는가?
- 기숙사 생활을 할 때, 동기들과 어떻게 생활을 하면 좋은가?
- 왜 우리 기업에 입사하려고 하는가?
- 본인의 실패경험과 극복 과정을 말해 보시오.
- 본인에 대해 1분 PR을 해 보시오.
- 기아에 예전부터 지원하려고 했던 것인가?
- 지금 가지고 있는 차 중에서 기아자동차를 가지고 있는 사람이 있는가?
- 기아자동차에 근무하는 친척을 적었는데, 뭔가 가산점이 된다고 생각하여 적은 것인가?
- 사람들 사이에서 가장 중요한 것이 무엇이며, 그 이유는 무엇인가?
- 회식자리나 술자리에서의 본인의 장점을 말한다면?
- 입사하면 어떻게 기여할 것인가?
- 회사나 집단의 회의 및 모임 등을 주도하는 편인가?
- 자기소개서에 기아자동차에 대해 품질과 디자인이 완벽하다고 적었는데, 어떤 점에서 완벽한가?
- 이직 후 공백 기간 동안 무엇을 했는가?
- 지금 다니는 회사에 대해 왜 경력을 적지 않았는가?
- 기아자동차가 지금보다 더 성장하려면 어떻게 해야 하는가?
- 군대에서 보직이 무엇이었는가?
- 생산직 경력이 없는데, 주야 2교대 낮과 밤이 바뀌는 업무에 대해 자신 있는가?
- 평소에 자동차를 타면서 수정 또는 보완되었으면 하는 사항은 무엇인가?
- 100초 동안 자기소개를 해 보시오.
- 기아자동차에 지원한 이유는 무엇인가?
- 고교성적이 상당히 좋은데, 대학진학 생각은 없었는가?
- 스트레스 해소법은?
- 본인의 장단점은 무엇인가?
- 고등학교 졸업하고 지금까지 무엇을 했는가?
- 기아자동차에 들어오려면 요구되는 게 무엇이라고 생각하고 본인은 입사하기 위해 무엇을 했는가?
- 작업현장에 방진(먼지) 때문에 건강에 문제가 생길 수도 있는데, 어떻게 해결할 것인가?
- 만약 방진(먼지)이 많은 현장에 있어야 한다는 가정 하에 건강과 작업 중 무엇을 택하겠는가?
- 본인이 생각하는 은퇴 또는 퇴직의 나이와 그 이유는?
- 기아자동차의 중국시장이 향후 자동차 업계에 미칠 영향에 대해 어떻게 생각하는가?
- 기아자동차 인재상 중 한 가지와 연결 지어 본인의 경험을 말해 보시오.
- 친구가 많은 편인가?
- 기아자동차보다 더 좋은 회사가 많은데, 왜 이곳에 지원했는가?
- 본인을 정직한 사람이라고 생각하는가? 만약 정직하다면 어떤 면에서 정직하고, 바른 사람인지 말해 보시오.

- 굳이 전공으로 가지 않고, 다른 직종에 지원한 이유는 무엇인가?
- 돈을 많이 주는 일과 여유가 많은 일 중 무엇을 선택할 것인가?
- 본인이 바라는 상사는 어떤 상사인가?
- 기아자동차가 서유럽 시장에서 어떤 전략으로 나아가야 하는가?
- 기업의 해외이전의 문제점과 해결방안은?
- 성적이 낮은데, 그 이유는 무엇인가?
- 노조에 대한 생각을 말해 보시오.
- 자동차의 작동원리는?
- 컨베이어벨트에서 일할 때의 장단점은 무엇인가?
- 기아자동차 각 공장의 직원 수는 몇 명인가?
- 기아자동차의 공장별 생산 모델을 말해 보시오.
- 기아자동차가 앞으로 벤츠처럼 되려면 어떻게 해야 하는가?

부록
회사상식

기아 KIA 회사상식

01 ▶ 회사상식 일반이론

1. 회사상식

회사명	기아 주식회사
설립일	1944년 12월 11일
상장일	1973년 7월 21일
대표이사	송호성, 최준영
대표업종	자동차 제조 및 판매

2. 기업 이념

(1) 브랜드 목적

Movement Inspires Ideas
우리는 새로운 생각이 시작되는 공간과 시간을 만든다.

(2) 비전(Vision)

Sustainable Mobility Solutions Provider
지속가능한 모빌리티 솔루션을 제공하는 것을 목표로, 고객과 공동체, 나아가 글로벌 사회에 기여하는 새로운 움직임을 만든다.

(3) 기업 전략

2021년 기아는 지속가능한 ESG 경영을 기업의 최우선 지향점으로 삼고, 경영 전략 'Plan S'를 수립하며 친환경과 고객 중심, 미래 신사업 중심으로의 전환을 선포하였다.

Plan S	
Planet	지속가능한 지구환경에 대한 기업의 책임으로써 ESG를 실행하고 기후변화에 대응한다.
People	고객 중심, 사람 중심 문화를 기반으로 최고의 고객 가치를 제공한다.
Profit	EV / PBV 사업 선도 및 시장 / 제조 측면에서의 사업 체질 강화를 통한 미래 수익 기반을 다진다.

3. 상세 기업 전략

(1) 지속가능경영

① ESG 비전

Sustainable Movement for an Inspiring Future
영감을 주는 미래를 위한 지속가능한 움직임

② 핵심가치

- Cleaner & Circular : 지구를 위한 친환경 / 순환경제 선도
  - 부정적 환경 영향을 최소화하며 자원 선순환으로 지속가능한 환경을 만들 것이다.
- Safe & Satisfying : 모두가 안전하고 만족하는 사회 구축
  - 모두가 안전한 사회를 만들고 행복과 만족을 전달하는 동반자가 될 것이다.
- Transparent & Trustworthy : 투명하고 신뢰성 있는 거버넌스 확립
  - 투명하고 책임 있는 경영을 통해 더욱 믿을 수 있는 기업으로 거듭날 것이다.

③ 생산현장 ESG(ASG; Autoland Sustainability Guideline)

방향성	Autoland 전략	전략 달성 이미지
친환경 Autoland	① 재생에너지 포트폴리오 구축	100% 재생 가능 에너지로 운영되며, 자체 발전 및 저장 능력을 갖추고 있다.
	② 에너지 운영 / 관리 체계화	에너지 절약 및 환경오염 저감에 기여하여 친환경 건축물 인증을 가지고 있다.
	③ 폐기물 / 오염물질 관리 시스템 구축	탄소, 오염물질 등의 배출 현황을 시스템으로 모니터링하고, 그 정보를 공개한다.
지속가능한 생산 시스템	④ 생산설비 관리체계 표준화	EMS(Energy Management System) 기반으로 에너지 효율을 관리하고, 자동화 설비 체계를 운용한다.
	⑤ 일하는 문화 개선(Back to Basic)	생산현장은 노사 합의된 근무 원칙과 작업 문화를 바탕으로 유지된다.
	⑥ 생산 데이터 관리 시스템 구축	생산효율(전력 사용량, 설비 가동, 물 사용량 등)은 실시간 모니터링 되고, 개선점을 발견한다.
	⑦ 품질 시스템 고도화	품질 관리는 자동화 시스템으로 이루어지며, 고객 피드백을 반영한다.
인간 친화적 근무환경	⑧ 통합 안전 관리체계 확대	스마트 안전 설비를 통해 작업장 무재해를 실현하고, 자연재해 피해를 예방한다.
	⑨ 조직 다양성 확보	다양한 구성원으로 이루어져 있으며, 서로의 차이와 견해를 존중한다.
	⑩ 랜드마크 구축	지역의 랜드마크로서 지역사회 구성원들에게 지속가능한 가치를 제공한다.

④ 2040 Autoland 목표

- RE100 달성
- 생산 공장 에너지 활용 20% 저감, 의장 제외 전 공정 자동화
- 전사 모니터링 컨트롤타워 및 공정 환경 대시보드 구축
- 생산라인 중대재해 Zero, 공급사 중대재해 3.0 이하

⑤ ESG 중장기 로드맵
- 2020 ~ 2022년 : ESG 인프라 / 역량 강화
  - ESG 조직 및 의사결정기구 구축(전담조직, 지속가능경영위원회 등)
  - 글로벌 주요 ESG 평가 중점 대응 및 수준 향상
- 2023 ~ 2025년 : 내부 체질 개선
  - ESG 중장기 전략 수립 및 중점 과제 추진
  - ESG 데이터 관리 및 대외공시 강화
- 2026년 이후 : ESG 경영 고도화
  - 비즈니스 밸류체인별 ESG 가치 창출
  - 2040 RE100 달성, 2045 탄소중립 달성 등 중장기 ESG 목표 실현

(2) 환경경영

① 환경경영 정책

기아는 글로벌 기준에 맞는 환경 친화적 경영을 추진하기 위해 ISO 14001(환경경영방침)에 근거한 환경경영 정책을 제정하며, 글로벌 이니셔티브 및 규제 등을 고려하여 정기적으로 개정하고 있다.

② 환경경영 방침
- 환경을 기업의 핵심 성공요소로 인식하고 능동적인 환경경영을 통해 기업 가치를 창출하고 사회적 책임을 이행한다.
- 기후변화 대응을 위하여 이행 가능한 목표를 설정하고 이행 성과를 평가한다.
- 제품의 개발, 생산, 판매, 사용, 폐기에 이르는 전 과정에 걸쳐 자원과 에너지의 지속가능한 사용과 오염물질 저감에 적극 노력한다.
- 협력업체의 환경경영 활동을 적극 지원하며 친환경 공급망 정책 이행을 위해 필요한 기준을 수립 및 이행한다.
- 국내외 환경 법규와 협약을 준수하며 환경경영 추진을 위해 필요한 정책을 수립 및 이행한다.
- 생물다양성을 보호하고, 자연환경 보존을 위한 정책을 수립한다.
- 환경경영 성과를 기업 구성원 및 이해관계자들에게 합리적이고 객관적 기준에 따라 공개한다.

(3) 인권경영

① 기아 인권헌장 기본원칙

조항	기본원칙	조항	기본원칙
제1조	아동노동 및 강제노동 금지	제2조	차별 및 직장 내 괴롭힘 금지
제3조	근로조건 준수	제4조	인도적 대우
제5조	결사의 자유 및 단체교섭권 보장	제6조	산업안전 보장
제7조	지역주민 및 취약계층 인권 보호	제8조	고객 인권 보호
제9조	책임 있는 공급망 관리	제10조	환경권 보장

② 인권경영 중장기 로드맵
- ~ 2023년(리스크 점검) : 인권영향평가 강화 및 인권 존중 제고
- ~ 2025년(리스크 완화) : 인권 위험 영역 집중 관리 및 임직원 다양성 증진
- 최종목표(자발적 인권경영 체계 확립) : 전 사업장 인권 존중 문화 정착

4. 주요 연혁

- 1944년 : 경성정공 창립
- 1952년 : 최초의 국산 자전거 삼천리호 생산
- 1957년 : 시흥공장 준공
- 1961년 : 이륜 오토바이 생산
- 1962년 : 삼륜 화물차 K-360 생산
- 1971년 : 사륜 화물차 E-2000, E-3800 생산
- 1973년 : 소하리 공장 준공 및 국산 가솔린 엔진 생산 개시
- 1974년 : 국내 최초 소형 승용차 브리사 생산
- 1976년 : 아세아자동차 인수(광주공장)
- 1978년 : 디젤 엔진 생산 개시
- 1980년 : 소형화물 승용차 봉고 생산
- 1982년 : 자동차역진 제어장치 발명대상 수상
- 1984년 : 중앙기술연구소 완공
- 1987년 : 수출전략형 소형차 프라이드 생산
- 1988년 : 자동차 생산 100만 대 돌파
- 1990년 : 기아자동차로 사명 변경, 아산만 공장 준공
- 1993년 : 국내 최초의 소형 SUV 스포티지 생산
- 1996년 : 중국 웨다그룹과 프라이드 합작
- 1998년 : 현대그룹에 인수
- 2000년 : 현대기아차그룹으로 계열분리
- 2001년 : 카니발 출시
- 2005년 : 수출 500만 대 달성
- 2006년 : 미국 조지아 공장 투자 조인
- 2007년 : 슬로바키아 공장 및 둥펑웨다기아 제2공장 준공
- 2008년 : 미국 디자인센터 준공
- 2009년 : 미국 조지아주 공장 완공
- 2010년 : K5, 스포티지R 출시
- 2011년 : 수출 1,000만 대 달성
- 2018년 : 순수 전기차 니로 EV 출시
- 2021년 : 기아자동차에서 기아로 사명 변경

5. 기아 인재상

Kreate	열린 상상력으로 세상에 없던 새로움을 만들어가는 창조가
Innovate	기존의 정해진 질서에 도전해 대담한 변화를 이끌어내는 혁신가
Act	생각에만 머무는 것이 아니라 생각을 적극적으로 현실에 반영하는 행동가
Navigate	호기심과 열정으로 미지의 영역을 개척하는 탐험가

02 ▶ 회사상식 문제

정답 및 해설 p.044

01 다음 중 기아의 중장기 미래 경영전략인 'Plan S'에서 S는 무엇을 의미하는가?

① Shift(전환)
② Safety(안전)
③ Solution(해법)
④ Standard(표준)
⑤ Sustainability(지속가능성)

02 다음 중 아프리카를 비롯한 저개발국가 주민들에게 도전의 기회를 제공하고, 개인의 성장과 더불어 지역사회 자립을 지원하는 기아의 사회공헌 활동은?

① 선라이트 프로젝트
② 스타라이트 프로젝트
③ 그린라이트 프로젝트
④ 실버라이트 프로젝트
⑤ 소셜라이트 프로젝트

03 다음 중 CES 2018에서 기아가 공개한 순수 전기차는?

① 스포티지
② 니로 EV
③ K5
④ 셀토스
⑤ EV3

04 다음 중 기아 2030 전략(Strategy)에 대한 설명으로 옳지 않은 것은?

① 2030년까지 전 세계 430만 대 판매를 목표로 한다.
② 경쟁력 강화를 통해 2030년까지 전기차(EV) 160만 대 판매를 추진한다.
③ 배터리 기술 고도화, 초고속 충전 인프라 구축 등 EV 전환 가속화 전략을 추진한다.
④ 2025년 출시 신차부터 Auto-mode를 100% 적용하고, 2030년 출시 신차부터 All Connected를 100% 적용할 수 있는 기반을 확립한다.
⑤ 신규로 하이브리드차 전략이 추가되었는데 하이브리드차 라인업이 소형 및 대형으로 확대되어 2024년 6개, 2026년 8개, 2028년 9개로 제시되었다.

05 다음 중 기아의 인재상으로 옳지 않은 것은?

① Act
② Kreate
③ Innovate
④ International
⑤ Navigate

06 다음 중 친환경과 사회적 책임을 강조한 기아의 중장기 경영전략의 3대 축으로 옳은 것은?

① Path
② Point
③ Planetary
④ Profit
⑤ Progress

07 기아는 해외에 판매법인, 공장, 기술연구소, 디자인센터 등의 글로벌 경영 체제를 구축하고 있다. 다음 중 권역 본부 소재지가 아닌 도시는 어느 곳인가?

① 모스크바(러시아)
② 프랑크푸르트(독일)
③ 리야드(사우디아라비아)
④ 쿠알라룸푸르(말레이시아)
⑤ 어바인(미국)

08 다음 중 기아의 역대 슬로건이 아닌 것은 무엇인가?

① 고객을 위한 품질, 세계를 향한 기술
② 자동차에서 삶의 동반자로
③ 영감을 주는 움직임
④ 믿음을 주는 차, 꿈을 주는 기업
⑤ 자동차는 기아차가 좋습니다.

09 다음 중 2025년을 기준으로 기아의 해외공장이 아닌 곳은 어디인가?

① 슬로바키아 질리나 공장
② 중국 상해 공장
③ 미국 조지아 공장
④ 인도 아난타푸르 공장
⑤ 멕시코 몬테레이 공장

10 다음 중 기아가 제시한 인재상 'KIAN' 중 'N'에 해당하는 인재상은 무엇인가?

① Navigate
② Noble
③ Narcissist
④ Naturist
⑤ Notable

앞선 정보 제공! 도서 업데이트

언제, 왜 업데이트될까?

도서의 학습 효율을 높이기 위해 자료를 추가로 제공할 때!
공기업·대기업 필기시험에 변동사항 발생 시 정보 공유를 위해!
공기업·대기업 채용 및 시험 관련 중요 이슈가 생겼을 때!

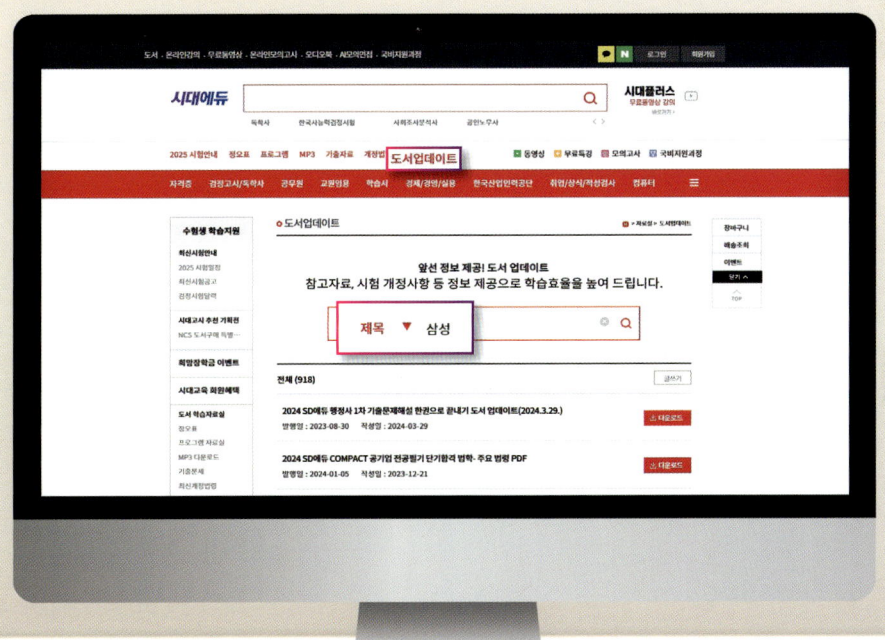

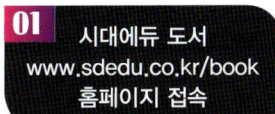
01 시대에듀 도서 www.sdedu.co.kr/book 홈페이지 접속

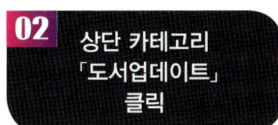
02 상단 카테고리 「도서업데이트」 클릭

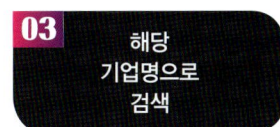
03 해당 기업명으로 검색

참고자료, 시험 개정사항 등 정보 제공으로 학습효율을 높여 드립니다.

더 이상의
고졸·전문대졸 필기시험 시리즈는 없다!

"알차다"
꼭 알아야 할 내용을 담고 있으니까

"친절하다"
핵심 내용을 쉽게 설명하고 있으니까

"핵심을 뚫는다"
시험 유형과 유사한 문제를 다루니까

"명쾌하다"
상세한 풀이로 완벽하게 익힐 수 있으니까

성공은 나를 응원하는 **사람**으로부터 **시작**됩니다.
시대에듀가 당신을 힘차게 응원합니다.

2025 하반기

KIA 기아
생산직 온라인 인적성검사
통합기본서

편저 | SDC(Sidae Data Center)

정답 및 해설

누적 판매량 **1위**
대기업 인적성검사 시리즈

유형분석 및 모의고사로 최종합격까지
한 권으로 마무리!

SDC
SDC는 시대에듀 데이터 센터의 약자로 약 30만 개의 NCS·적성 문제 데이터를 바탕으로 최신 출제경향을 반영하여 문제를 출제합니다.

시대에듀

PART 1 적성검사

CHAPTER 01 언어
CHAPTER 02 수리
CHAPTER 03 추리
CHAPTER 04 공간지각
CHAPTER 05 기초영어

끝까지 책임진다! 시대에듀!

QR코드를 통해 도서 출간 이후 발견된 오류나 개정법령, 변경된 시험 정보, 최신기출문제, 도서 업데이트 자료 등이 있는지 확인해 보세요! **시대에듀 합격 스마트 앱**을 통해서도 알려 드리고 있으니 구글 플레이나 앱 스토어에서 다운받아 사용하세요. 또한, 파본 도서인 경우에는 구입하신 곳에서 교환해 드립니다.

CHAPTER 01 | 언어 적중예상문제

01	02	03	04	05	06	07	08	09	10
⑤	④	③	②	①	⑤	②	⑤	③	④
11	12	13	14	15	16	17	18	19	20
②	①	③	④	④	①	③	④	③	④
21	22	23	24	25	26	27	28	29	30
③	④	②	④	④	①	④	③	②	⑤

01 정답 ⑤
- 이목 : 주의나 관심
- 시선 : 주의 또는 관심을 비유적으로 이르는 말

[오답분석]
① 괄목 : 눈을 비비고 볼 정도로 매우 놀람
② 경계 : 사물이 어떠한 기준에 의하여 분간되는 한계
③ 기습 : 적이 생각지 않았던 때에 갑자기 들이쳐 공격함
④ 정도 : 알맞은 한도

02 정답 ④
- 정세(情勢) : 일이 되어 가는 형편
- 상황 : 일이 되어 가는 과정이나 형편

[오답분석]
① 정설 : 일정한 결론에 도달하여 이미 확정하거나 인정한 설
② 정취 : 깊은 정서를 자아내는 흥취
③ 정양 : 몸과 마음을 안정하여 휴양함
⑤ 여파 : 어떤 일이 끝난 뒤에 남아 미치는 영향

03 정답 ③
- 구속 : 행동이나 의사의 자유를 제한하거나 속박함
- 속박 : 어떤 행위나 권리의 행사를 자유로이 하지 못하도록 강압적으로 얽어매거나 제한함

[오답분석]
① 도전 : 정면으로 맞서 싸움을 걺
② 검열 : 어떤 행위나 사업 따위를 살펴 조사하는 일
④ 반대 : 어떤 행동이나 견해, 제안 따위에 따르지 아니하고 맞서 거스름
⑤ 개정 : 글자나 글의 틀린 곳을 고쳐 바로잡음

04 정답 ②
- 반박하다 : 어떤 의견, 주장, 논설 따위에 반대하여 말하다.
- 수긍하다 : 옳다고 인정하다.

[오답분석]
① 부정하다 : 그렇지 아니하다고 단정하거나 옳지 아니하다고 반대하다.
③ 거부하다 : 요구나 제의 따위를 받아들이지 않고 물리치다.
④ 비판하다 : 현상이나 사물의 옳고 그름을 판단하여 밝히거나 잘못된 점을 지적하다.
⑤ 논박하다 : 어떤 주장이나 의견에 대하여 그 잘못된 점을 조리 있게 공격하여 말하다.

05 정답 ①
- 완비 : 빠짐없이 완전히 갖춤
- 불비 : 제대로 다 갖추어져 있지 아니함

[오답분석]
② 우연 : 아무런 인과 관계가 없이 뜻하지 아니하게 일어난 일
③ 필연 : 사물의 관련이나 일의 결과가 반드시 그렇게 될 수밖에 없음
④ 습득 : 학문이나 기술 따위를 배워서 자기 것으로 함
⑤ 필시 : 아마도 틀림없이

06 정답 ⑤
- 초청 : 사람을 청하여 부름
- 축출 : 쫓아내거나 몰아냄

[오답분석]
① 접대 : 손님을 맞아서 시중을 듦
② 제출 : 문안이나 의견, 법안 따위를 냄
③ 청빙 : 부탁하여 부름
④ 초래 : 어떤 결과를 가져오게 함. 또는 불러서 오게 함

07 정답 ②
제시된 단어는 포함 관계이다. '모래'는 '사막'을 구성하고, '나무'는 '숲'을 구성한다.

08　정답 ⑤
제시된 단어는 유의 관계이다. '믿음'은 '신용'과 유사한 의미를 가지고, '선의'는 '호의'와 유사한 의미를 가진다.

09　정답 ③
제시된 단어는 반의 관계이다. '상승'은 '하강'과 반대되는 의미를 가지고, '질서'는 '혼돈'과 반대되는 의미를 가진다.

10　정답 ④
제시된 단어는 도구와 용도의 관계이다. '가위'로 '자르고', '풀'로 '붙인다'.

11　정답 ②
오답분석
① 넘다 : 산을 '넘는다'는 행위이므로 '넘어'가 옳다.
③ 어깨너머 : 남이 하는 것을 옆에서 보거나 듣거나 함
④ 나뉘다(나누이다) : '나누다'의 피동형이므로 피동을 나타내는 접사 '-어지다'와 결합할 수 없다.
⑤ 새 : '사이'의 준말

12　정답 ①
'시간적인 사이를 두고서 가끔씩'이라는 의미의 어휘는 '간간이'이다.
오답분석
② 왠지 : 왜 그런지 모르게. 또는 뚜렷한 이유도 없이
③ 박이다 : 손바닥, 발바닥 따위에 굳은살이 생기다.
④ -든지 : 나열된 동작이나 상태, 대상들 중에서 어느 것이든 선택될 수 있음을 나타내는 연결 어미
⑤ 깊숙이 : 위에서 밑바닥까지, 또는 겉에서 속까지의 거리가 멀고 으슥하게

13　정답 ③
'만큼'은 주로 어미 뒤에 붙어 앞의 내용에 상당하는 수량이나 정도임을 나타내는 의존명사 '만큼'과 체언 뒤에 붙어 앞말과 비슷한 정도나 한도임을 나타내는 격 조사 '-만큼'으로 구분할 수 있다. 한글 맞춤법에 따라 의존명사 '만큼'은 앞말과 띄어 써야 하고, 격 조사 '-만큼'은 붙여 써야 한다. 따라서 ③은 체언 '생각'과 결합하는 격 조사이므로 '생각만큼'으로 붙여 써야 한다.

14　정답 ④
먹고 난 뒤의 그릇을 씻어 정리하는 일을 뜻하는 단어는 '설거지'이다.
오답분석
① ~로서 : 지위나 신분 또는 자격을 나타내는 격 조사
② 왠지 : 왜 그런지 모르게. 또는 뚜렷한 이유도 없이
③ 드러나다 : 가려 있거나 보이지 않던 것이 보이게 되다.
⑤ 밑동 : 긴 물건의 맨 아랫동아리

15　정답 ④
㉠ : '소개하다'는 '서로 모르는 사람들 사이에서 양편이 알고 지내도록 관계를 맺어 주다.'의 의미로 단어 자체가 사동의 의미를 지니고 있으므로 '소개시켰다'가 아닌 '소개했다'가 들어가야 한다.
㉡ : '쓰여지다'는 피동 접사 '-이-'와 '-어지다'가 결합한 이중 피동 표현이므로 '쓰여진'이 아닌 '쓰인'이 들어가야 한다.
㉢ : '부딪치다'는 '무엇과 무엇이 힘 있게 마주 닿거나 마주 대다.'의 의미인 '부딪다'를 강조하여 이르는 말이고, '부딪히다'는 '부딪다'의 피동사이므로 의미상 '부딪쳤다'가 들어가야 한다.

16　정답 ①
제시문은 농약과 제초제의 위험성에 대해 설명하고 있다. 따라서 (가) 친환경 농업은 건강과 직결되어 있기 때문에 각광받고 있음 – (나) 병충해를 막기 위해 사용된 농약은 완전히 제거하기 어려우며 신체에 각종 손상을 입힘 – (다) 생산량 증가를 위해 사용한 농약과 제초제가 오히려 인체에 해를 입힐 수 있음 순으로 나열하는 것이 적절하다.

17　정답 ③
제시문은 풀기 어려운 문제에 둘러싸인 기업적·개인적 상황을 제시하고, 위기의 시대임을 언급하고 있다. 그리고 그 위기를 이겨내는 자가 성공하는 자가 될 수 있음을 말하며, 위기를 이겨내기 위해서 지혜가 필요하다고 설명하는 글이다. 따라서 (나) 풀기 어려운 문제에 둘러싸인 현재의 상황 – (라) 위험과 기회라는 이중 의미를 가지는 '위기' – (다) 위기를 이겨내는 것이 필요 – (가) 위기를 이겨내기 위한 지혜와 지혜를 행동으로 옮길 때 얻을 수 있는 성공이라는 결과 순으로 나열하는 것이 적절하다.

18 정답 ④

제시문은 정신과 물질의 관계에 대한 이원론과 동일론 그리고 기능론과 이원론 입장에서 바라보는 사고 실험에 대해 설명하고 있다. 따라서 (다) 현대에 이원론보다 각광받는 동일론이 가진 문제점 – (나) 동일론의 문제점을 해결할 수 있는 기능론 – (라) 기능론을 비판하는 이원론의 입장에서 설명하는 감각질과 관련한 사고 실험 – (가) 감각질이 뒤집혀도 겉으로 드러난 행동과 말이 똑같은 이유 순으로 나열하는 것이 적절하다.

19 정답 ③

제시문을 요약하면 다음과 같다.
- 얼굴을 맞대고 하는 접촉이 매체를 통한 접촉보다 결정적인 영향력을 미친다.
- 새 어형이 전파되는 것은 매체를 통해서보다 사람과의 직접적인 접촉에 의해서라는 것이 더 일반적인 견해이다.
- 매체를 통한 것보다 자주 접촉하는 사람들을 통해 언어 변화가 진전된다는 사실은 언어 변화의 여러 면을 바로 이해하는 핵심적인 내용이라 해도 좋을 것이다.

따라서 빈칸에는 직접 접촉과 간접 접촉에 따라 영향력에 차이가 있다는 내용인 ③이 오는 것이 가장 적절하다.

20 정답 ④

제시문은 '멋'이 파격이면서 동시에 보편적이고 일반적인 기준을 벗어나지 않아야 하는 것임을 강조하고 있다. 따라서 멋은 사회적인 관계에서 생겨나는 것이라는 결론을 얻을 수 있으므로 빈칸에는 ④가 오는 것이 가장 적절하다.

21 정답 ③

두 번째 문단에서 전통의 유지와 변화에 대한 견해 차이는 보수주의와 진보주의의 차이로 이해될 성질의 것이 아니며, 한국 사회의 근대화는 앞으로도 계속되어야 할 광범하고 심대한 사회 구조적 변동이라고 하였다. 또한 마지막 문단에서 '근대화라고 하는 사회 구조적 변동이 문화 변화를 결정지을 것이기 때문'이라고 하였다. 따라서 빈칸에는 '사회 변동의 시각'이 가장 적절하다.

22 정답 ④

빈칸에 들어갈 내용을 판단하기 위해 앞의 문단에서 제기한 질문의 형태에 유의하자. 즉, '올바른 답을 추론해 내는 데 필요한 모든 정보와 정답 제시가 올바른 추론 능력의 필요충분조건은 아니다.'라는 문장이 제시문의 중심 내용이다. 그렇다면 왓슨의 어리석음은 추론에 필요한 정보를 활용하지 못한 데에 있으므로 빈칸에는 ④가 오는 것이 가장 적절하다.

오답분석
① 왓슨의 문제는 정보를 올바르게 추론하지 못한 데 있다.
② 왓슨은 올바른 추론의 방법을 알고 있지 못했다.
③ 왓슨이 전문적인 추론 훈련을 받지 못했다는 정보는 없다.
⑤ 왓슨은 추론에 필요한 관련 정보를 가지고 있었다.

23 정답 ②

구비문학에서는 단일한 작품, 원본이라는 개념이 성립하기 어렵다. 선창자의 재간과 그때그때의 분위기에 따라 새롭게 변형되거나 창작되는 일이 흔하기 때문이다. 다시 말해 구비문학은 정해진 틀이 있다기보다는 상황이나 분위기에 따라 바뀌는 것이 가능하다. 유동성이란 형편이나 때에 따라 변화될 수 있음을 뜻하는 말이다. 따라서 제목으로 '구비문학의 유동성'이 가장 적절하다.

24 정답 ④

제시문은 첫 번째 문단에서 위계화의 개념을 설명하고, 이러한 불평등의 원인과 구조에 대해 설명하고 있다. 따라서 제목으로 '위계화의 개념과 구조'가 가장 적절하다.

25 정답 ④

제시문은 통계 수치의 의미를 정확하게 이해하고 도구와 방법을 올바르게 사용해야 하며, 특히 아웃라이어의 경우를 생각해야 한다고 주장하고 있다. 따라서 중심 내용으로 '통계 수치의 의미와 한계를 정확히 인식하고 사용할 필요가 있다.'가 가장 적절하다.

오답분석
①・② 집단을 대표하는 수치로서의 '평균' 자체가 숫자 놀음과 같이 부적당하다고는 언급하지 않았다.
③ 아웃라이어가 있는 경우에는 평균보다는 최빈값이나 중앙값이 대푯값으로 더 적당하다.
⑤ 통계의 유용성은 도입부에 잠깐 인용되었을 뿐, 중심 내용으로 보기는 어렵다.

26 정답 ①

제시문의 첫 번째 문단에서는 '사회적 자본'이 늘어나면 정치 참여도가 높아진다는 주장을 하였고, 두 번째 문단에서는 사회적 자본의 개념을 사이버공동체에 도입하였으나 현실과 잘 맞지 않는다고 하면서 사회적 자본의 한계를 서술했다. 그리고 마지막 문단에서는 사회적 자본만으로는 정치 참여가 늘어나기 어렵고 이른바 '정치적 자본'의 매개를 통해서만이 가능하다는 주장을 하고 있다. 따라서 중심 내용으로 '사이버공동체를 통해 축적된 사회적 자본에 정치적 자본이 더해질 때 정치 참여가 활성화된다.'가 가장 적절하다.

27

정답 ④

오답분석

① 조성은 음악에서 화성이나 멜로디가 하나의 음 또는 하나의 화음을 중심으로 일정한 체계를 유지하는 것이다.
② 무조 음악은 조성에서 벗어나 자유롭게 표현하고자 한 것이므로, 조성이 발전한 형태라고 말할 수 없다.
③ 무조 음악은 한 옥타브 안의 음 각각에 동등한 가치를 두었다.
⑤ 쇤베르크의 12음 기법은 무조 음악이 지닌 자유로움에 조성의 체계성을 더하고자 탄생한 기법이다.

28

정답 ③

첫 번째 문단에서 오늘날 우리가 부르는 애국가의 노랫말은 외세의 침략으로 나라가 위기에 처해있던 1907년을 전후하여 조국애와 충성심을 북돋우기 위하여 만들어졌음을 알 수 있다. 따라서 1896년 『독립신문』에는 현재의 노랫말이 게재되지 않았다.

오답분석

① 두 번째 문단에서 1935년 해외에서 활동 중이던 안익태가 오늘날 우리가 부르고 있는 국가를 작곡하였고, 이 곡은 해외에서만 퍼져나갔다고 하였으므로 1940년에 해외에서는 애국가 곡조를 들을 수 있었다.
② 네 번째 문단에서 국기강하식 방송, 극장에서의 애국가 상영 등은 1980년대 후반 중지되었다고 하였으므로 1990년대 초반까지 애국가 상영이 의무화되었다는 말은 적절하지 않다.
④ 마지막 문단에서 연주만 하는 의전행사나 시상식·공연 등에서는 전주곡을 연주해서는 안 된다고 하였으므로 적절하지 않다.
⑤ 두 번째 문단을 통해 안익태가 애국가를 작곡한 때는 1935년, 대한민국 정부 공식 행사에 사용된 해는 1948년이므로 13년이 걸렸다.

29

정답 ②

후추나 천초는 고추가 전래되지 않았던 조선 전기까지 주요 향신료였으며, 19세기 이후 고추가 향신료로서 절대적인 우위를 차지하면서 후추나 천초의 지위가 달라졌다고 하였다. 그러나 후추나 천초가 김치에 쓰였다는 언급은 없다.

30

정답 ⑤

제시문은 우리말과 영어의 어순 차이에 대해 설명하면서, 우리말에서 주어 다음에 목적어가 오는 것은 '나의 의사보다 상대방에 대한 관심을 먼저 보이는 우리의 문화'에서 기인한 것이라고 언급하고 있다. 그리고 '나의 의사를 밝히는 것이 먼저인 영어를 사용하는 사람들의 문화'라는 내용으로 볼 때, 상대방에 대한 관심보다 나의 생각을 우선시하는 것은 우리말이 아닌 영어의 문장 표현이다.

CHAPTER 02 | 수리 적중예상문제

01	02	03	04	05	06	07	08	09	10
①	②	②	②	⑤	⑤	①	①	①	③
11	12	13	14	15	16	17	18	19	20
①	③	③	②	④	④	②	①	②	④
21	22	23	24	25	26	27	28	29	30
③	④	②	④	②	①	④	②	⑤	②
31	32	33	34	35	36	37	38	39	40
④	④	④	④	③	③	④	③	④	①

01 정답 ①

$15 \times 108 - 303 \div 3 + 7$
$= 1,620 - 101 + 7$
$= 1,526$

02 정답 ②

$54 \times 3 - 113 + 5 \times 143$
$= 162 - 113 + 715$
$= 877 - 113$
$= 764$

03 정답 ②

$(0.983 - 0.42 \times 2) + 0.169$
$= (0.983 - 0.84) + 0.169$
$= 0.143 + 0.169$
$= 0.312$

04 정답 ②

$(49 + 63 + 35) \div 14 - 7 \times 0.5$
$= 147 \div 14 - 3.5$
$= 10.5 - 3.5$
$= 7$

05 정답 ⑤

$512,745 - 425,427 + 23,147$
$= 535,892 - 425,427$
$= 110,465$

06 정답 ⑤

$41 + 414 + 4,141 - 141$
$= 4,596 - 141$
$= 4,455$

07 정답 ①

(속력)=$\frac{(거리)}{(시간)}$ 공식을 이용하여 슬기의 속력을 구하려면 먼저 거리를 알아야 한다.
슬기는 경서가 움직인 거리보다 1.2m 더 움직였으므로 거리는 $0.6 \times 6 + 1.2 = 4.8$m이다.
따라서 슬기는 출발하고 6초 후에 경서를 따라잡았으므로 슬기의 속력은 $\frac{4.8}{6} = 0.8$m/s이다.

08 정답 ①

열차의 이동거리는 $200 + 40 = 240$m이므로, 열차의 속력은 $\frac{240}{10} = 24$m/s이다.
길이가 320m인 터널을 통과한다고 하였으므로, 총 이동거리는 $320 + 40 = 360$m이다.
따라서 열차의 속력은 24m/s이므로, 걸린 시간은 $\frac{360}{24} = 15$초이다.

09 정답 ①

올라갈 때 걸은 거리를 $x$km라고 하면, 내려올 때의 거리는 $(x+5)$km이므로 다음 식이 성립한다.
$\frac{x}{3} + \frac{x+5}{4} = 3$
$\rightarrow 4x + 3(x+5) = 36$
$\therefore x = 3$
따라서 올라갈 때 걸은 거리는 3km이다.

10 정답 ③

딸의 나이 범위에서 8의 배수를 찾아보면 32, 40, 48세가 가능하다. 이 중 5로 나누어 3이 남는 나이는 48세이다. 그러므로 딸의 나이는 48세, 아버지의 나이는 84세이다.
따라서 두 사람의 나이 차는 84−48=36세이다.

11 정답 ①

여동생의 나이를 x세, 아버지의 나이를 y세라고 하자.
$y=2(12+14+x)$ … ㉠
$y-12=10x$ … ㉡
㉠과 ㉡을 연립하면
$52+2x=10x+12$
→ $8x=40$
∴ $x=5$
따라서 여동생의 나이는 5세이다.

12 정답 ③

팀장의 나이를 x세라고 할 때, 과장의 나이는 $(x-4)$세, 대리는 31세, 사원은 25세이다. 과장과 팀장의 나이 합이 사원과 대리의 나이 합의 2배이므로 다음 식이 성립한다.
$x+(x-4)=2\times(31+25)$
→ $2x-4=112$
∴ $x=58$
따라서 팀장의 나이는 58세이다.

13 정답 ③

5명이 입장할 때 추가 1명이 무료이기 때문에 6명씩 팀으로 계산하면 6×8=48명으로 총 8팀이 구성된다. 53명 중 팀을 이루지 못한 5명은 할인을 받을 수 없다.
따라서 5,000×8=40,000원의 할인을 받을 수 있게 된다.

14 정답 ②

처음 정가를 x원이라고 하면 다음 식이 성립한다.
$2(0.7x-1,000)=x$
→ $1.4x-2,000=x$
∴ $x=5,000$
따라서 처음 정가는 5,000원이다.

15 정답 ④

1인당 학원비를 x원이라고 하면 1등은 x원, 2~5등(4명)은 $0.5x$원, 6~10등(5명)은 $0.25x$원을 받으므로 다음 식이 성립한다.
$x+4\times0.5x+5\times0.25x=1,275,000$
→ $4.25x=1,275,000$
∴ $x=300,000$
따라서 K학원의 1인당 학원비는 30만 원이다.

16 정답 ④

B톱니바퀴와 C톱니바퀴의 톱니 수를 각각 b개, c개라 하자. A톱니바퀴는 B, C톱니바퀴와 서로 맞물려 돌아가므로 A, B, C톱니바퀴의 (톱니 수)×(회전수)의 값은 같다.
즉, $90\times8=15b=18c$이므로
$15b=720$ → $b=48$
$18c=720$ → $c=40$
∴ $b+c=88$
따라서 B톱니바퀴와 C톱니바퀴 톱니 수의 합은 88개이다.

17 정답 ②

갑과 을이 1시간 동안 만들 수 있는 곰 인형의 수는 각각 $\frac{100}{4}=25$개, $\frac{25}{10}=2.5$개이다.
함께 곰 인형 132개를 만드는 데 걸린 시간을 x시간이라고 하면 다음 식이 성립한다.
$(25+2.5)\times0.8\times x=132$
→ $27.5x=165$
∴ $x=6$
따라서 이들이 함께 곰 인형 132개를 만드는 데 걸리는 시간은 6시간이다.

18 정답 ①

15−12=3L이므로 1분에 3L만큼의 물을 퍼내는 것과 같다. 따라서 25분 후에 수조에 남아있는 물의 양은 100−3×25=25L이다.

19 정답 ②

천포의 점수를 x점이라고 할 때, 네 사람의 평균이 105점이므로 다음 식이 성립한다.
$\frac{101+105+108+x}{4}=105$
→ $x+314=420$
∴ $x=106$
따라서 천포의 점수는 106점이다.

20 정답 ④

진수, 민영, 지율, 보라 4명의 최고점을 각각 a점, b점, c점, d점이라고 하자.
$a+2b=10$ … ㉠
$c+2d=35$ … ㉡
$2a+4b+5c=85$ … ㉢
㉢과 ㉠을 연립하면 $2\times10+5c=85 \rightarrow 5c=65 \rightarrow c=13$
이를 ㉡에 대입하면 $13+2d=35 \rightarrow 2d=22 \rightarrow d=11$
따라서 보라의 최고점은 11점이다.

21 정답 ③

각 학년의 전체 수학 점수의 합을 구하면 다음과 같다.
- 1학년 : $38\times50=1,900$점
- 2학년 : $64\times20=1,280$점
- 3학년 : $44\times30=1,320$점

따라서 전체 수학 점수 평균은 $\dfrac{1,900+1,280+1,320}{50+20+30}=\dfrac{4,500}{100}=45$점이다.

22 정답 ④

농도 5% 설탕물에 들어있는 설탕의 양은 $100\times\dfrac{5}{100}=5$g이다. 이때 xg의 물을 증발시켜 10%의 농도가 되게 하려면 $\dfrac{5}{100-x}\times100=10\%$이므로 50g만큼 증발시켜야 한다.
따라서 1시간에 2g씩 증발한다고 했으므로 $50\div2=25$시간이 소요된다.

23 정답 ②

두 소금물을 섞은 소금물의 농도를 $x\%$라고 하면 다음 식이 성립한다.
$\dfrac{10}{100}\times100+\dfrac{25}{100}\times200=\dfrac{x}{100}\times(100+200)$
∴ $x=20$
따라서 두 소금물을 섞은 소금물의 농도는 20%이다.

24 정답 ④

500g의 설탕물에 녹아있는 설탕의 양을 xg이라고 하자.
농도 3%의 설탕물 200g에 들어있는 설탕의 양은 $\dfrac{3}{100}\times200=6$g이다.
$\dfrac{x+6}{500+200}\times100=7$
$\rightarrow x+6=49$
∴ $x=43$
따라서 500g의 설탕물에 녹아있던 설탕의 양은 43g이다.

25 정답 ②

직사각형의 넓이는 (가로)×(세로)이므로 넓이를 $\dfrac{1}{3}$ 이하로 작아지게 하려면 길이를 $\dfrac{1}{3}$ 이하로 줄이면 된다. 따라서 가로의 길이가 10cm 이하가 되어야 하므로 최소 20cm 이상 줄여야 한다.

26 정답 ①

2,800원, 2,500원짜리 커피를 각각 x개, $(12-x)$개라고 하자.
$2,500(12-x)+2,800x \leq 31,000$
$\rightarrow 30,000+300x \leq 31,000$
$\rightarrow 300x \leq 1,000$
∴ $x \leq \dfrac{10}{3}$
따라서 2,800원짜리 커피는 최대 3개 살 수 있다.

27 정답 ④

K사원이 x분 동안 주차한다고 하자(단, $x>30$).
$3,000+60(x-30) \leq 18,000$
$\rightarrow 50+x-30 \leq 300$
$\rightarrow x \leq 300-50+30$
∴ $x \leq 280$
따라서 K사원은 최대 280분까지 주차할 수 있다.

28 정답 ②

- 집 → 놀이터 → 학교 : $4\times5=20$가지
- 집 → 학교 : 2가지
∴ $20+2=22$가지
따라서 집에서 학교까지 가는 경우의 수는 22가지이다.

29 정답 ⑤

A, G를 제외한 5명 중 C, D, E가 이웃하여 서는 경우의 수는 $3!\times3!=36$가지이고, A와 G는 자리를 바꿀 수 있다.
따라서 구하고자 하는 경우의 수는 $3!\times3!\times2=72$가지이다.

30 정답 ②

주사위 3개를 던졌을 때 나오는 눈의 합이 4가 되는 경우를 순서쌍으로 나타내면 다음과 같다.
(1, 1, 2), (1, 2, 1), (2, 1, 1)
따라서 나오는 눈의 합이 4가 되는 경우의 수는 3가지이다.

31 정답 ④

1번의 가위바위보에서 1명이 이길 확률은 $\frac{1}{3}$이고, 그렇지 않을 확률은 $\frac{2}{3}$이므로, 3번 안에 1명의 승자가 정해질 확률은 다음과 같다.

- 첫 게임에 승자가 정해질 확률 : $\frac{1}{3}$
- 첫 게임에 승자가 정해지지 않고, 두 번째 게임에 정해질 확률 : $\frac{2}{3} \times \frac{1}{3} = \frac{2}{9}$
- 첫 번째와 두 번째 게임에 승자가 정해지지 않고, 세 번째 게임에 정해질 확률 : $\frac{2}{3} \times \frac{2}{3} \times \frac{1}{3} = \frac{4}{27}$

따라서 3번 안에 1명의 승자가 정해질 확률은 $\frac{1}{3} + \frac{2}{9} + \frac{4}{27} = \frac{19}{27}$이다.

32 정답 ④

- 흰 구슬을 먼저 뽑고, 검은 구슬을 뽑을 확률 : $\frac{4}{10} \times \frac{6}{9} = \frac{4}{15}$
- 검은 구슬을 먼저 뽑고, 흰 구슬을 뽑을 확률 : $\frac{6}{10} \times \frac{4}{9} = \frac{4}{15}$

따라서 구하고자 하는 확률은 $\frac{4}{15} + \frac{4}{15} = \frac{8}{15}$이다.

33 정답 ④

- 잘 익은 귤을 꺼낼 확률 : $1 - \left(\frac{10}{100} + \frac{15}{100}\right) = \frac{75}{100}$
- 썩거나 안 익은 귤을 꺼낼 확률 : $\frac{10}{100} + \frac{15}{100} = \frac{25}{100}$

따라서 1명은 잘 익은 귤, 다른 1명은 그렇지 않은 귤을 꺼낼 확률은 $2 \times \frac{75}{100} \times \frac{25}{100} = 37.5\%$이다.

34 정답 ④

세 지역 모두 핵가족 가구 비중이 더 높으므로, 핵가족 수가 더 많다.

오답분석
① 핵가족 가구의 비중이 가장 높은 곳은 71%인 B지역이다.
② 1인 가구는 기타 가구의 일부이므로, 1인 가구만의 비중은 알 수 없다.
③ 확대가족 가구의 비중이 가장 높은 곳은 C지역이지만 이 수치는 어디까지나 비중이므로 가구 수는 알 수 없다.
⑤ 부부 가구의 구성비는 B지역이 가장 높다.

35 정답 ③

남자가 소설을 대여한 횟수는 690회이고, 여자가 소설을 대여한 횟수는 1,060회이므로 $\frac{690}{1,060} \times 100 ≒ 65\%$이다.

오답분석
① 소설 전체 대여 횟수는 1,750회, 비소설 전체 대여 횟수는 1,620회이므로 옳다.
② 40세 미만 전체 대여 횟수는 1,950회, 40세 이상 전체 대여 횟수는 1,420회이므로 옳다.
④ 40세 미만의 전체 대여 횟수는 1,950회이고, 그중 비소설 대여는 900회이므로 $\frac{900}{1,950} \times 100 ≒ 46.1\%$이다.
⑤ 40세 이상의 전체 대여 횟수는 1,420회이고, 그중 소설 대여는 700회이므로 $\frac{700}{1,420} \times 100 ≒ 49.3\%$이다.

36 정답 ③

일반 내용의 스팸 문자는 2022년 하반기 0.12통에서 2023년 상반기에 0.05통으로 감소하였다.

오답분석
① 제시된 자료에 따르면 2023년부터 성인 스팸 문자 수신이 시작되었다.
② 2022년 하반기에는 일반 스팸 문자가, 2023년 상반기에는 대출 스팸 문자가 가장 높은 비중을 차지했다.
④ 해당 기간 동안 대출 관련 스팸 문자가 가장 큰 폭(0.05)으로 증가하였다.
⑤ 전년 동분기 대비 2023년 하반기의 1인당 스팸 문자의 내용별 수신 수의 증가율은 $\frac{0.17 - 0.15}{0.15} \times 100 ≒ 13.33\%$이므로 옳다.

37 정답 ④

특수학교뿐 아니라 초등학교와 고등학교도 정규직 영양사보다 비정규직 영양사가 더 적다.

오답분석

① 급식인력은 4개의 학교 중 초등학교가 34,184명으로 가장 많다.
② 제시된 자료를 통해 쉽게 알 수 있다.
③ 중학교 정규직 영양사는 626명이고 고등학교 비정규직 영양사는 603명이므로, 중학교 정규직 영양사가 고등학교 비정규직 영양사보다 626-603=23명 더 많다.
⑤ 영양사 정규직 비율은 중학교가 $\frac{626}{1,427} \times 100 = 43.87\%$, 특수학교가 $\frac{107}{113} \times 100 = 94.69\%$로, 특수학교가 중학교보다 2배 이상 높다.

38 정답 ③

전년 대비 업체 수가 가장 많이 증가한 해는 103개소가 증가한 2020년이며, 생산금액이 가장 많이 늘어난 해는 402,017백만 원이 증가한 2021년이다.

오답분석

① 조사기간 동안 업체 수는 해마다 증가했으며, 품목 수도 꾸준히 증가했다.
② 업체 수 증감률 전체 총합이 27.27%이며, 이를 7로 나누면 약 3.9%이다.
④ 2018 ~ 2021년 전년 대비 운영인원의 증감률 증감 추이와 품목 수의 증감률 증감 추이는 '증가 – 증가 – 증가 – 감소'로 같다.
⑤ 전체 계산을 하면 정확하겠지만 시간이 없을 때는 각 항목의 격차를 어림잡아 계산해야 한다. 즉, 품목 수의 증감률은 업체 수에 비해 한 해(2021년)만 뒤처져 있으며 그 외에는 모두 앞서고 있으므로 옳다.

39 정답 ④

흡연자 A씨가 금연프로그램에 참여하면서 진료 및 상담 비용과 금연보조제(니코틴패치) 구매에 지불해야 하는 부담금은 지원금을 제외한 나머지이다.
따라서 A씨가 부담하는 금액은 (30,000×0.1×6)+(12,000×0.25×3)=18,000+9,000=27,000원이다.

40 정답 ①

- 주말 입장료 : $11,000+15,000+20,000 \times 2+20,000 \times \frac{1}{2} = 76,000$원
- 주중 입장료 : $10,000+13,000+18,000 \times 2+18,000 \times \frac{1}{2} = 68,000$원

따라서 요금 차이는 76,000-68,000=8,000원이다.

CHAPTER 03 추리 적중예상문제

01	02	03	04	05	06	07	08	09	10
④	②	②	⑤	④	④	④	②	⑤	④
11	12	13	14	15	16	17	18	19	20
②	②	③	③	③	③	③	③	①	④
21	22	23	24	25	26	27	28	29	30
⑤	①	②	④	⑤	④	④	④	②	②

01 정답 ④

и	й	н	в	ё	е	й	н	ё	н	н
й	н	й	в	н	й	в	й	**и**	в	й
н	**в**	**и**	й	ё	и	е	н	й	**и**	н й
в	й	н	й	н	в	й	ё	в	н	в **и**

02 정답 ②

재음	**처음**	체응	처음	재흠	저음	점음	정음	처음	저응
자움	무음	**처음**	**처음**	자흥	**처음**	모음	장음	제읍	저읍
재움	차음	**처음**	자읍	처음	체응	자음	차음	자음	처을

03 정답 ②

b	e	b	w	t	n	u	h	m	p	**g**	r
r	k	t	i	z	v	s	z	e	o	q	f
d	o	**p**	s	h	m	**c**	w	x	f	j	v
n	q	i	x	j	l	l	k	m	**y**	z	u

04 정답 ⑤

넋	산	들	해	별	담	양	길	밥	김	농	낙
쥐	닭	만	답	꽃	깃	님	**값**	금	날	발	정
굿	국	둑	**돗**	덕	납	곰	늪	경	손	논	**흙**
굴	북	짱	당	귤	풀	감	밤	낮	새	갓	강

05 정답 ④

'도보로 걸음'을 p, '자가용 이용'을 q, '자전거 이용'을 r, '버스 이용'을 s라고 하면 $p \to \sim q$, $r \to q$, $\sim r \to s$이며, 두 번째 명제의 대우인 $\sim q \to \sim r$이 성립함에 따라 $p \to \sim q \to \sim r \to s$가 성립한다. 따라서 '도보로 걷는 사람은 버스를 탄다.'는 명제는 반드시 참이다.

06 정답 ④

제시된 명제를 정리하면 다음과 같다.
- 내구성을 따지지 않는 사람 → 속도에 관심 없는 사람 → 디자인에 관심 없는 사람
- 연비를 중시하는 사람 → 내구성을 따지는 사람

따라서 '내구성을 따지지 않는 사람은 디자인에도 관심이 없다.'는 반드시 참이다.

07 정답 ④

'문제를 빠르게 푸는 사람'을 A, '집중력이 좋다.'를 B, '침착한 사람'을 C라고 하면, 전제1은 A → B, 전제2는 ~C → ~B이다. 전제2의 대우는 B → C이므로 A → B → C가 성립한다. 따라서 빈칸에 들어갈 명제로 적절한 것은 A → C인 '문제를 빠르게 푸는 사람은 침착한 사람이다.'이다.

08 정답 ②

'제시간에 퇴근을 한다.'를 A, '오늘의 업무를 끝마친다.'를 B, '저녁에 회사식당에 간다.'를 C라고 하면, 전제1은 A → B, 결론은 ~B → C이다. 전제1의 대우가 ~B → ~A이므로 ~B → ~A → C가 성립하기 위해서 필요한 전제2는 ~A → C나 그 대우인 ~C → A이다. 따라서 빈칸에 들어갈 명제로 적절한 것은 '저녁에 회사식당에 가지 않으면 제시간에 퇴근을 한다.'이다.

09 정답 ⑤

'아침에 커피를 마신다.'를 A, '회사에서 회의를 한다.'를 B라고 하면 전제1은 (수∨목) → A이고, 전제1의 대우는 ~A → ~(수∧목)이다. 결론 ~A → B가 성립하기 위해서는 ~(수∧목) → B나 ~B → (수∨목)인 전제2가 필요하다. 따라서 빈칸에 들어갈 명제로 적절한 것은 '회사에서 회의를 하지 않으면 수요일이나 목요일이다.'이다.

10 정답 ④

홀수 항은 ×(-2)+2, 짝수 항은 +3, +6, +9, …인 수열이다.
따라서 ( )=10×(-2)+2=-18이다.

11 정답 ②

n을 자연수라고 하면 n항과 $(n+1)$항을 더한 값이 $(n+2)$항인 수열이다.
따라서 ( )=11+20=31이다.

12 정답 ④

앞의 항에 -2, ×2, -3, ×3, -4, ×4, …인 수열이다.
따라서 ( )=35×4=140이다.

13 정답 ③

앞의 항에 ×3+1을 하는 수열이다.
따라서 ( )=121×3+1=364이다.

14 정답 ④

홀수 항은 -2, 짝수 항은 ×3을 하는 수열이다.
따라서 ( )=$\frac{21}{2}$×3=$\frac{63}{2}$이다.

15 정답 ③

나열된 수를 A, B, C라 하면 다음과 같은 관계가 성립한다.
$\underline{A\ B\ C} \to A-B-1=C$
따라서 ( )=-2+7-1=4이다.

16 정답 ③

앞의 항에 +1, +2, +4, +8, +16, …인 수열이다.

C	D	(F)	J	R	H
3	4	6	10	18	34(=26+8)

17 정답 ③

홀수 항은 +2, 짝수 항은 ×2를 하는 수열이다.

E	ㄹ	(G)	ㅇ	I	ㄴ
5	4	7	8	9	16(=14+2)

18 정답 ③

앞의 항에 ×2+(-1)인 수열이다.

B	C	E	I	Q	(G)
2	3	5	9	17	33(=26+7)

19 정답 ①

앞의 항에 -1, +2, -3, +4, -5, …인 수열이다.

ㄹ	ㄷ	ㅁ	ㄴ	ㅂ	(ㄱ)
4	3	5	2	6	1

20 정답 ④

홀수 항은 -3, 짝수 항은 +3을 하는 수열이다.

ㅋ	ㄹ	(ㅇ)	ㅅ	ㅁ	ㅊ
11	4	8	7	5	10

21 정답 ⑤

오답분석

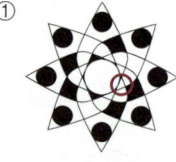

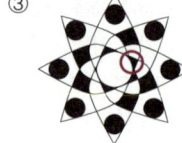
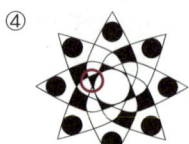

22 정답 ①

①는 제시된 도형을 180° 회전한 것이다.

23 정답 ②

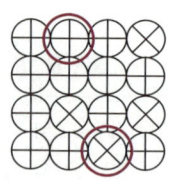

24 정답 ④

25 정답 ⑤
규칙은 가로 방향으로 적용된다.
첫 번째 도형의 색칠된 부분과 두 번째 도형의 색칠된 부분을 합치면 세 번째 도형의 색칠된 부분이 된다.

26 정답 ④
규칙은 가로 방향으로 적용된다.
첫 번째 도형을 시계 방향으로 45° 회전한 것이 두 번째 도형, 이를 색 반전한 것이 세 번째 도형이다.

27 정답 ④
반복적인 업무로 지친 팀원들에게 새로운 업무의 기회를 부여하는 것은 팀원들에게 동기를 부여할 수 있는 효과적인 방법이다. 팀원들은 매일 해왔던 업무와 전혀 다른 일을 처리하면서 새로운 도전이 주는 자극과 스릴감을 가지게 될 것이며, 나아가 자신의 능력을 인정받았다는 뿌듯함과 성취감을 느낄 수 있다.

오답분석
① 자신의 책임을 전가하는 팀원들에게 필요한 방법이다.
② 코칭은 문제를 함께 살피고, 지원하며, 지도 및 격려하는 활동을 말한다.
③ 지속적인 교육은 팀원들에게 성장의 기회를 제공하는 방법이다.
⑤ 칭찬과 격려는 팀원들에게 동기를 부여하는 긍정적 강화법으로 볼 수 있다.

28 정답 ④
A는 대화의 분위기를 풀어볼 목적으로 농담을 하였다. 실제로 적절한 농담은 대화에서 긍정적인 기능을 한다. 그러나 상대방의 상황이 매우 좋지 않을 때에는 오히려 역효과가 나기 쉽다. 자신의 기분을 대수롭지 않게 대한다고 느낄 수 있기 때문이다.

29 정답 ②
인간관계의 커다란 손실은 사소한 것으로부터 비롯된다. 따라서 대인관계에 있어 상대방의 사소한 일에 대해 관심을 가져야 하며, 이를 위한 작은 친절과 공손함은 매우 중요하다. 이와 반대로 작은 불손, 작은 불친절, 하찮은 무례 등은 감정은행계좌의 막대한 인출을 가져온다.

오답분석
① 상대방의 입장을 이해하고 양보하는 노력은 감정은행계좌에 인격과 신뢰를 쌓는 중요한 예입 수단이다.
③ 실수를 인정하고 진지하게 사과하는 것은 감정은행계좌에 신뢰를 예입하는 것이다.
④ 상대방에 대한 칭찬과 배려는 상호 신뢰관계를 형성하고 사람의 마음을 움직이게 하는 중요한 감정예입 행위이다.
⑤ 책임을 지고 약속을 지키는 것은 중요한 감정예입 행위이며, 약속을 어기는 것은 중대한 인출 행위이다.

30 정답 ②
대화를 통해 부하직원인 A씨 스스로 업무 성과가 떨어지고 있고, 업무 방법이 잘못되었음을 인식시켜서 이를 해결할 방법을 스스로 생각하도록 해야 한다. 이후 B팀장이 조언하며 A씨를 독려한다면, B팀장은 A씨의 자존감과 자기결정권을 침해하지 않으면서도 A씨 스스로 책임감을 느끼고 문제를 해결 가능성이 높아지게 할 수 있다.

오답분석
① 징계를 통해 억지로 조언을 듣도록 하는 것은 자존감과 자기결정권을 중시하는 A씨에게 적절하지 않다.
③ 칭찬은 A씨로 하여금 자신의 잘못을 인식하지 못하도록 할 수 있어 적절하지 않다.
④ 자존감과 자기결정권을 중시하는 A씨에게 강한 질책은 효과적이지 못하다.
⑤ A씨가 자기 잘못을 인식하지 못한 상태로 시간만 흘러갈 수 있다.

CHAPTER 04 | 공간지각 적중예상문제

01	02	03	04	05	06	07	08	09	10
①	⑤	②	⑤	⑤	④	④	③	①	①
11	12	13	14	15	16	17	18	19	20
③	④	②	⑤	⑤	⑤	⑤	④	③	⑤

01　　　　　　　　　　　　　　　정답 ①

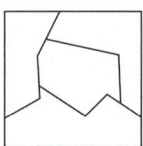

02　　　　　　　　　　　　　　　정답 ⑤

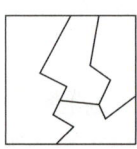

03　　　　　　　　　　　　　　　정답 ②

04　　　　　　　　　　　　　　　정답 ⑤

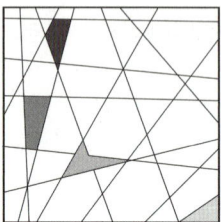

05　　　　　　　　　　　　　　　정답 ⑤

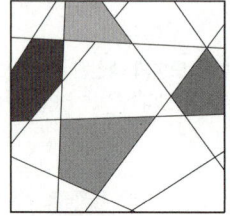

06　　　　　　　　　　　　　　　정답 ④

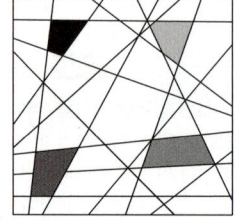

07　　　　　　　　　　　　　　　정답 ④

- 1층 : $6 \times 4 - 2 = 22$개
- 2층 : $24 - 5 = 19$개
- 3층 : $24 - 6 = 18$개
- 4층 : $24 - 12 = 12$개
- ∴ $22 + 19 + 18 + 12 = 71$개

08　　　　　　　　　　　　　　　정답 ③

- 1층 : $7 \times 4 - 2 = 26$개
- 2층 : $28 - 9 = 19$개
- 3층 : $28 - 14 = 14$개
- ∴ $26 + 19 + 14 = 59$개

09　　　　　　　　　　　　　　　정답 ①

- 1층 : $7 \times 3 - 1 = 20$개
- 2층 : $21 - 5 = 16$개
- 3층 : $21 - 9 = 12$개
- 4층 : $21 - 14 = 7$개
- ∴ $20 + 16 + 12 + 7 = 55$개

10   정답 ①

- 1층 : $9 \times 3 - 4 = 23$개
- 2층 : $27 - 4 = 23$개
- 3층 : $27 - 6 = 21$개
- 4층 : $27 - 12 = 15$개

∴ $23 + 23 + 21 + 15 = 82$개

11   정답 ③

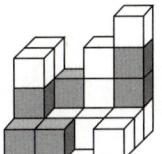

12   정답 ④

13   정답 ②

정육면체가 되기 위해서는 한 층에 $5 \times 5 = 25$개씩 5층이 필요하다.

1층 : 7개, 2층 : 7개, 3층 : 9개, 4층 : 11개, 5층 : 18개
∴ $7 + 7 + 9 + 11 + 18 = 52$개

14   정답 ③

오답분석

①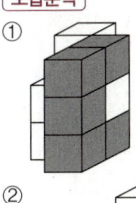

②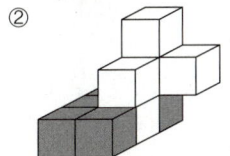

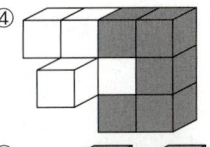

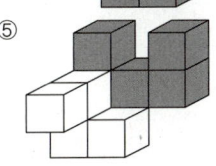

15   정답 ⑤

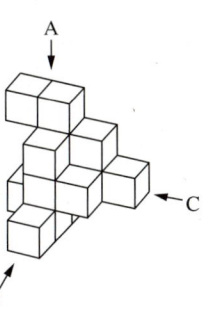

16   정답 ⑤

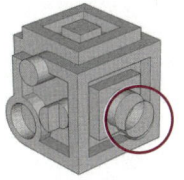

17   정답 ⑤

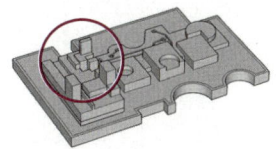

18   정답 ④

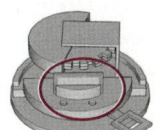

CHAPTER 04 공간지각 • 15

19  정답 ③

20 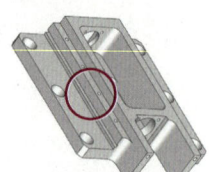 정답 ⑤

CHAPTER 05 | 기초영어 적중예상문제

01	02	03	04	05	06	07	08	09	10
⑤	③	③	⑤	⑤	③	①	③	①	②
11	12	13	14	15	16	17	18	19	20
③	④	④	①	①	④	①	④	④	④

01　　정답 ⑤
제시된 단어는 '발명하다, 지어내다'를 의미한다.

02　　정답 ③
제시된 단어는 '소홀히 하다, 방치하다, 도외시하다'를 의미한다.

03　　정답 ③
제시된 단어는 '모호한, 애매한, 막연한, 희미한'을 의미한다.

04　　정답 ⑤
윈드실드는 자동차의 앞유리를 의미하고, Windshield라고 쓴다.

05　　정답 ⑤
|오답분석|
① 후진 – Reverse
② 와이퍼 – Wiper
③ 트렁크 – Trunk
④ 현가장치 – Suspension

06　　정답 ③
|어휘|
• take off : 벗다, 제거하다
|해석|
이 방에서는 모자를 벗어야 합니다.

|오답분석|
①・② 입다, 쓰다 : put on
④ 먹다 : eat
⑤ 버리다 : throw away

07　　정답 ①
|어휘|
• be poor at ~ : ~에 서투르다
|해석|
어머니는 영어는 능숙하나, 불어에는 서투르다.

|오답분석|
② ~에 익숙하다 : be accustomed to ~ing
③ ~을 선호하다 : prefer to
④ ~을 숙달하다 : be good at ~
⑤ ~을 포기하다 : give up

08　　정답 ③
제시된 단어의 의미는 '결핍'으로, 이와 반대되는 '풍부'의 의미를 가진 단어는 ③이다.

|오답분석|
① 선반
② 무더기
④ 비용
⑤ 공급

09　　정답 ①
제시된 단어의 의미는 '나타나다'로, 이와 반대되는 '사라지다'의 의미를 가진 단어는 ①이다.

|오답분석|
② 남다
③ 함유하다
④ 요구하다
⑤ 추적하다

10
정답 ②

제시된 단어의 의미는 '명백한'으로, 이와 반대되는 '명백하지 않은'의 의미를 가진 단어는 ②이다.

오답분석

① 뚜렷한
③ 확실한
④ 보수적인
⑤ 익숙한

11
정답 ③

두 사람의 대화에서 B는 객실을 예약하려는 것을 알 수 있다. 따라서 두 사람은 호텔 직원과 고객의 관계이다.

해석

A : 안녕하세요? 제가 도와드릴까요?
B : 예. 1인용 객실을 하나 예약하려고 전화했습니다.
A : 그렇군요. 얼마 동안이나 머무르고 싶으신가요?
B : 6일 동안이요.

12
정답 ④

두 사람의 대화에서 A는 모자를 사는 것이 아니었다며 후회하고 있다.
따라서 A의 심경으로 가장 적절한 것은 '후회하는'의 의미를 가진 ④이다.

오답분석

① 지루해 하는
② 기뻐하는
③ 겁먹은
⑤ 행복한

해석

A : 모자를 사는 게 아니었어.
B : 그 모자를 좋아하지 않는다는 뜻이니?
A : 난 모자가 필요하지 않아. 나는 돈을 쓸 때 좀 더 신중해야 했어.

13
정답 ④

전화를 못 받아서 미안하다는 A의 말에 '메시지를 남기시겠습니까?'라는 B의 대답은 적절하지 않다.

해석

A : 여보세요. 전화 못 받아서 죄송합니다.
B : 메시지를 남기시겠습니까?

오답분석

① A : 우리 점심 몇 시에 먹어?
　 B : 정오 전에 준비될 거야.
② A : 너에게 여러 번 전화했어. 왜 전화 안 받았니?
　 B : 이런, 내 휴대전화의 전원이 나갔던 것 같아.
③ A : 이번 겨울에 휴가를 갈 거니?
　 B : 그렇게 할지도 몰라. 아직 결정 못 했거든.
⑤ A : 이봐, 어디로 가는 길이야?
　 B : 우리는 식료품점으로 가.

14
정답 ①

공원에 가자는 제안을 받았지만, 빈칸 뒤에 숙제를 해야 한다고 했으므로 거절하는 표현이 나와야 한다.

해석

A : 제인, 우리 공원갈래?
B : 미안하지만, 못 가. 나 숙제해야 해.
A : 알겠어. 다음에 가자.

오답분석

② 네 의견에 동의해
③ 물론, 나도 가고 싶어
④ 너 정말 잘했다
⑤ 당연하지

15
정답 ①

연을 만드는 것이 걱정된다는 말에 쉽다고 이야기해 주는 내용이므로 쉽다는 표현이 나와야 한다.

해석

A : 나 연 만드는 거 걱정돼.
B : 걱정 마. 식은 죽 먹기야.
A : 무슨 의미야?
B : 아주 쉽다는 의미야.

오답분석

② 어려운
③ 이상한
④ 복잡한
⑤ 위험한

16 　　　　　　　　　　　정답 ④

인간이 공장, 집을 짓고 차, 옷 등을 만들어 자신들의 세계를 건설했지만, 그 세계의 주인이 아니라 오히려 그 세계를 위한 도구로 전락하고 말았다는 내용이므로 제시문의 주제로는 '자신이 만든 생산물에 종속된 인간'이 가장 적절하다.

|해석|

> 인간은 자신의 세계를 건설했다. 즉, 공장과 집을 지었고, 차와 옷을 생산하며, 곡식과 과일, 기타 등등을 재배한다. 그러나 인간은 더 이상 자신들이 만든 세계의 진짜 주인이 아니다. 반대로, 이러한 인간이 만들어 낸 세계가 인간의 주인이 되었고, 그 앞에 인간은 머리를 조아리고, 최선을 다해서 그 세계를 만족시키려고 한다. 그의 손으로 만든 작품이 그의 주인이 된 것이다. 그는 이기심에 눈이 먼 듯 보이지만, 실제로는 자신의 손으로 만든 바로 그 기계를 위한 도구가 되었다.

17 　　　　　　　　　　　정답 ①

|어휘|
- candor : 공평무사, 허심탄회
- sheepishly : 수줍어하며, 소심하게
- friendly : 친절하게
- charge : 부과하다

|해석|

> 내 인쇄기의 활자가 흐릿해지기 시작했을 때, 나는 지역 수리점에 전화를 걸었는데 친절한 남자 직원은 아마 인쇄기를 청소할 필요가 있을 것 같다고 말했다. 그 가게에서는 청소하는 데 50달러를 내야 하기 때문에, 그는 프린터기의 안내서를 읽고 내가 스스로 인쇄기를 청소하는 것이 더 나을 것이라고 말했다. 그의 공평무사함에 놀라면서 나는 물었다. "당신의 사장은 당신이 회사에 폐를 끼치고 있다는 것을 아나요?" 그 직원은 수줍어하며 말했다. "사실 그것은 저희 사장님의 생각입니다." "만약 사람들이 먼저 수리를 하도록 내버려두면, 우리는 보통 (그 이후의) 수리비용으로 더 많은 돈을 법니다."

18 　　　　　　　　　　　정답 ④

(A)는 어떤 사람들, (B)는 배우들을 가리킨다.

|해석|

> 영상미디어 때문에 어떤 사람들은 그들 자신의 삶의 현실에 불만을 가질지도 모른다. 그들에게 일상생활은 영화나 TV 드라마에서 연기하는 배우만큼 흥미로운 것처럼 보이지 않는다. 그들은 배우들처럼 즐겁지 않다는 것을 깨닫는다. 또한 시청자들은 현실 속에서 TV 스타들과 같은 상황에 있을 수 없을 때 우울해 할지도 모른다.

19 　　　　　　　　　　　정답 ④

학생들은 방문객과 한 달에 두 번 면회할 수 있다.

|해석|

> **기숙사의 학생 규칙**
> - 모든 학생은 (해야 한다)
>   1. 오전 6시에 일어나야 한다.
>   2. 오후 10시에 자야 한다.
> - 학생들은 (할 수 있다)
>   1. 방문객과 한 달에 두 번 면회할 수 있다.
>   2. 개를 제외한 반려동물을 키울 수 있다.
> - 학생들은 (할 수 없다)
>   1. 오후 6시 이후에는 외출할 수 없다.
>   2. 휴대전화를 가질 수 없다.

20 　　　　　　　　　　　정답 ④

말이 여러 번 짧게 숙면을 취하고 포식자들을 경계해야 하는 습성 때문에 우리는 말이 자는 모습을 거의 볼 수가 없는 것이지 말이 숙면을 취하지 않는 것은 아니다.

|어휘|
- doze : 졸다
- predator : 포식자

|해석|

> 나는 조용히 서 있는 말들을 자주 보았고 가끔은 몇 마리가 함께 서 있는 것도 보았다. 나는 항상 그들이 자고 있는 것으로 생각했다. 그러나 지금은 그들이 결코 자고 있던 것이 아니라 졸고 있었던 것을 알고 있다. 과학자들은 사람과 말을 포함한 많은 동물들의 수면을 연구해 왔다. 그들은 몸의 외부에서 측정될 수 있는 전기신호를 기록한다. 이러한 신호들은 뇌 안에서 무슨 일이 일어나는지를 차례차례 보여준다. 과학자들은 말이 옆으로 누워있을 때만 말의 뇌가 완전한 수면의 패턴을 만들어낸다는 것을 알아냈다. 말은 이렇게 여러 번 짧은 시간 동안 잠을 자고 각각의 시간은 30분밖에 되지 않는다. 야생에서 말은 사자나 다른 큰고양이과의 포식자들을 경계해야 한다. 그래서 그들이 잠깐 자는 것으로 깊은 수면을 취하는 법을 습득한 것으로 이해할 수 있다. 그리고 그것은 우리가 말들이 정말로 자는 것을 좀처럼 볼 수 없는지에 대한 이유일지도 모른다.

PART 2
최종점검 모의고사

제1회 최종점검 모의고사

제2회 최종점검 모의고사

제1회 최종점검 모의고사

01	02	03	04	05	06	07	08	09	10	11	12	13	14	15	16	17	18	19	20
④	②	②	⑤	②	④	③	③	②	③	④	①	③	③	④	④	①	②	③	②
21	22	23	24	25	26	27	28	29	30	31	32	33	34	35	36	37	38	39	40
④	⑤	⑤	④	②	①	①	④	⑤	③	②	④	③	②	⑤	④	④	④	②	①
41	42	43	44	45	46	47	48	49	50										
③	②	③	③	⑤	①	③	③	②	①										

01 정답 ④

LKAS(Lane Keeping Assist System)는 차선을 유지할 수 있도록 전자식 동력 조향장치와 연동되어 작동하여 스스로 차선을 유지할 수 있는 주행 조향보조 장치이다.

02 정답 ②

bait	beat	bear	bare	bean	beak	bald	back	blow	bare	beat	bare
beak	back	bean	beat	back	blow	bean	bald	bear	bean	back	bear
bean	bear	beak	bald	ba	bear	bald	beat	blow	beak	bait	beak
bare	bald	back	bait	bald	back	bare	blow	bean	bear	bald	beat

03 정답 ②

제시문에서 자전거 도로가 확충됨으로써 자전거의 시대가 열리고 있음을 시사하므로 ②가 빈칸에 들어갈 내용으로 가장 적절하다.

04 정답 ⑤

- 남학생 5명 중 2명을 선택하는 경우의 수 : $_5C_2$
- 여학생 3명 중 2명을 선택하는 경우의 수 : $_3C_2$
- 이 4명을 한 줄로 세우는 경우의 수 : $4!$

$_5C_2 \times _3C_2 \times 4! = 10 \times 3 \times 24 = 720$

따라서 구하고자 하는 경우의 수는 720가지이다.

05 정답 ②

라임이의 나이를 x세라 하면 아버지의 나이는 $(x+28)$세이다.
$x+28=3x$
$\therefore x=14$
따라서 현재 아버지의 나이는 $3 \times 14 = 42$세이다.

06
정답 ④

K씨의 경우 자신의 시간 계획에 따라 업무를 진행해 왔으나, 예상하지 못했던 외부 일정으로 인해 계획 실천에 어려움을 겪고 결국 업무에도 차질이 생겼다. 시간 계획에서 가장 중요한 것은 그 계획을 따르는 것이지만, K씨처럼 뜻하지 않은 상황이 발생할 수도 있다. 따라서 K씨는 다양한 상황이 발생할 수 있다는 것을 염두에 두고, 이에 대비하여 융통성 있는 계획을 세워야 한다.

07
정답 ③

- 1층 : $4 \times 4 - 2 = 14$개
- 2층 : $16 - 8 = 8$개
- 3층 : $16 - 11 = 5$개

∴ $14 + 8 + 5 = 27$개

08
정답 ③

50,000원을 넘지 않으면서 사과 10개들이 한 상자를 최대로 산다면 다섯 상자($9,500 \times 5 = 47,500$원)를 살 수 있다.
나머지 금액 $50,000 - 47,500 = 2,500$원으로 낱개의 사과를 2개까지 살 수 있으므로, 구매할 수 있는 사과의 최대 개수는 $10 \times 5 + 2 = 52$개이다.

09
정답 ②

tall	term	tote	team	time	this	turn	tiny	ties	tape	thin	then
talk	thus	tame	taco	tile	toss	term	temp	test	thew	take	time
then	tune	thin	ties	tail	tuna	thor	tune	term	time	toss	tame
tiny	ties	test	task	thew	talk	taco	temp	than	tote	tail	type

10
정답 ③

대부분이 모두를 뜻하지 않으므로, 책 읽기를 좋아하는 사람 중에는 어린이가 아닌 사람이 있다.

11
정답 ④

방향 지시등은 도로에서 차선 변경 시 다른 차량에 신호하기 위해 사용하는 점멸등으로 'Turn Signal'이라고 한다.

12
정답 ①

규칙은 세로 방향으로 적용된다.
첫 번째 도형과 두 번째 도형의 꼭짓점 수를 합하면 마지막 도형의 꼭짓점 수가 된다.

13
정답 ③

제시문은 민요의 시김새가 무엇인지 설명하고 있다. 또한 시김새가 '삭다'라는 말에서 나온 단어라고 서술하고 있다.
따라서 제시문의 주제는 '시김새의 정의와 어원'이다.

14

정답 ③

주어진 조건에 따라 A~E의 시험 결과를 정리하면 다음과 같다.

구분	맞힌 문제의 수	틀린 문제의 수
A	19개	1개
B	10개	10개
C	20개	0개
D	9개 이하	11개 이상
E	16개 이상 19개 이하	1개 이상 4개 이하

따라서 B는 D보다 많은 문제의 답을 맞혔지만, E보다는 적게 답을 맞혔다.

15

정답 ④

두 수의 곱이 홀수가 되려면 (홀수)×(홀수)여야 하므로 1에서 10까지 적힌 숫자카드를 임의로 두 장을 동시에 뽑았을 때, 두 장 모두 홀수일 확률을 구해야 한다.

따라서 열 장 중 홀수 카드 두 장을 뽑을 확률= $\dfrac{{}_5C_2}{{}_{10}C_2} = \dfrac{\dfrac{5\times4}{2\times1}}{\dfrac{10\times9}{2\times1}} = \dfrac{5\times4}{10\times9} = \dfrac{2}{9}$ 이다.

16

정답 ④

'가깝다'는 '거리가 짧다.' 또는 '사이가 친하다.' 등의 의미를 가지므로 제시된 '깊다'의 반의어로 적절하지 않다.

[오답분석]

① 물이 깊다 / 얕다.
② 생각이 깊다 / 가볍다.
③ 그림자가 깊다 / 옅다.
⑤ 역사가 깊다 / 짧다.

17

정답 ①

제시문은 소비자들이 같은 가격의 제품일 경우 이왕이면 겉모습이 더 아름다운 것을 추구한다는 내용이다.
따라서 빈칸에 들어갈 속담으로 '같은 조건이라면 좀 더 낫고 편리한 것을 택함'의 뜻을 지닌 '같은 값이면 다홍치마'가 적절하다.

18

정답 ②

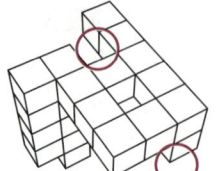

19 정답 ③

'two basic things'가 가리키는 것은 뒤의 문장에 나와 있다. 즉, 안전거리 확보와 좌석벨트(안전벨트) 착용이다.

| 어휘 |
- ignore : 무시하다
- wear seat belts : 좌석벨트(안전벨트)를 착용하다

| 해석 |

> 운전은 재밌다. 그러나 대부분의 운전자들이 두 가지 기본적인 사항을 무시한다. 그들은 앞차와의 안전거리 확보를 잊어버리고, 또한 좌석벨트(안전벨트)를 착용하지 않는다.

20 정답 ②

더 넣은 소금의 양을 xg이라고 하면
$$\frac{4}{100} \times 450 + x = \frac{10}{100}(450+x)$$
→ $1,800 + 100x = 4,500 + 10x$
→ $90x = 2,700$
∴ $x = 30$
따라서 더 넣은 소금의 양은 30g이다.

21 정답 ④

최소 인구인 도시의 인구수 대비 최대 인구인 도시의 인구수 비는 지속적으로 감소해 2013년에 약 3.56배까지 감소했으나, 2023년에 약 3.85배로 다시 증가하였다.

[오답분석]
① B와 C도시는 조사기간 동안 인구가 지속적으로 증가하였으나, A도시의 경우 2003년 이후 지속적으로 인구가 줄고 있다.
② 2013년을 기점으로 A도시와 B도시의 인구수 순위가 뒤바뀐다.
③ B도시는 조사기간 동안 약 38%, 54%, 59%의 인구 성장률을 보이며 세 도시 중 가장 큰 성장률을 기록했다.
⑤ 최대 인구와 최소 인구의 차는 1993년 24,287명에서 2023년 28,141명으로 점차 지속적으로 증가했다.

22 정답 ⑤

[오답분석]

①  ②  ③ 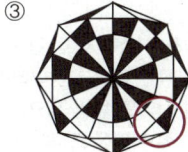 ④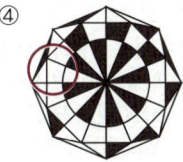

23 정답 ⑤

$128 = 2^7$이며, 직사각형이기 때문에 가로 3번, 세로 4번을 접거나 가로 4번 세로 3번을 접는 등 총 7번을 접으면 같은 모양의 직사각형 128개가 만들어진다.

24

정답 ④

제시문을 정리했을 때 집과의 거리는 꽃집 - 슈퍼 - 카페 - 학교 순서이다. 따라서 ④가 참이다.

25

정답 ②

film	face	film	fast	farm	fall	fail	face	fast	fall	face	farm
fast	fail	fall	face	film	fast	farm	fella	film	film	fall	fail
face	film	farm	fella	fail	face	fast	farm	fella	fail	fast	film
fail	fall	fella	farm	face	film	fall	fella	face	fella	farm	farm

26

정답 ①

빈칸 뒤에 A가 늦은 이유를 말하고 있으므로 왜 늦었는지를 물어보는 질문이 와야 한다.

| 어휘 |
- stuck : 꼼짝 못 하는
- traffic jam : 교통체증

| 해석 |

> A : 기다리게 해서 미안해.
> B : 괜찮아. 무슨 일 있었니?
> A : 차가 막혔어.

27

정답 ①

홀수 항은 ×(-3), 짝수 항은 ÷5를 하는 수열이다.
따라서 ( )=10÷5=2이다.

28

정답 ④

효과적인 팀의 구성원들은 서로 직접적이고 솔직하게 대화한다. 이를 통해 팀원들은 상대방으로부터 조언을 구하고, 상대방의 말을 충분히 고려하며, 아이디어를 적극적으로 활용하게 된다.

[오답분석]
① 팀워크는 개인주의가 아닌 공동의 목적을 달성하기 위해 상호 관계성을 가지고 서로 협력하는 것이다.
② 어떤 팀에서든 의견의 불일치는 발생하며, 효과적인 팀워크는 이러한 갈등을 개방적으로 다루어 해결한다.
③ 팀워크에서는 강한 자신감을 통해 팀원들 간의 사기를 높일 필요가 있다.
⑤ 효과적인 팀은 절차, 방침 등을 명확하게 규정한 잘 짜여진 조직에서 시작된다. 따라서 팀워크를 위해서는 조직에 대한 이해가 무엇보다 필요하다.

29

정답 ⑤

윤수=수연, 철수, 영희 순서로 점수가 높아진다. 영희는 90점, 윤수와 수연이는 85점이므로 철수의 성적은 86점 이상 89점 이하이다.

30

정답 ③

31

정답 ②

100대 기업까지 48.7%이고, 200대 기업까지 54.5%이다. 따라서 101~200대 기업이 차지하고 있는 비율은 54.5−48.7=5.8%이다.

오답분석
① · ③ 표를 통해 쉽게 확인할 수 있다.
④ 표를 통해 0.2%p 감소했음을 알 수 있다.
⑤ 등락률이 상승과 하락의 경향을 보이므로 옳다.

32

정답 ④

전동 드릴 사용 시 주의사항으로 제시된 것은 잘 맞는 옷을 입고 헐렁한 옷이나 장갑 제거하기, 귀마개 착용하기, 재료에 맞는 드릴 비트 사용하기, 클램프로 작업물을 단단히 고정하기 총 4가지이다. 주변 정리정돈은 제시되어 있지 않다.

| 해석 |

> 전동 드릴은 목재, 석재, 금속 등 다양한 재료에 구멍을 뚫을 수 있는 훌륭한 도구이다. 그러나 안전 수칙을 준수하지 않으면 심각한 사고를 당할 수 있다.
> 안전을 유지하기 위해서는 잘 맞는 옷을 입고 헐렁한 옷이나 장갑을 피해야 한다. 이러한 물건들은 회전하는 드릴에 걸려 다칠 수 있다. 또한 드릴작업은 소음이 많이 발생하므로 청력보호를 위해 귀마개를 착용해야 한다.
> 잘못된 드릴 비트를 사용하면 재료와 사용자에게 손상을 줄 수 있으므로 재료에 맞는 드릴 비트를 사용해야 한다. 그리고 항상 클램프로 작업물을 제자리에 단단히 고정해야 한다.

33

정답 ③

전체 작업량을 1로 둘 때, 6명이 5시간 만에 청소를 완료하므로 직원 1명의 시간당 작업량은 $\frac{1}{30}$이다.

3시간 만에 일을 끝마치기 위한 직원의 수를 x명이라 하면 $\frac{x}{30} \times 3 = 1 \rightarrow x = 10$이다.

따라서 총 10명의 직원이 필요하며, 추가로 필요한 직원의 수는 10−6=4명이다.

34

정답 ②

오답분석

① 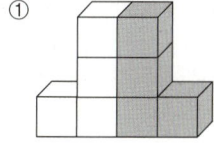　③ 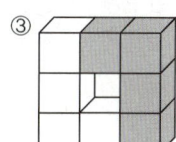　④ 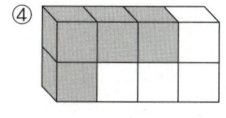　⑤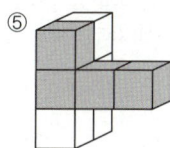

35

정답 ⑤

제시된 명제를 정리하면 다음과 같다.
- 깔끔한 사람 → 정리정돈을 잘함 → 집중력이 좋음 → 성과 효율이 높음
- 주변이 조용함 → 집중력이 좋음 → 성과 효율이 높음

따라서 제시된 명제만으로 깔끔한 사람의 주변이 조용한지는 추론할 수 없다.

오답분석

① 첫 번째 명제와 세 번째 명제로 추론할 수 있다.
② 두 번째 명제와 네 번째 명제로 추론할 수 있다.
③ 세 번째 명제, 첫 번째 명제, 네 번째 명제로 추론할 수 있다.
④ 네 번째 명제의 대우와 두 번째 명제의 대우로 추론할 수 있다.

36

정답 ④

홀수 항은 $+\frac{1}{4}$, 짝수 항은 $-\frac{1}{6}$을 하는 수열이다.

따라서 ( ) $=\frac{5}{4}+\frac{1}{4}=\frac{6}{4}=\frac{3}{2}$ 이다.

37

정답 ④

지하철이 A, B, C역에 동시에 도착하였다가 다시 동시에 도착하는 데까지 걸리는 시간은 3, 2, 4의 최소공배수인 12분이다. 따라서 세 지하철역에서 5번째로 지하철이 동시에 도착한 시각은 4시 30분으로부터 12×4=48분 후인 5시 18분이다.

38

정답 ④

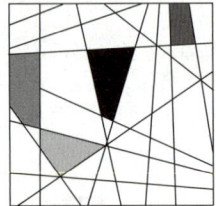

39

정답 ②

베이퍼 록(Vapor Lock) 현상은 브레이크액이 과열되면 기포가 발생하여 제동 시 제동력이 제대로 전달되지 않는 현상이다.

40

정답 ①

과녁에 화살을 맞추다. → 과녁에 화살을 맞히다.
- 맞히다 : 문제에 대한 답을 틀리지 않게 하다. 또는 쏘거나 던지거나 하여 한 물체가 어떤 물체에 닿게 하다.
- 맞추다 : 서로 떨어져 있는 부분을 제자리에 맞게 대어 붙이거나 서로 어긋남이 없이 조화를 이루다.

41

정답 ③

- 1층 : 4×4−1=15개
- 2층 : 16−3=13개
- 3층 : 16−5=11개
- 4층 : 16−10=6개

∴ 15+13+11+6=45개

42

정답 ②

전 직원의 주 평균 야간근무 빈도는 직급별 사원 수를 알아야 구할 수 있는 값이다.
단순히 직급별 주 평균 야간근무 빈도를 모두 더하여 평균을 구하는 것은 옳지 않다.

| 오답분석 |

① 자료를 통해 알 수 있다.
③ 0.2시간은 60분×0.2=12분이다. 따라서 4.2시간은 4시간 12분이다.
④ 대리는 주 평균 1.8일, 6.3시간의 야간근무를 한다. 야근 1회 시 평균 6.3÷1.8=3.5시간 근무로 가장 긴 시간 동안 일한다.
⑤ 과장은 60분×4.8=288분(4시간 48분) 야간근무를 한다. 60분의 2/3(40분) 이상을 채울 시 1시간으로 야간근무수당을 계산한다. 따라서 5시간으로 계산하여 50,000원을 받는다.

43

정답 ③

제시문에서 이솝의 우화는 교훈이나 가르침이 있는 짧은 이야기라고 하였으므로 ③은 적절하지 않다.

| 어휘 |

- fable : 우화, 꾸며낸 이야기
- moral : 교훈
- lesson : 학과, 수업, 교훈, 가르침
- tale(=story) : 이야기
- become known as : ~로 유명해지다
- famous : 유명한, 훌륭한

| 해석 |

> 이솝은 기원전 약 620년부터 560년까지 그리스에 살았던 사람이다. 그는 여러 동물들에 관한 우화를 들려주었다. 우화는 교훈이나 가르침이 있는 짧은 이야기이다. 이솝이 죽은 후에 많은 다른 사람들이 그의 이야기를 들려주었고 새 이야기를 덧붙이기도 했다. 이 이야기들이 이솝 우화로 알려지게 되었다. 이것은 세상에서 가장 유명한 우화이다. 비록 이솝 우화가 주로 동물에 관한 이야기이긴 하지만, 그것은 인간에게 잘 사는 법을 가르쳐 준다.

44

정답 ③

실제 시간은 시계보다 10분 빠르므로 10시 25분이다. 시계에서 12를 0°로 시작하여 10시 정각에서 25분 후의 시침과 분침의 각도를 계산하면 시침은 $10 \times 30 + 0.5 \times 25 = 300 + 12.5 = 312.5°$이고, 분침은 $6 \times 25 = 150°$가 된다.
따라서 시침과 분침이 이루는 작은 각도는 $312.5 - 150 = 162.5°$이다.

45

화가 난 고객을 대응하는 데 있어서는 먼저 고객을 안정시키는 것이 최우선이며, 이후에 고객이 이해할 수 있는 수준의 대응을 제시한다.

정답 ⑤

46

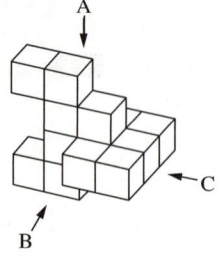

정답 ①

47

B와 A의 관계에 대한 설명이 없어 알 수 없다.

정답 ③

오답분석

① C는 A의 오빠이므로 A의 아들과는 친척이다.
② 월계 빌라의 모든 주민은 A와 친척이므로 D도 A의 친척이다.
④ C가 A의 오빠라는 말에서 알 수 있듯이 A는 여자이다.
⑤ C는 A의 오빠이므로 A의 아들에게는 이모가 아니라 외삼촌이 된다.

48

'최고의 진리는 언어 이전, 혹은 언어 이후의 무언(無言)의 진리이다.', '동양 사상의 정수(精髓)는 말로써 말이 필요 없는 경지'라고 한 부분을 보았을 때 동양 사상은 언어적 지식을 초월하는 진리를 추구한다는 것이 제시문의 주제이다.

정답 ③

49

실용성 전체 평균점수 $\frac{103}{6} ≒ 17$점보다 높은 방식은 ID/PW 방식, 이메일 및 SNS 방식, 생체인증 방식 총 3가지이다.

정답 ②

오답분석

① 생체인증 방식의 선호도 점수는 20+19+18=57점이고, OTP 방식의 선호도 점수는 15+18+14=47점, i-PIN 방식의 선호도 점수는 16+17+15=48점이다. 따라서 생체인증 방식의 선호도는 나머지 두 방식의 선호도 합보다 47+48-57=38점 낮다.
③ 유효기간이 '없음'인 방식들은 ID/PW 방식, 이메일 및 SNS 방식, 생체인증 방식이며, 세 인증수단 방식의 간편성 평균점수는 $\frac{16+10+18}{3} ≒ 15$점이다.
④ 공인인증서 방식의 선호도가 51점일 때, 보안성 점수는 51-(16+14+3)=18점이다.
⑤ 유효기간이 '없음'인 방식들은 ID/PW 방식, 이메일 및 SNS 방식, 생체인증 방식이며, 실용성 점수는 모두 18점 이상이다.

50

정답 ①

제시문에서는 우리가 많은 전자 기기를 소유하면서 가진 것이 많은데도 해야 할 일들이 끝없다고 이야기하고 있다. 따라서 빈칸에 들어갈 내용으로 '시간의 압박을 느끼는 것'인 ①이 가장 적절하다.

| 해석 |

과거 세대와 비교해 볼 때, 우리는 꽤 유복하다. 지난 50년 동안 평균 구매력은 세 배 이상 증가했다. 우리는 생활을 더 쉽게 만들 목적으로 고안된 많은 전자 기기들을 소유하고 있지만, 사회학자들이 열심히 지적하듯이, 여전히 우리의 일상생활에서 해야 할 일들의 목록은 끝이 없다. 우리는 우리의 조부모들이 그랬던 것만큼 열심히 일을 하는데, 그 결과는 무결점이지 자유로움은 아니다. 커튼의 끝자락에는 때가 없고, 벽 위의 그림 액자 걸이는 제자리에 튼튼하게 박혀 있으며, 달걀은 우리가 좋아하는 대로 만들어져 나온다(요리된다). 우리는 더 많은 것을 가질수록 더 많은 것을 원한다. 그 결과는 할애할 충분한 시간이 있는데도 불구하고, 해가 지날 때마다 심각해지는 것 같은 딜레마인, 명백한 시간 부족이다. 시간의 압박을 느끼는 것은 우리가 풍부한 선택권을 위해 치르는 대가이다.

| 오답분석 |
② 위험에 노출되는 것
③ 심화되는 세대 차이
④ 편리함에서 오는 따분함
⑤ 사회 집단들 간의 경제적 불균형

제2회 최종점검 모의고사

01	02	03	04	05	06	07	08	09	10	11	12	13	14	15	16	17	18	19	20
②	①	③	④	⑤	①	④	③	①	④	⑤	②	④	④	④	②	④	④	③	②
21	22	23	24	25	26	27	28	29	30	31	32	33	34	35	36	37	38	39	40
④	①	③	①	⑤	①	①	④	①	④	①	④	③	①	①	③	②	③	⑤	②
41	42	43	44	45	46	47	48	49	50										
⑤	③	④	②	③	④	①	③	⑤	①										

01
정답 ②

앞의 두 항의 합이 다음 항이 되는 피보나치 수열이다.
따라서 ( )=5+8=13이다.

02
정답 ①

976	301	759	619	904	792	361	298	104	580	479	179
984	591	817	482	478	147	235	549	872	567	293	163
482	479	104	984	549	361	976	591	759	904	478	147
301	817	235	298	619	179	872	809	567	293	792	580

03
정답 ③

04
정답 ④

규칙은 가로 방향으로 적용된다.
첫 번째 도형을 180° 회전시킨 도형이 두 번째 도형이고, 두 번째 도형을 색 반전시킨 도형이 세 번째 도형이다.

05
정답 ⑤

후방 카메라는 주로 트렁크 문에 장착되어 있으며, 차량 후진 시 사각지대인 후방을 보여주는 카메라로, 'Rear Camera'라고 한다.

06 정답 ①

서로 다른 8명 중 순서를 고려하지 않고 3명을 선택하는 방법은 $_8C_3 = \dfrac{8!}{(8-3)! \times 3!} = 56$가지이다.

따라서 8명의 후보 중 3명을 선출하는 경우는 총 56가지이다.

07 정답 ④

- 1층 : $3 \times 4 - 2 = 10$개
- 2층 : $12 - 5 = 7$개
- 3층 : $12 - 9 = 3$개

∴ $10 + 7 + 3 = 20$개

08 정답 ③

테니스 동아리 인원을 x명이라고 할 때, 사용료에 관한 방정식은 다음과 같다.

$5,500x - 3,000 = 5,200x + 300$

→ $300x = 3,300$

∴ $x = 11$

따라서 인원은 11명이며, 사용료는 $5,200 \times 11 + 300 = 57,500$원이다.

09 정답 ①

탄수화물은 영양소이고, 영양소는 체내에서 에너지원 역할을 한다. 따라서 탄수화물은 체내에서 에너지원 역할을 한다.

10 정답 ④

제시문은 모든 것이 항상 변화하고 있다고 주장한 헤라클레이토스의 예시와 이론에 대하여 설명하고 있다. 따라서 (라) 모든 것이 항상 변화하고 있다고 믿은 헤라클레이토스 – (나) 자신의 믿음을 강물에 비유한 헤라클레이토스 – (가) 헤라클레이토스의 주장과 강물의 연관성 – (다) '불'을 세계의 근원적 요소로 본 헤라클레이토스 순으로 나열하는 것이 적절하다.

11 정답 ⑤

제시된 단어 'anxious'의 의미는 '불안한'으로, 이와 반대되는 의미를 가진 단어는 '침착한'을 뜻하는 'calm'이다.

[오답분석]

① 떨리는
② 고정적인
③ 걱정하는
④ 고체의

12 정답 ②

직장생활은 일이기 때문에 업무능력이 더 중요하다. 업무능력이 떨어지면 인간관계를 잘하는 것은 큰 의미가 없다. 직장생활에서 업무능력이 좋으면, 인간관계에서도 큰 영향을 미친다.

13

정답 ④

gold	gene	gate	gell	give	golf	goat	grow	get	gap	gilt	girl
gist	geek	ghost	gite	girth	gene	get	give	gilt	gist	geek	goal
gene	give	gite	gap	geek	grow	gell	girl	goat	goal	girth	gilt
gell	girl	ghost	golf	goal	gold	gate	gap	gite	gold	gap	gist

14

정답 ④

'눈을 자주 깜빡인다.'를 A, '눈이 건조해진다.'를 B, '스마트폰을 이용할 때'를 C라 하면, 첫 번째와 두 번째 명제는 각각 ~A → B, C → ~A이므로 C → ~A → B가 성립한다. 따라서 빈칸에는 C → B인 '스마트폰을 이용할 때는 눈이 건조해진다.'가 적절하다.

15

정답 ④

브이로거는 영상으로 기록한 자신의 일상을 다른 사람들과 공유하는 사람으로, 브이로거가 아닌 브이로그를 보는 사람들이 브이로거의 영상을 통해 공감과 대리만족을 느낀다.

16

정답 ②

ㄴ. 전년 대비 2021년 대형 자동차 판매량의 감소율은 $\frac{150-200}{200} \times 100 = -25\%$로 판매량은 전년 대비 30% 미만으로 감소하였다.

ㄷ. 2020 ~ 2022년 동안 SUV 자동차의 총판매량은 300+400+200=900천 대이고, 대형 자동차의 총판매량은 200+150+100 =450천 대이다. 따라서 2020 ~ 2022년 동안 SUV 자동차의 총판매량은 대형 자동차 총판매량의 $\frac{900}{450}=2$배이다.

오답분석

ㄱ. 2020 ~ 2022년 동안 판매량이 지속적으로 감소하는 차종은 '대형' 1종류이다.

ㄹ. 2021년 대비 2022년에 판매량이 증가한 차종은 '준중형'과 '중형'이다. 두 차종의 증가율을 비교하면 준중형은 $\frac{180-150}{150} \times 100=20\%$, 중형은 $\frac{250-200}{200} \times 100=25\%$로 중형 자동차가 더 높은 증가율을 나타낸다.

17

정답 ④

$(농도) = \frac{(소금)}{(소금물)} \times 100 = \frac{(소금)}{(소금+물)} \times 100$

농도 20% 소금물 200g에 들어있는 소금의 양은 $\frac{20}{100} \times 200 = 40$g이므로 다음 식이 성립한다.

$\frac{100+40}{200+100+200} \times 100 = 28\%$

따라서 소금물의 농도는 28%가 된다.

18

정답 ④

'shirts, fitting room'과 관련된 장소는 옷가게이다.

| 해석 |

> A : 저 이 셔츠가 마음에 들어요. 입어 봐도 되나요?
> B : 그럼요. 탈의실은 저쪽에 있습니다.
> A : 저에게 딱 맞네요. 이걸로 주세요.

19

정답 ③

제시문은 멸균에 대해 언급하며, 멸균 방법을 물리적·화학적으로 구분하여 다양한 멸균 방법에 대해 설명하고 있다. 따라서 주제로 ③이 가장 적절하다.

20

정답 ②

진희의 집부터 어린이집까지의 거리를 $x$km라고 하면 어린이집부터 회사까지의 거리는 $(12-x)$km이다.
어린이집부터 회사까지 진희의 속력은 10km/h의 1.4배이므로 14km/h이다.
집부터 회사까지 1시간이 걸렸으므로 다음 식이 성립한다.

$\dfrac{x}{10} + \dfrac{12-x}{14} = 1$

→ $7x + 5(12-x) = 70$
→ $2x = 10$
∴ $x = 5$

즉, 어린이집을 가는 데 걸린 시간은 $\dfrac{5}{10}$시간=30분이다.

따라서 어린이집에서 출발한 시각은 8시 30분이다.

21

정답 ④

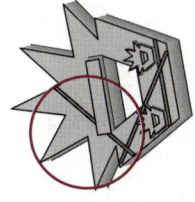

22

정답 ①

'본받다'는 '본을 받다'에서 목적격 조사가 생략되고, 명사 '본'과 동사 '받다'가 결합한 합성어이다. 따라서 하나의 단어로 '본받는'이 옳은 표기이다.

23

정답 ③

Jane과 Mary는 어머니에게 편지를 쓴 것이 아니고, 선물을 준 숙모에게 감사의 편지를 썼다는 것을 제시문에서 알 수 있다.

| 어휘 |
- living room : 거실
- aunt : (외)숙모, 이모, 고모
- immediately : 즉시, 당장

| 해석 |

> 어느 일요일 아침, Jane과 그녀의 여동생 Mary는 거실에서 크리스마스에 대해 이야기하고 있었다. 그때 그들의 어머니가 상자 하나를 가지고 방으로 들어왔다. 그것은 매우 큰 상자였다.
> "이 상자는 서울에 계신 너희 숙모한테서 온 선물이란다."라고 그녀는 말했다. 거기에는 2개의 예쁜 한국 인형이 들어 있었다. Mary는 "우리는 정말 행복해!"하고 외쳤다. 그들의 어머니는 Jane과 Mary에게 "즉시 그녀에게 편지를 쓰도록 하렴."이라고 말했다.

24

정답 ①

노킹(Knocking)은 엔진 내부의 이상으로 점화플러그에서 스파크가 발생하지 않았을 때에도 폭발 및 연소가 일어나 진동 및 소음이 발생하는 현상이다.

25

정답 ⑤

'매우 불만족'으로 평가한 고객 수는 전체 150명 중 15명이므로 10%(D)의 비율을 차지한다. 따라서 응답한 전체 고객 중 $\frac{1}{10}$이 '매우 불만족'으로 평가했다는 것을 알 수 있다.

오답분석

① 응답자의 합계를 확인하면 150명이므로 옳다.
② '매우 만족'이라고 평가한 응답자의 비율이 20%이므로, $150 \times 0.2 = 30$명(A)이다.
③ '보통'이라고 평가한 응답자의 수를 역산하여 구하면 48명(B)이고, 비율은 32%(C)이다. 따라서 약 $\frac{1}{3}$이라고 볼 수 있다.
④ '불만족' 이하 구간은 '불만족' 16%와 '매우 불만족' 10%(D)의 합인 26%이다.

26

정답 ①

나열된 수를 A, B, C라 하면 다음과 같은 관계가 성립한다.
$\underline{A\ B\ C} \rightarrow A + C = B$
따라서 ( ) $= -14 + 16 = 20$이다.

27

정답 ①

레이저 절단 가공은 고밀도, 고열원의 레이저를 쏘아 절단 부위를 녹이고 증발시켜 소재를 절단하는 작업이지만, 다른 열 절단 가공에 비해 열변형의 우려가 적다고 언급되어 있다.

오답분석

② 고밀도, 고열원의 레이저를 쏘아 소재를 녹이고 증발시켜 소재를 절단한다고 하였으므로 절단 작업 중에는 기체가 발생함을 알 수 있다.
③ 레이저 절단 가공은 물리적 변형이 적어 깨지기 쉬운 소재도 다룰 수 있다고 언급되어 있다.

④ 반도체 소자가 나날이 작아지고 정교해졌다고 언급되어 있으므로 과거 반도체 소자는 현재 반도체 소자보다 덜 정교함을 추측할 수 있다.
⑤ 반도체 소자는 나날이 작아지며 정교해지고 있으므로 현재 기술력으로는 레이저 절단 가공 외의 가공법으로는 반도체 소자를 다루기 쉽지 않음을 추측할 수 있다.

28 정답 ④

뚜껑의 법칙에서 뚜껑은 리더를 의미하며, 뚜껑의 크기로 표현되는 리더의 역량이 조직의 성과를 이끈다는 것을 의미한다. 리더의 역량이 작다면 부하직원이 아무리 뛰어나도 병목 현상의 문제점이 발생할 수 있는 것이다. 따라서 ④가 가장 적절하다.

29 정답 ①

국어, 영어, 수학 점수를 각각 a, b, c점이라고 하면 다음 식이 성립한다.
$\frac{b+c}{2}=85 \rightarrow b+c=170 \cdots$ ㉠
$\frac{a+c}{2}=91 \rightarrow a+c=182 \cdots$ ㉡
㉡-㉠을 하면, $a-b=12$점이므로 영어와 국어 점수는 12점 차이 난다.

30 정답 ④

규칙은 가로 방향으로 적용된다.
첫 번째 도형을 시계 방향으로 90° 회전시킨 도형이 두 번째 도형이고, 두 번째 도형을 x축 대칭시킨 도형이 세 번째 도형이다.

31 정답 ①

차대는 차체를 제외한 나머지 부분으로 자동차가 주행하기 위해 필요한 필수 장치들의 모음이며, 'Chassis(섀시)'라고 한다.

32 정답 ④

첫 번째 명제는 '경찰에 잡히지 않음 → 도둑질을 하지 않음', 마지막 명제는 '감옥에 가지 않음 → 도둑질을 하지 않음'이므로 제시된 명제가 성립하려면 '감옥에 안 가면 경찰에 잡히지 않은 것이다.'라는 명제가 필요하다. 따라서 빈칸에는 이 명제의 대우 명제인 ④가 적절하다.

33 정답 ③

고객설문조사 전체 업무량을 1이라고 가정하면 갑, 을, 병이 하루에 할 수 있는 업무량은 각각 $\frac{1}{12}$, $\frac{1}{18}$, $\frac{1}{36}$이다.
3명이 함께 일할 경우 하루에 끝내는 업무량은 $\frac{1}{12}+\frac{1}{18}+\frac{1}{36}=\frac{3+2+1}{36}=\frac{6}{36}=\frac{1}{6}$이다.
따라서 3명이 함께 업무를 진행한다고 할 때 걸리는 기간은 6일이다.

34 정답 ①

키가 큰 순서대로 나열하면 영서, 수희>연수, 수희>주림이고 수희가 두 번째로 크므로 영서>수희인데, 주림이가 가장 작지 않으므로 영서>수희>주림>연수이다.

35

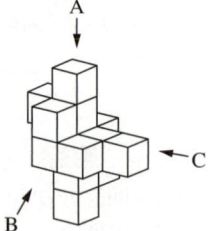

정답 ①

36

정답 ③

그래프를 통해 확인할 수 있다.

오답분석
① 인구성장률은 1970년 이후 계속 감소하고 있다.
② 총인구가 감소하려면 인구성장률 그래프가 (−)값을 가져야 하는데 2011년과 2015년에는 (+)값을 갖는다.
④ 1990년 총인구가 더 적다.
⑤ 2025년부터 총인구수가 감소하고 있다.

37

정답 ②

3분기까지의 매출액은 평균 매출이 22억 원이므로 22×9=198억 원이다.
연 매출액이 246억 원이라고 하였으므로 4분기의 매출액은 246−198=48억 원이다.
따라서 4분기의 평균 매출은 $\frac{48}{3}$=16억 원이다.

38

정답 ③

홍	경	묘	청	래	이	재	순	조	사	고	종
방	김	삿	랑	인	시	갓	구	대	위	충	절
보	은	속	리	대	청	한	타	국	금	아	태
짬	탕	짜	단	짠	고	감	래	진	상	왕	전

39

정답 ⑤

40   정답 ②

'complement'는 보완하다는 의미로서 빈칸이 있는 문장은 '양 타입의 사람들이 서로 보완해 함께 일을 잘 해나간다.'는 의미이다.

| 해석 |

> 사람들은 두 부류의 사람이 있다고 말한다: "큰 그림을 보는 사람"과 "세부사항을 보는 사람". 큰 그림을 보는 사람들은 창의적이고 전략적인 경향이 있지만 또한 체계적이지 못하고 잘 잊어버린다. 반면 세부사항을 보는 사람들은 정확하고 체계적이지만 시야가 좁거나 중요한 일을 우선하는 데 실패한다. 이 두 타입은 서로를 보완해 주어 같이 일을 잘 해내는 경향이 있다. 대부분의 사람들은 자연스럽게 둘 중 하나에 더 능숙하다. 당신이 세부 사항에 관심을 잘 갖거나 큰 그림을 쉽고 분명하게 본다는 것은 일반적으로 당신 성격의 일부분이다. 하지만 두 가지 특성 모두 학습될 수 있다.

41   정답 ⑤

C안이 추가로 받을 표를 x표라고 하자. 총 50명의 직원 중 21($=50-15-8-6$)명이 아직 투표를 하지 않았으므로 $x \leq 21$이다. C안에 추가로 투표할 인원을 제외한 $(21-x)$명이 개표 중간 결과에서 가장 많은 표를 받은 A안에 투표한 수보다 C안의 표가 더 많아야 하므로 다음 식이 성립한다.

$15+(21-x)<6+x$
→ $30<2x$
∴ $15<x$

따라서 A, B안의 득표수와 상관없이 C안이 선정되려면 최소 16표가 더 필요하다.

42   정답 ③

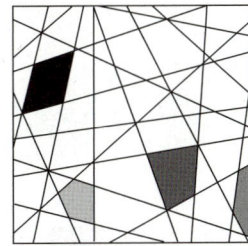

43   정답 ④

두 주머니 중 1개의 주머니를 선택할 확률은 각각 $\frac{1}{2}$이므로 A주머니를 택하고, 흰 공을 꺼낼 확률은 $\frac{1}{2} \times \frac{1}{4} = \frac{1}{8}$이고, B주머니를 택하고, 흰 공을 꺼낼 확률은 $\frac{1}{2} \times 1 = \frac{1}{2}$이다.

따라서 꺼낸 공이 흰 공일 확률은 $\frac{1}{8} + \frac{1}{2} = \frac{5}{8}$이다.

44

정답 ②

마지막 문단에서 전자 현미경이 바이러스나 세포같이 극도로 작은 물체를 관찰하는 데 사용된다고 서술하고 있다.

| 해석 |

> 현미경은 육안으로는 보이지 않는 작은 물체를 확대하는 데 사용되는 도구이다. 일반적으로 사용되는 광학 현미경은 대물렌즈와 접안렌즈로 구성된다. 관찰 대상에 가까이 위치한 대물렌즈는 물체를 확대한다. 관찰자의 눈 근처에 위치한 접안렌즈는 대물렌즈가 생성한 이미지를 더욱 확대하여 육안으로 관찰할 수 있게 한다. 이 두 렌즈를 통한 빛의 굴절과 확대의 원리를 이용하여 우리는 미생물이나 기타 작은 물체를 관찰할 수 있다.
> 반면, 전자 현미경은 전자 빔을 사용하여 물체를 관찰한다. 전자 현미경은 광학 현미경에 비해 훨씬 높은 배율을 지원한다. 따라서 세포나 바이러스 같은 극도로 작은 물체를 관찰하는 데 사용된다.

45

정답 ③

첫 번째 문단에서는 하천의 과도한 영양분이 플랑크톤을 증식시켜 물고기의 생존을 위협한다고 이야기하며, 두 번째 문단에서는 이러한 녹조 현상이 우리가 먹는 물의 안전까지도 위협한다고 이야기한다. 마지막 문단에서는 생활 속 작은 실천을 통해 생태계와 인간의 안전을 위협하는 녹조를 예방해야 한다고 이야기하므로 제목으로 ③이 가장 적절하다.

46

정답 ④

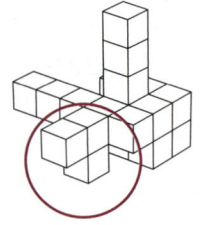

47

정답 ①

나이가 많은 순으로 정리하면 효주>지영, 효주>채원이다.
따라서 지영이와 채원이의 나이는 알 수 없지만 효주의 나이가 가장 많다는 것을 알 수 있다.

48

정답 ③

제시문은 우유의 효과에 대해 부정적인 견해가 존재하나 그래도 우유를 먹어야 한다고 말하고 있으므로 빈칸에는 ③이 가장 적절하다.

49

정답 ⑤

사고 전·후 이용 가구 수의 차이가 가장 큰 것은 생수이며, 가구 수의 차이는 140-70=70가구이다.

[오답분석]

① 수돗물을 이용하는 가구 수가 120가구로 가장 많다.
② 수돗물과 약수를 이용하는 가구 수가 감소했다.
③ 사고 전·후 식수 조달원을 변경한 가구는 230가구이므로 그 비율은 $\frac{230}{370} \times 100 = 62\%$이다.
④ 사고 전에 정수를 이용하던 가구 수는 100가구이며, 사고 후에도 정수를 이용하는 가구 수는 50가구이다. 나머지 50가구는 사고 후 다른 식수 조달원을 이용한다.

50 정답 ①

외장 하드디스크 사용 시 주의사항으로 제시된 것은 물리적 충격 피하기, 먼지가 많은 환경 피하기, '안전하게 제거' 기능 사용하기, 고장을 대비해 백업하기 4가지로 습기에 대한 내용은 서술되어 있지 않다.

| 해석 |

외장 하드디스크는 중요한 저장 장치로, 귀중한 데이터를 보관한다. 이를 안전하게 사용하기 위해서는 몇 가지 주의사항을 지켜야 한다.
먼저, 물리적 충격을 피해야 한다. 높은 곳에서 떨어뜨리거나 강한 충격을 가하면 저장된 데이터가 손상될 수 있으므로 항상 안전한 곳에 보관해야 한다.
다음으로, 먼지가 많은 환경을 피해야 한다. 먼지가 하드디스크에 들어가면 성능이 저하될 수 있다. 따라서 사용하지 않을 때는 덮개를 덮어두는 것이 권장된다.
또한, 외장 하드디스크를 사용한 후에는 '안전하게 제거' 기능을 이용하여 컴퓨터에서 분리해야 데이터 손실을 방지할 수 있다.
마지막으로, 외장 하드디스크의 고장으로 인한 데이터 손실을 예방하기 위해 중요한 데이터를 다른 저장 장치에 백업하는 것이 권장된다.

부록
회사상식

기아 KIA 회사상식

01	02	03	04	05	06	07	08	09	10
①	③	②	④	④	④	③	②	②	①

01
정답 ①

기아의 중장기 미래 경영전략 'Plan S'에서 'S'는 '전환, 변화'라는 뜻의 영어 'Shift'를 의미한다. 기아가 2020년 1월 공개한 Plan S는 기존 내연기관 위주에서 전기차 사업 체제로의 전환은 물론, 선택과 집중의 방식으로 맞춤형 모빌리티 솔루션을 제공함으로써 브랜드 혁신과 수익성 확대를 도모하는 것이 골자이다.

02
정답 ③

그린라이트 프로젝트는 탄자니아, 에티오피아, 르완다, 베트남 등 아프리카를 비롯한 저개발국가 주민들에게 도전의 기회를 제공하고, 개인의 성장과 더불어 지역사회 자립을 지원하는 기아의 사회공헌 활동 중 하나이다.

03
정답 ②

기아는 2018년 CES 2018에서 니로 EV 콘셉트를 최초로 공개하였으며, 에디터들의 선택상을 수상하였다.

04
정답 ④

기아는 자사의 자율주행 시스템인 Auto-mode 및 커넥티비티 기능을 100% 적용한다는 목표의 실현을 위해 2024년 출시 신차부터 Auto-mode를 100% 적용하고, 2025년 출시 신차부터 All Connected를 100% 적용할 계획이다.

05
정답 ④

기아의 인재상

Kreate	열린 상상력으로 세상에 없던 새로움을 만들어가는 창조가
Innovate	기존의 정해진 질서에 도전해 대담한 변화를 이끌어내는 혁신가
Act	생각에만 머무는 것이 아니라 생각을 적극적으로 현실에 반영하는 행동가
Navigate	호기심과 열정으로 미지의 영역을 개척하는 탐험가

06
정답 ④

기아는 '지속가능한 모빌리티 솔루션 프로바이더'라는 비전의 실현을 위한 중장기 전략으로 'Plan S'을 제시하는 한편, 친환경과 사회적 책임을 강조한 Planet, People, Profit 등을 'Plan S'의 3대 축으로 설정했다.
• Planet : 탄소배출의 감축, 자원의 선순환을 통해 자연과 공존하는 환경 조성
• People : 고객과 임직원을 폭넓게 고려하는 조직문화 조성
• Profit : 미래 비즈니스로의 전환을 통해 지속가능한 경쟁력 확보

07   정답 ③

기아의 글로벌 네트워크 현황(2025년 8월 기준)
- 권역 본부 : 북미(미국 어바인), 유럽(독일 프랑크푸르트), 러시아(모스크바), 중남미(미국 마이애미), 아·중동(UAE 두바이), 아·태(말레이시아 쿠알라룸푸르), 인도(구르가온), 중국(상해)
- 판매법인 : 미국, 캐나다, 독일, 영국, 스페인, 프랑스, 이탈리아, 오스트리아, 헝가리, 체코, 슬로바키아, 폴란드, 벨기에, 스웨덴, 네덜란드, 호주, 뉴질랜드, 태국
- 생산공장 : 미국(조지아), 슬로바키아(질리나), 중국(염성), 인도(아난타푸르), 카자흐스탄(코스타니), 말레이시아(쿨림), 멕시코(몬테레이)
- 기술연구소 : 미국 디트로이트, 독일 뤼델스하임, 중국 연태
- 디자인센터 : 미국 어바인, 독일 프랑크푸르트

08   정답 ②

2016 ~ 2019년 현대자동차의 슬로건이다.

오답분석
① 1993 ~ 1994년 슬로건
③ 2021년부터 현재까지의 슬로건
④ 2000년 슬로건
⑤ 2001 ~ 2002년 슬로건

09   정답 ②

중국은 상해가 아닌 염성(옌청)시에 공장이 있다.

10   정답 ①

기아가 제시한 인재상 KIAN은 각각 Kreate(창조가), Innovate(혁신가), Act(행동가·열정가), Navigate(탐험가)를 뜻한다.

**2025 하반기 시대에듀 기아 KIA 생산직
온라인 인적성검사 통합기본서**

개정10판1쇄 발행	2025년 09월 05일 (인쇄 2025년 08월 22일)
초 판 발 행	2013년 03월 10일 (인쇄 2013년 02월 12일)
발 행 인	박영일
책 임 편 집	이해욱
편 저	SDC(Sidae Data Center)
편 집 진 행	안희선·한성윤
표지디자인	하연주
편집디자인	김경원·장성복
발 행 처	(주)시대고시기획
출 판 등 록	제10-1521호
주 소	서울시 마포구 큰우물로 75 [도화동 538 성지 B/D] 9F
전 화	1600-3600
팩 스	02-701-8823
홈 페 이 지	www.sdedu.co.kr
I S B N	979-11-383-9945-6 (13320)
정 가	23,000원

※ 이 책은 저작권법의 보호를 받는 저작물이므로 동영상 제작 및 무단전재와 배포를 금합니다.
※ 잘못된 책은 구입하신 서점에서 바꾸어 드립니다.

KIA 기아

생산직

온라인 인적성검사

통합기본서

최신 출제경향 전면 반영

고졸 / 전문대졸 취업 기초부터 합격까지! 취업의 문을 여는 **Master Key!**

고졸/전문대졸 필기시험 시리즈

포스코그룹
생산기술직 / 직업훈련생

삼성
GSAT 4급

현대자동차
생산직 / 기술인력

SK그룹 생산직
고졸 / 전문대졸

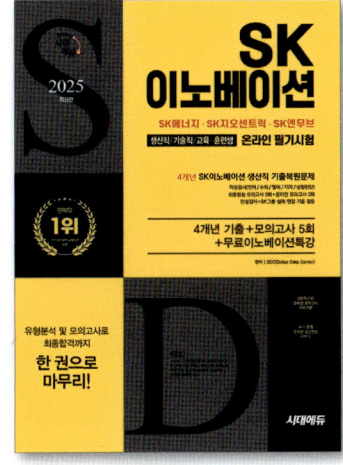

SK이노베이션
생산직 / 기술직 / 교육·훈련생

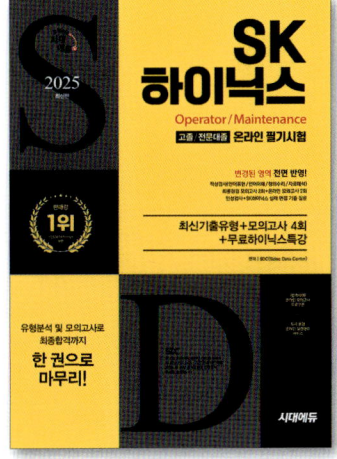

SK하이닉스
고졸 / 전문대졸

※ 도서의 이미지 및 구성은 변동될 수 있습니다.

NEXT STEP

시대에듀가 합격을 준비하는
당신에게 제안합니다.

성공의 기회
시대에듀를 잡으십시오.

시대에듀

기회란 포착되어 활용되기 전에는 기회인지조차 알 수 없는 것이다.
- 마크 트웨인 -